体验为王

1号店的商业逻辑

林画 著

新世界出版社

图书在版编目（CIP）数据

体验为王：1号店的商业逻辑／林画著．--北京：新世界出版社，2016.7

ISBN 978－7－5104－5703－6

Ⅰ．①体… Ⅱ．①林… Ⅲ．①电子商务－商业经营－中国 Ⅳ．①F724.6

中国版本图书馆CIP数据核字（2016）第105053号

体验为王：1号店的商业逻辑

作　　者：林　画
责任编辑：张杰楠
责任校对：宣　慧
责任印制：李一鸣　黄厚清
出版发行：新世界出版社
社　　址：北京西城区百万庄大街24号（100037）
发行部：（010）6899 5968　（010）6899 8705（传真）
总编室：（010）6899 5424　（010）6832 6679（传真）
http://www.nwp.cn
http://www.nwp.com.cn
版权部：+86 10 6899 6306
版权部电子信箱：nwpcd@sina.com
印　　刷：三河市骏杰印刷有限公司
经　　销：新华书店
开　　本：710mm*1000mm　　1/16
字　　数：220千字　　印张：17.75
版　　次：2016年7月第1版　2016年7月第1次印刷
书　　号：ISBN 978－7－5104－5703－6
定　　价：36.80元

版权所有，侵权必究

凡购本社图书，如有缺页、倒页、脱页等印装错误，可随时退换。
客服电话：（010）6899 8638

前言 谁成就了中国电商"1号店速度"

2015年1月27日,全球知名传播服务集团WPP(Wire and Plastic Product,简称WPP)旗下的市场调研机构华通明略公司发布了2015年BrandZ最具价值中国品牌100强名单。该名单由WPP委托开展调查,采用了彭博社和凯度消费者指数的财务数据,并结合40多万名中国消费者的观点,属权威性的中国品牌排名。

据BrandZ最具价值中国品牌100强名单显示,中国品牌潜力巨大,品牌价值呈现迅猛增长势头,其中零售类品牌的价值在2014年里增幅高达3827%,位居各类别之首。

作为国内最大的B2C快消品电商,1号店凭借其2014年供应链运营效率的不断提升,以及在移动、营销、商业模式等方面的不断创新,首次入围2015年BrandZ最具价值中国品牌100强名单,成为零售类最具价值的品牌之一。

1号店为何能取得骄人的业绩和良好的顾客口碑呢?

在1号店联合创始人于刚(2008年于刚与刘峻岭联合创建1号店,于刚任董事长,刘峻岭任CEO,2015年7月于刚离职)看来,最重要的原因有3个:

第一个原因,是于刚与合作伙伴的全身心承诺和投入,以及破釜沉舟的决心和勇气。

于刚认为，作为创业者，最重要的是3种个人素质：一是乐观的心态；二是一切归零、从头开始的勇气；三是眼界。你的眼界有多高，就能看到多远，太过注重眼前利益就容易被羁绊，难成大事；放弃眼前的利益，才能追逐更长久的事业。

第二个原因，是持续关注顾客体验。

中国有个成语叫"纲举目张"，1号店从中得到了启示：顾客体验就是1号店的"纲"，抓住了它，1号店的业务增长也就水到渠成了。于刚还给出了服务质量的调查数据进行佐证，根据OC&C战略咨询公司发布的2013—2014年电子商务及百货公司排名指数显示，2014年1号店在最受消费者欢迎的排名中，位列第九，相较2013年名次上升3位；在纯电商类零售消费品指数排行中，2014年1号店排名第四，与2013年持平。

第三个原因，是打造强大的供应链。

在于刚看来，电子商务的本质，就是把顾客想要的商品，在他想要的时间和地点送到他手中。要做到这一点，1号店必须依靠高效的供应链管理，可以说供应链管理是电子商务的核心。认识到这一点后，1号店集中精力和财力加快供应链建设和管理，最终形成了自己的核心竞争力。

具体而言，1号店的核心竞争力主要体现在5个方面，即1号店最核心的五大体系：

1. 系统平台

1号店选择零售类电商这一领域的时候，就考虑到其盈利模式具有高效的可复制性、可持续性和可发展性。因此，1号店上线后，着力发挥上述优势并十分注重系统可扩性，要求系统能够容纳各种商业模式，不断提升顾客体验。1号店总共开发了几十套软件系统，成功申请多项专利。

1号店自行研发的后台管理系统覆盖了各个主要部门，并能实时提供相关的各项数据。比如，在会员管理系统中，可以查看网站的注册人数、新增会员数；在库存管理系统中，可以查看各类产品的历史销售情况、库存状况、利润率；在供应链管理系统中，可以查看物流部门的每单包装成本、发货准确率、破损率、配送成功率；在售后管理系统中，可以查看呼叫中心的话务走势、客户投诉分析。1号店的后台管理系统的另一大功能，就是在数据搜集的基础上进行智能分析，并提供预警、预测。

2. 采购

产品质量是企业生存的基石，因此1号店十分注重商品的质量。从供应商认证到供应商管理，再到产品的验收入库，1号店都有十分严格的管控制度，以确保为顾客提供最优质的商品。

3. 仓储

截至2015年6月，1号店不仅拥有北京、上海、广州、成都、武汉、泉州、济南七大运营中心，还在广东省东莞市洪梅镇修建了华南地区最大的自动化B2C电商仓库，并大力发展SLC（Supplier Logistic Center，供应商物流中心）项目，通过点的布局来扩展市场。

4. 配送

配送是电子商务企业唯一与客户直接接触的岗位，其服务品质对评价企业口碑和顾客体验水平至关重要。为此，1号店建立了自有配送队伍，70%的送货服务由1号店直接管理。截至2015年6月，1号店在10个城市建有50多个配送站，未来还将在30个城市投入建设数百个配送站，以保障更快的配送速度和更好的顾客体验。

5. 会员管理

为了在大数据时代的竞争中先行一步，1号店对顾客行为进行了大量的数据分析，建立起顾客行为模型，从而能够根据顾客的不同特点为其做出商品推荐，以求达到电子商务领域服务的最高境界——私人定制。

需要注意的是，1号店的五大核心体系都是基于可扩展的需求而建立的，即每个模块都能不断地优化、自动化，最终实现规模化。为了保障系统的持续优化、升级和改造工作，1号店专门配备了一支400多人的技术团队。

为了打造中国最具竞争力的网上超市，1号店除了继续在品类拓展和移动端发力外，还将通过差异化的价格策略，为消费者提供更好的购物体验，努力将1号店打造成集超市、商城、特卖场、专卖店于一体的线上购物中心。

如果你想了解1号店快速成长的秘诀，本书将是你的最佳选择！

目录/CONTENTS

第一篇
做业界第一顾客体验，打造中国最强网上超市

第一章 "纲举目张"，做业界第一的顾客体验

没有顾客想要的商品，有再好的服务和价格也没用 / 004
精准化营销和个性化服务，大大提升用户黏性 / 008
顾客体验的改善必须成为每位员工的聚焦点 / 012

第二章 发力移动端，敢于革自己的命

用移动购物来革PC电子商务的命 / 016
掌上1号店，首创二维码购物模式 / 020
无限1号店，打造3D立体式线下虚拟商场 / 024
1号V店，开启C2C开放平台零门槛新时代 / 029

第三章 告别"小而美"，迈向"大而全"

1号海购："保税进口"+"海外直邮"双模式 / 033
"活色生鲜"：没有生鲜就不叫超市 / 037

"特产中国"进县城,开创农业电商新模式 / 041
社区体验店:O2O让我们离消费者更近 / 046
1号医药:大力发展互联网药品第三方平台 / 051

<u>第二篇</u>
构建领先供应链,打造电商核心竞争力

第一章　杀鸡用牛刀,一开始就建立流程和运营指标

做好供应链,先要做好顾客需求预测体系 / 058
智能定价系统:快速应对促销价格战的神器 / 062
个性化推荐系统:把用户画像和商品基因关联起来 / 065
"4+1"质量控制安全管理体系 / 071

第二章　多种商务模式并存,破解库存周转难题

波次分配和路径优化,让拣货效率大大提高 / 076
首创供应商物流中心,在竞争中"快人一步" / 080
力推带板运输,真正做到"快进快出" / 083
全程无纸化操作,全力打造绿色仓储 / 088

第三章　建设柔性的物流系统,抓住电商发展命门

做好物流系统管理,请勿忽视"第一公里" / 090
自建配送系统,解决"最后一公里"难题 / 092

顾客真正需要的不是快，而是准 / 096
从环保入手，有效降低运营成本 / 098

第三篇
走在时代最前沿，创新就是企业的生命线

第一章　今天不创新，明天就会被淘汰

独有创新中心，寻找创新可能性 / 104
鼓励创新，首先要有容错的心态 / 108
创新不能只看眼前，还要放眼未来 / 111
不要一味追求原始创新，复制创新也是创新 / 116

第二章　玩转创意营销，深化用户口碑

社交化购物时代，购物导引权回归用户 / 119
大打借势营销牌，网络票选"中国好商品" / 123
发力娱乐营销，打营销"组合拳" / 125
深挖明星"大单品"的价值，成就"快消品之王" / 129
"心战为上"，创新玩法引领创意营销 / 134

第三章　谁能驾驭大数据，谁就能决胜电商之巅

将大数据产品化，才能真正赚到钱 / 139
"商必赢"平台，实现数据的统一管理 / 143

上线"1金融"平台，抢滩互联网金融 / 147

民生新参考：1号店快速消费品价格指数 / 150

第四篇
埋头苦练内功，演绎中国电商"1号店速度"

第一章　全方位网罗人才，打造超级精英团队

志同道合的伙伴，会让创业更享受 / 156

欢迎你，跳出常规思维的人 / 160

绝不让不诚信的人进入1号店的大门 / 163

辨别人才，将潜力放在现有能力之前 / 166

第二章　持续修炼内功，让员工与企业一起赢

优秀企业必须抛弃的10种不健康文化 / 170

关系改进系统：专门缓解分歧和争议 / 173

CEO午餐会议：越级听取员工最直接的心声 / 176

第三章　打造高效执行力，成就"1号店速度"

决策的速度，往往比决策的质量更重要 / 180

如果不能坚决执行，再好的理念都是零 / 182

给乌龟穿上滑轮鞋，赶上兔子就不难了 / 184

迎难而上，克服了困难就建立起了竞争的壁垒 / 188

附 录
1号店高管精彩演讲

电商决胜供应链
　　——1号店联合创始人于刚在2011中国电子商务大会暨电子商务博览会上的演讲 / 192

创新是企业的生命线
　　——1号店联合创始人于刚在2012中国（深圳）电子商务发展论坛上的演讲 / 199

智慧的1号店
　　——1号店CTO韩军在第四届中国技术商业论坛暨2013全球软件案例研究峰会上的演讲 / 206

1号店的供应链制胜之道
　　——1号店副总裁黄志雄在2014年万联网供应链沙龙第四期"电商时代的供应链制胜之道"上的演讲 / 209

做以顾客为导向的电商系统
　　——1号店高级项目经理韩路在2014联商网大会暨中国零售业发展高峰论坛上的演讲 / 225

关于创新的一些想法
　　——1号店联合创始人于刚在2014年第五届全球商学院院长论坛上的演讲 / 232

颠覆自己，迎接移动
　　——1号店联合创始人于刚在2014年派代电商年会上的演讲 / 245

全渠道零售的关键点和成功要素
　　——1号店联合创始人于刚在2014年中国零售领袖峰会上的演讲 / 249

供应链系统的搭建
　　——1号店运营副总裁王海晖 / 255

1号店如何实现精准营销
　　——1号店IT资深经理王答明2014年接受CIO发展中心采访 / 258

1号店如何玩转混合云
　　——1号店项目管理办公室总监黄哲铿在2015年企业电商云应用案例分享思路汇上的演讲 / 262

移动互联和大数据时代的电子商务
　　——1号店联合创始人于刚在2015年第二届中国（义乌）世界电子商务大会上的演讲 / 267

我们是用"心",而不仅是用"脑"做1号店。

第一篇

做业界第一顾客体验,打造中国最强网上超市

> 未来的B2C平台会长得越来越像,电商最终的比拼会落到顾客体验上,只要做好顾客体验,一切增长都将水到渠成。
>
> ——1号店联合创始人于刚

第一章 "纲举目张",做业界第一的顾客体验

没有顾客想要的商品,有再好的服务和价格也没用

2007年春节过后的一天中午,时任戴尔全球采购副总裁的于刚被当时的戴尔中国区总裁刘峻岭"捉"去吃午餐。坐在餐桌旁,刘峻岭破天荒地没有和于刚讨论工作,而是郑重地向于刚提出了一起创业的想法:"中国经济发展如此之快,我们应该一起做一番更大的事业。"

那时的于刚已经48岁了,在美国生活了24年,拥有普通人所羡慕的一切——拿着高薪,住着豪宅——似乎已经没有冒险创业的必要了。然而,刘峻岭提出的创业计划打动了他,唤醒了他血液中的"不安分",让他回想起自己在美国创业的那段经历(于刚曾于1995年在美国创建科莱科技公司,其开发的航空管理系统被众多美国大型航空公司采用,该公司在2002年被埃森哲集团并购)——虽然坎坷,但能充分发挥自己的潜力,创造价值。他心中"什么时候再做一次轰轰烈烈的事情"的火种,因为刘峻岭的提议而从沉睡中苏醒。

"中国经济发展得轰轰烈烈,我不想当一个过客和旁观者。"没有丝毫犹豫,于刚接受了刘峻岭一起创业的邀请。

下定决心后,两人很快向戴尔公司递交了辞呈,接着回到上海,蜗居在浦东那间10平方米的办公室,开始了他们的创业路。

于刚曾担任亚马逊全球供应链副总裁,参与过亚马逊收购卓越网的项目,这段经历让他发现电子商务在中国市场潜力巨大。于是,电子商务成为他们的创业方向。

创业方向选定后，如何切入电商领域又让两人颇费周折。他们希望找一个大众所需，足够标准化，还具有足够客户黏性的领域。而在当时的电商领域，各个垂直品类都有强劲的竞争对手：电子产品领域有京东，母婴领域有红孩子，图书领域有当当，服装领域有凡客。不过，于刚发现：这些电商都是以商场为依托而进行虚拟化，并不能完全满足人们足不出户的想法，人们还是要花费一定的劳力、物力去超市购买生活必需品。因此，一种以超市为参照模型而进行在线销售的想法萌生，两人决定做一家"比超市还便宜"的网上超市，致力于推广"满足家庭所需"的一站式网购体验，并取名为"1号店"。

在于刚看来，电子商务成功有3个要素：第一是品类，也就是要有消费者想要的东西；第二是价格；第三就是送货及时性。既然是"网上超市"，那么"丰富的商品品类"就是首要条件。如果一家电商的商品不丰富，没有顾客想要的商品，有再好的服务和价格也没用。

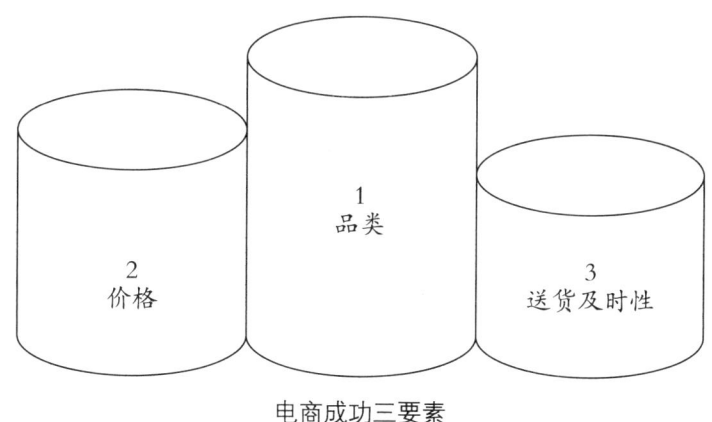

电商成功三要素

于刚认为："顾客体验是一种综合的考量，其中一个非常重要的因素就是商品的丰富度。因为电商必须有顾客想要的东西他才会来，然后才是商品的价格、系统界面的友好度和售后服务等。我觉得我们不管是最早以3000个商品从快消品切入电子商务，还是后来不断引入数码、服装、图书、生鲜,都是真正地实现我们最初的梦想——让顾客可以足不出户享受这种优质的现代化生活。"

1号店副总裁郭冬东也曾强调:"1号店要做顾客体验最好的企业,这样的顾客体验不是以低价为噱头,而是要满足综合性的顾客体验。价格高了顾客体验肯定不好,但如果你只是价格低,用户来了却发现想买的商品根本没有,那也谈不上好的顾客体验。要满足顾客的需求,就一定要有丰富的商品品类。"

通过大量的调查研究,于刚发现,家庭购物中60%是由女性完成的,但很多白领女性因为工作繁忙没有时间购物。1号店就是要改变这种情况,主攻快速消费品,不仅送货到家,而且价格还比线下便宜,由此打造完美的购物体验。

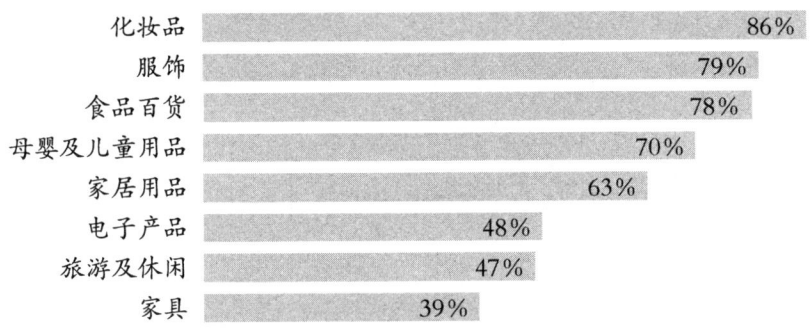

各类商品中由女性做出购买决定比例(%)

从创办之初开始,1号店就十分注重与上游供应商及物流端进行资源整合,目的就是打造强有力的供应链体系。另外,1号店也和各品牌厂商建立了深度合作,采购价格的整体水平相比同行较低,因而能够为顾客提供物美价廉的产品。在高效供应链和品牌商合作的支持下,无论在价格还是在产品种类方面,1号店均有着明显的优势。

1号店和不少知名品牌建立了深度合作,强大的供应体系也得益于由此建立的良好战略合作关系,得到了稳固的物质保障。而且1号店所有商品都做到了集中采购、集中配送、集中交易服务，严把质量关，从而能够确保消费者得到高信用、低成本、低风险的良好购物体验。1号店低价优质的产品有力地刺激了消费市场，给予了消费者真正的实惠。

然而，2008年7月正式上线的1号店不幸赶上了金融危机，由于资金匮乏，同上游供应商谈判时陷入被动。对此，1号店的解决办法是：不仅为用户创造价值，也要为供应商创造价值。

1号店是如何为供应商创造价值的呢？回答这个问题，就不得不提于刚曾多次谈到的宝洁公司的例子。宝洁公司是快消品行业的巨头，在日用消费品行业中，它"很牛"。2010年8月，于刚来到宝洁中国总部，与管理全球渠道的资深副总裁洽谈合作事宜。于刚本人在外企工作多年，清楚地知道大多数外企都有一个特点——非常重视合作方的企业文化，因此他首先和对方聊的就是这个话题，十几分钟后才转向其他话题。一个星期后，宝洁公司派专人到1号店考察，而1号店给了宝洁公司一个不可思议的许诺——一年内将宝洁公司产品的线上销售额提高10倍。1号店把这个许诺变成了现实，自此成为宝洁公司在中国最大的线上销售渠道。

为了给供应商创造价值，1号店对上游产品的库存合作主要采取3种模式：

（1）对于能保证销量的产品，1号店采取买断的库存模式。

（2）对于刚上市的新品，无法衡量市场接受度的，1号店采用寄售的库存模式。

（3）对一些能力强的供应商以及高价值的商品，1号店则采取转单、聚单的模式。

通过销售中的数据积累，1号店后台能识别出商品的受欢迎度，因此1号店60%～70%的商品都采用买断库存的方式。

于刚认为"光靠自己发展还是太慢了",因此1号店为另外30%~40%的商品引进了"外援"——店中店模式,即以1号店为平台,对申请入驻的商家进行严格的资质审核,吸纳符合资质的品牌形成店中店,但这些商品从后台到配送等和1号店其他品类并无区别。

规模化使得1号店逐渐拥有了和供应商谈判的砝码,运营成本也被慢慢摊薄,商品的品类丰富度也逐年增加。截至2014年年底,1号店在售商品品类已经超过800万种,涵盖食品饮料、酒水、生鲜、进口食品、美容化妆、个人护理、服饰鞋靴、厨卫清洁、母婴用品、手机数码、家居家纺、家用电器、保健用品、箱包珠宝、运动用品及礼品卡等分类,相较于只有两三万种商品的传统线下超市而言,可谓是名副其实的"网上超级市场"。

2015年,1号店继续在品类拓展方面发力:"2015年,我们会继续倾力打造中国最具竞争力的'网上超市',并在此基础上将1号店塑造成为集超市、商城、特卖场、专业店于一体的线上购物中心。"可见,在1号店看来,把电子商务做成大而全的全品类巨型商城,让用户在1号店实现"一站式"的良好购物体验,才是1号店电子商务之路的最终目的。

精准化营销和个性化服务,大大提升用户黏性

当前国内电商发展方向趋于一致,越来越多的电商意识到只能靠精细化运营管理才能生存,个性化就变得尤为重要。2014年5月,在第12届华人企业领袖(上海)峰会上,于刚提到了未来5年电子商务十大趋势,其中一个趋势就是"精准化营销和个性化服务"。

于刚认为,在互联网时代,低效率的大众营销将会被高效率的窄众营销所取代。在互联网已经可以为每一个顾客精准画像时,还做大

众营销是对资源的极大浪费。比如,婴儿产品宣传对一个孩子已经长大的中年男子很难有吸引力,一款刮胡刀也不会引起一个中学女生的兴趣。为了避免在营销上白白浪费成本,就必须做到精准化营销和个性化服务。

如何做到精准化营销和个性化服务呢?电商可以详细地追踪每一个顾客,包括其在网上的购物路径,搜索、收藏、购买行为,购买商品的关联性、重复性和周期性等,利用对这些数据的分析可以建立顾客行为模型,从而针对不同顾客进行精准化推荐和个性化服务。

在践行"精准化推荐和个性化服务"上,1号店主要在3个方面下功夫:个性化推荐、广告定向和EDM(Email Direct Marketing,电子邮件营销,以下简称EDM)。不过,三者之间有很多重叠的部分,很多底层的东西是相通的。

1. 个性化推荐

要做到"个性化推荐",1号店首先要做好4项基础性工作:

"个性化推荐"的四大基础工作

首先,1号店需要搭建必要的算法集合,而且算法能够适应处理较大的数据量级(网站的数据量相对比较大)。

其次,1号店需要对商品属性和用户行为建模——为用户画像。

再次,1号店还需要考虑精准化的目标。

最后,1号店还需要面向这些不同的目标来做优化,并搭建起比较成熟的技术架构。

只有做好了以上的基础性工作,1号店才能知道顾客来源,页面搜索、收藏、购买行为,购买商品的关联度,购买商品的周期等数据，然后才能通过挖掘数据来建立顾客行为模型，分析出顾客的购买偏好和习惯。比如，系统计算出顾客重复购买某个商品的周期，通过周期计算该商品的消耗速度，一旦发现顾客在上一周期购买和商品即将用罄，系统就会给顾客发送个性化的EDM，提醒他是否需要再次购买。除此之外，1号店还可以在顾客购买了一种商品后，向他推荐可搭配使用的其他商品。

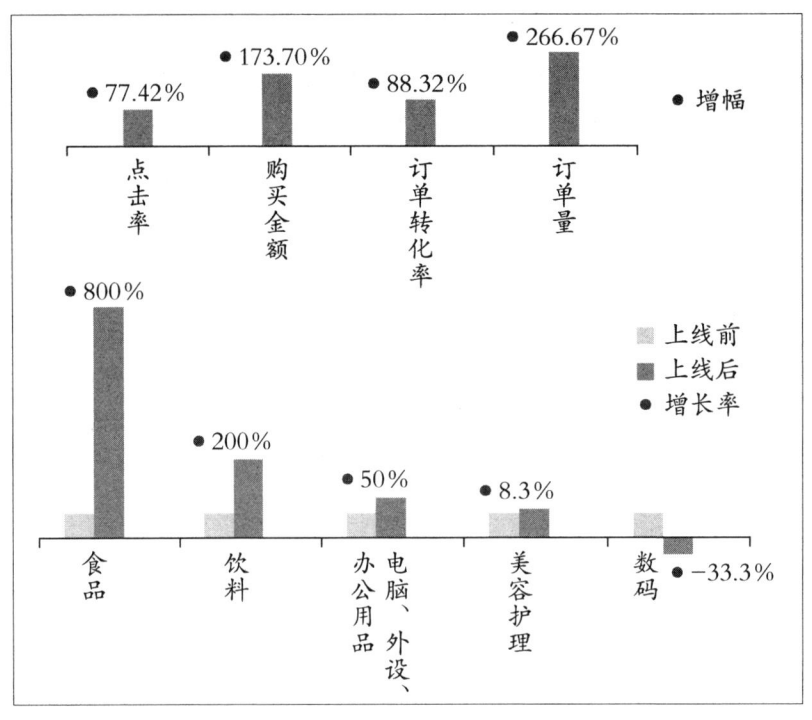

"个性化推荐"对1号店的影响

2. 广告定向

根据用户的购买金额和频次，1号店会将其分为4类大群，在此基础上再根据用户的浏览习惯，为其"贴上"更为细致的"标签"。这种描绘用户个人信息及购买偏好的标签，有成百上千个。比如，顾客倾向于购买哪一类商品？他的浏览行为是什么，是喜欢搜索还是用类目浏览？他喜欢在上班时间购物，还是在周末购物？购买的周期和收货的习惯又如何？……将客户抽象为一个个具体的标签后，1号店便能有的放矢地进行广告定向营销。

3. EDM营销

1号店利用大数据分析给顾客发送个性化EDM。比如，一位用户曾经在1号店网站浏览了某商品而没有购买，1号店紧接着便会分析整个购物过程"卡"在哪个环节上。一般来说，可能有以下几种原因：（1）缺货；（2）价格不合适；（3）不是想要的品牌或不是想要的商品；（4）只是看看。

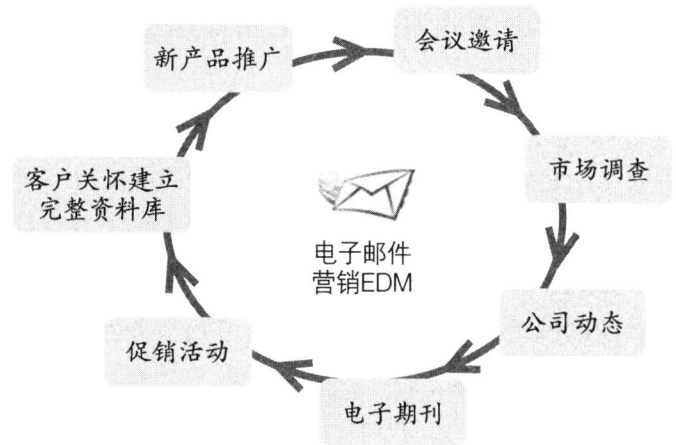

1号店电子邮件营销方案

针对不同的原因，1号店会实施不同的EDM营销方案：

假如商品已经加入了购物车，那么用户没有购买的原因很可能是运费较高，于是1号店就会对运费规则做出调整。

如果是用户浏览时该商品缺货，那么下次库存到货后，1号店就会提醒用户购买。

如果当时商品有货而用户没有购买，很可能是价格因素引起的，那么在该商品降价促销时，1号店会立即通知用户；如果用户仍然没有购买，1号店就假设用户并不想要这个商品，而是想要相似商品，于是只要有相似的新品推出，就会向用户推荐；如果用户浏览了许多相似的商品最终还是没有购买，那么可以推测用户对这一品类的商品感兴趣，只是没有找到自己想要的品牌，针对这种情况，只要有新品牌的同类产品上架，1号店就会第一时间推荐用户购买。

总之，通过对用户的性别、年龄、习惯、购买频次等数据的捕捉，1号店在仔细分析和跟踪消费模式的基础上，一步步向"精准化营销和个性化服务"的目标前进，努力实现销售的最大化。

顾客体验的改善必须成为每位员工的聚焦点

2013年，国际知名市场调研和咨询机构——数达企业管理咨询公司（Data Driven Marketing Asia，简称DDMA）对中国消费者及国内多家电子商务企业进行了购物趋势和顾客满意度的调查评估，内容涵盖顾客在电子商务平台购物全部流程的体验和感受，包括网站的可靠性、订单的准确性、支付的安全性、物流的服务保证、配送的及时性、网站的售后保证等方面。调查结果显示，1号店在订单的准确性、物流的服务保证、配送的及时性和网站的售后保证等调研项目的得分，均位列第一。可见，1号店一直坚持的"做业界第一的顾客体验"发展目标所言不虚。

在1号店联合创始人于刚看来，顾客体验是优秀企业和平庸企业的分水岭。顾客体验绝对不是"只要把和顾客有直接接触的配送和售后客服做好"那么简单，而是一种综合考量，它牵涉商品的丰富度、销售价格、配送时效、售后服务、系统和用户界面可操作性等每一个环节，因此顾客体验的改善也必须从一点一滴做起，并长期积累，绝对没有一蹴而就的捷径。

为了达到"业界第一的顾客体验"的目标，1号店不断进行品类扩充、仓库储备、物流配送、售后服务等方面的优化管理。于刚认为，从2008年开业至今，1号店做得最好的一次决策就是把顾客体验这个指标和每一个员工、每一个岗位的薪资、奖金、升职联系起来。

2011年，于刚第一次在1号店提出"所有员工的薪资奖励和晋升都要和顾客体验挂钩"这个想法时，很多部门都表示反对，认为顾客体验的品质可以通过制度、客服解决顾客投诉来实现。但于刚坚持认为，顾客体验必须追求完美，电商的顾客体验是全面的考核，要考核商品是不是丰富、系统是不是便捷、购买流程是不是顺畅、商品质量是不是达标等。在1号店推广这一理念3个月后，于刚果断拍板决策："如果你希望留在1号店，就必须接受这个考验。"

于刚很快找到一家第三方咨询公司，委托该公司进行顾客体验指标调查，并提供顾客体验指标和员工薪资、奖金挂钩的方案。经过反复讨论，1号店基于合理、有效的原则，把和顾客体验相关的KPI（Key Performance Indicator，关键绩效指标）指标分解落实到各部门：

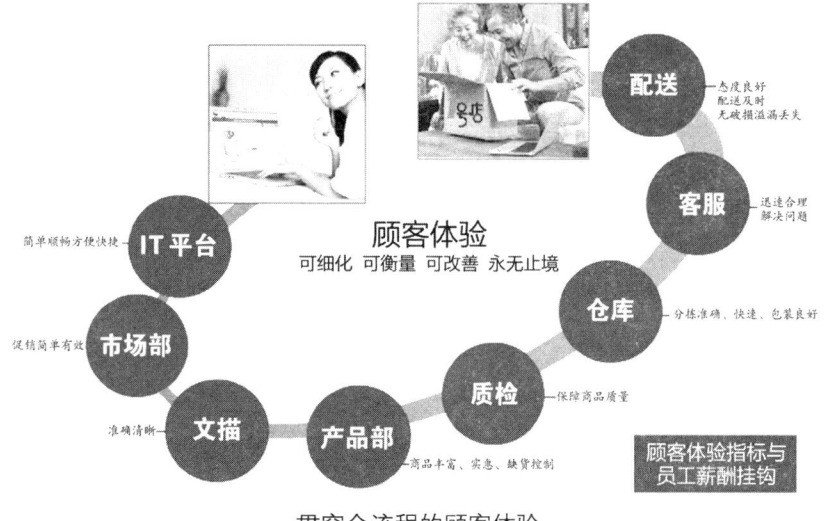

贯穿全流程的顾客体验

1. 配送部

配送环节的考核指标包括配送及时率、配送成功率、商品破损率、顾客满意度等。除上述内容外，配送人员态度要好、临走时一定要说谢谢等也成为考核的重要指标。还有一个细节，即配送环节的路线设计同样列入考核。试想，要是配送人员跑了很多冤枉路，还能指望他们和和气气地送货吗？

2. 客户部

1号店认为，客户部在顾客反馈问题的处理上，应做到快速、完整和合理。对顾客说100声道歉，不如真正解决顾客的问题。若不能正确处理投诉，最终会导致顾客大量流失。因此，1号店对客服岗位的考核指标包括一次问题解决率、24小时顾客问题解决率、顾客问题解决完整率等。

1号店呼叫中心自2011年创建以来，就采用严格高效的管理培训模式，培养了具有完备岗位知识与技能的优秀客服人员，在订单处理、信息查询、售后服务等方面成功创建了"高效、便捷、人性化"的客户服务系统，始终坚持为广大消费者提供更专业、更用心的服务。

正是凭借严格的考核指标，1号店客服中心才能荣膺2013年度"金耳唛杯中国最佳呼叫中心"，成为唯一获此殊荣的电商企业。2014年5月，1号店客户服务中心又正式通过呼叫中心能力成熟度模型标准应用级认证，这标志着1号店客户服务体系标准与国际接轨，达到业内领先水平。

3. 产品部

1号店针对产品部的考核指标主要是商品丰富度、商品缺货率等。产品部要保证产品的丰富度，并根据顾客对于商品的需求将缺货率控制在一定范围内。产品部还要考虑所采购商品在价格上是不是有竞争力，假如没有竞争力，顾客不认可价格，也是产品部的责任。

4. IT部

对于IT部门,要求其做到设计流程顺畅、操作方便,使顾客不用看很多的说明文字也可以顺利操作,获得想要的信息。总之,设计本身要像傻瓜相机一样方便耐用。

5. 市场部

对于市场部来说,必须转入精准化的顾客需求,确保市场活动简单有效。

在一个季度里,如果某部门实现了客户满意度的指标,那么部门每个人都有奖金,否则全体都没有奖金。当1号店的员工深刻地认识到了这一点,就不得不高度关注客户满意度,全力提升顾客体验。在这一制度的推动下,1号店的顾客满意度由2011年的84.4%提升到了2012年的92%,1号店也成为中国电商领域客户满意度最高的电商。

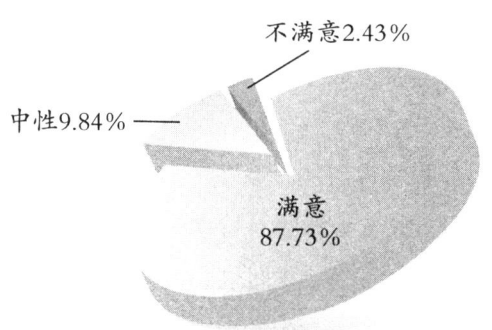

1号店顾客体验调查(2011年上半年总体满意度)

1号店解决顾客体验问题并不是胡子眉毛一把抓,而是采用专门分析——帕累托分析。具体而言,就是把顾客的线上反馈、电话反馈和线下各种各样社区里的反馈收集起来,再进行分类,每次解决影响最大的几类,新的问题出现时再有针对性地解决新问题。列出问题清单,每个星期的问题每个星期解决,当天的问题当天解决,1号店只有从点滴积累做起,才能向"做业界第一的顾客体验"的目标不断迈进。

第二章　发力移动端，敢于革自己的命

用移动购物来革PC电子商务的命

"移动端是将来的主战场，我们采取全员移动策略，所有的功能、所有的创新都从移动端开始，然后把它放到PC（Personal Computer，个人电脑，以下简称PC）上去，而不是反过来。这是所有资源移动化、全员移动化，我们要充分利用移动的特质，敢于革自己的命。"

于刚很早就洞察到，无论是电商还是其他互联网领域，移动端的潜力要远远大于PC端。2014年，移动电话用户净增5698万户，总数达12.86亿，移动电话用户的普及率达94.5部/百人，比2013年提高3.7部/百人。可见，电子商务将来的主战场不在PC端，而是在移动设备上。在2013年，于刚就曾大胆预言："移动商务在未来的5年内将成为电子商务的主流，将来是无商不移动……现在移动商务是一场新的浪潮，如果不跟上这个潮流，我们也会被'革命'。"

在于刚看来，移动电子商务就是电子商务领域的第二次革命。1号店要在移动购物这场革命中占领先机，就必须充分利用移动购物的特性，"用移动购物来革PC电子商务的命"。

移动购物的具体特性有哪些呢？

（1）社交和分享。移动端在社交和分享方面做得很好，更有利于病毒式传播、社交式传播。在传统购物过程中，当消费者做出购买行为的时候，商家的营销就已经完成了，但现在不是，消费者购买商品之后还会对它进行分享，分享以后商家可以进行二次营销。

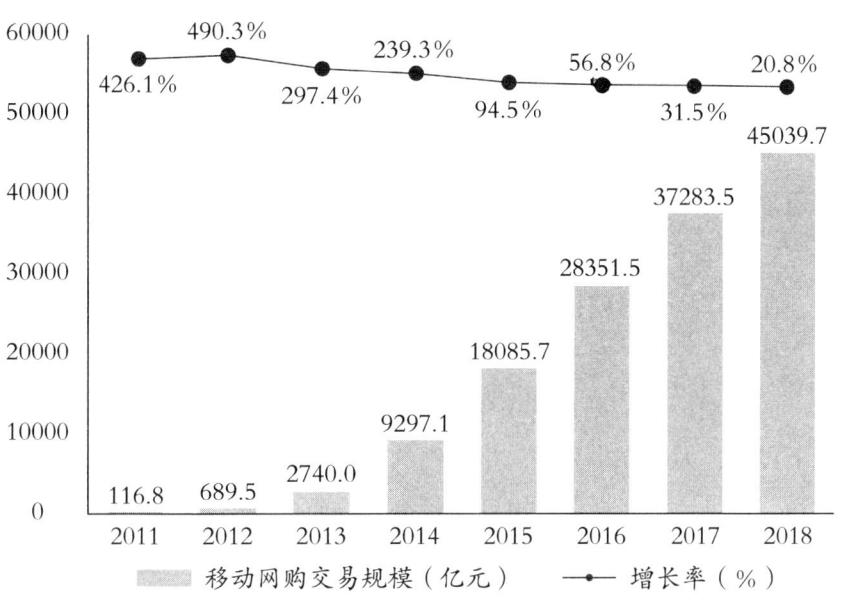

2011—2018年中国移动购物市场交易规模及预测

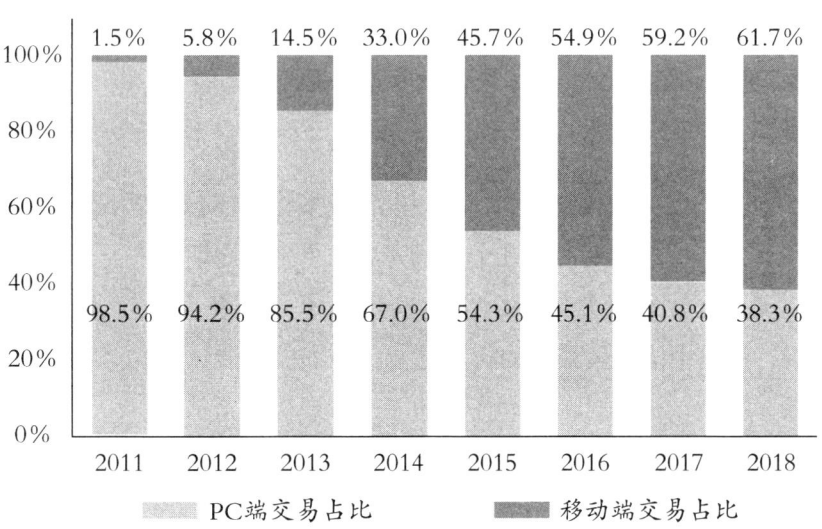

2011—2018年中国网购交易额PC端和移动端占比及预测

（2）搜索简单。因为屏幕限制，手机移动端的搜索不像PC端那么复杂，而是更加注重简单，特别适合闪购、团购等创新的购物模式。

（3）移动端和PC端有互补性。1号店曾做过一个调查，发现PC端通常有两个购物高峰：一是上午10点，很多人上班以后打完开水或喝完咖啡坐下来，在正式开始工作之前会下单购物；一是下午3~4点，在工作疲劳时段，人们想休息一下，于是登录购物网站，同时想到"现在下订单，明天早上应该能送到家"，这也形成了一个下单高峰。而移动端购物则是从下午6点左右人们下班时候开始一直持续到晚上12点，人们在坐公交、坐地铁的时候会购物，到家吃完饭又继续购物。可见，两者在促进电商销量提升方面可以形成很好的互补。

（4）部分品类增长快，如生活用品、家居用品、食品饮料、旅游服务等。

在于刚看来，中国移动商务的飞速发展主要得益于以下几个驱动力：

（1）智能移动终端的普及。不管是手机还是平板电脑，电子商务渗透率都在快速增长，且成本急速下降。对顾客来说，现在一部智能手机五六百元就可以买到，这一设备成本将来还会持续下降。智能手机已成为快速消费品，几个月就完成一个生命周期。

（2）电子商务的持续快速发展。电子商务复合增长率将近30%，仍是中国发展最快的行业之一。电商的发展让广大消费者接受了虚拟购物的形式，为移动商务的飞速发展奠定了基础。

（3）移动支付安全性的提升。移动端支付的安全性在逐步提高，支付不再是移动交易的障碍。

（4）移动网络的普及。移动3G、4G网络以及Wi-Fi的普及同样促进了移动商务的发展。

同时，于刚很清醒地认识到："移动商务不是电子商务的进化，不是简单地把电子商务从PC端搬到移动设备上来，而是电子商务领域的一场革命。移动设备的特点会引入更多的创新，会产生新的商务模式，会蚕食甚至颠覆电子商务，更不用说对传统的线下零售的冲击。这不是危言耸听——狼已经来了。"

其实，早在2011年，于刚就开始布局1号店的移动端购物模式了。

（1）将研发移动产品的团队独立出来，投入大量资金与人力，仅业务人员就有三四十人，还不包括相关的IT开发团队。1号店一方面从外部大量招募移动产品的研发人员，另一方面，公司内不少PC端领域的开发人员也纷纷转向移动端的研发。

同时，该团队还被授予了很大的自主权，在功能搭建和优化上做了大量尝试。于刚给他们的任务很简单——"革我们自己的命"，"要用移动的思维方式去做设计，这个过程肯定会慢慢把1号店过去的优势蚕食掉，但我们已经做好了准备"。

（2）就技术上来说，由于手机屏幕相对较小，商品的搜索和展现比较困难，这导致消费者需要经历较长的购物流程才能完成购买。而复杂的流程，往往意味着购物转化率的降低。针对移动端购物时间零碎化的特性，1号店在移动端的设计上特别注意节省用户的时间成本——为用户提供非常简单易用的购物清单，支持语音输入，或者输入简单的关键词后即可根据其个性化需求提供推荐。

（3）在移动端购物上，1号店希望达到的效果是精准的"千人千面"，每个消费者因为购物习惯、需求不同，打开的1号店首页也各不相同，以提升顾客黏度及购物转化率。比如1号店移动端可以针对人群进行划分，如白领女士、中年妇女、白领男士以及宅男等，并根据不同人群的喜好推送相应商品及服务。

于刚认为，移动端在O2O（Online To Offline，线上到线下，指将线下的商务机会与互联网结合，让互联网成为线下交易的前台，以下简称O2O）领域扮演着非常重要的角色，因为它不仅是内容承载物和实现购物的工具，还能借以判断每个人的位置并为其推荐周边即时的商品和服务。这也是接下来1号店加强O2O建设、探索移动端转型的重要途径。

而1号店在移动端购物的迅速发展也很好地验证了于刚的预测：2011年移动购物只占1号店销售总量的1%~2%，2013年便达到了10%，2014年则提升到40%。而2015年，1号店在移动端的目标是移动销售占比超过60%。

在于刚看来，如今移动商务已经成了所有电商的主战场，2015年将是分水岭，只有紧跟中国移动端购物井喷式的发展节奏，坚持以顾客为准、服务好顾客的理念，全力在移动领域进行创新，真正地让消费者随时随地享受更加便利、快捷的"掌上1号店"的购物体验，才能让1号店在移动商务的竞争中立于不败之地。

掌上1号店，首创二维码购物模式

2011年年初，1号店开始筹备移动客户端，并迅速在当年3月推出了"掌上1号店"APP（Application，手机应用程序，以下简称APP），正式宣告向移动领域进军。在上线初期，"掌上1号店"并没有做额外的推广工作，完全依赖口碑营销实现用户的自然增长，其购物体验获得一致好评。"掌上1号店"的良好用户购物体验得益于1号店对移动购物特性的清晰认知和精准把握。

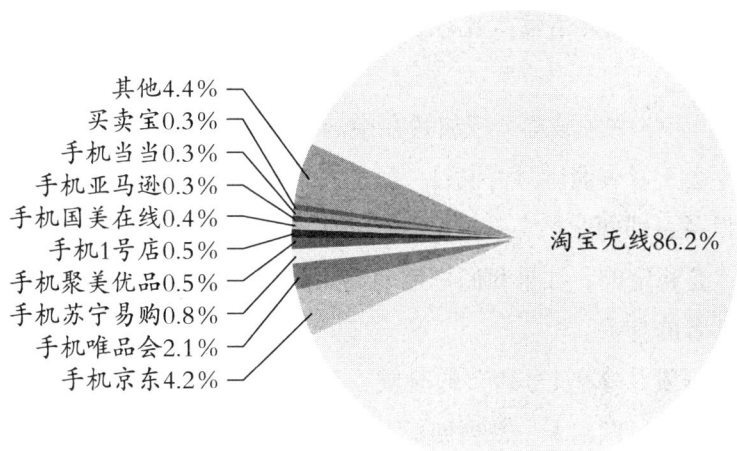

2014年中国移动购物企业交易规模市场占比

和PC端购物相比,移动购物具有五大优势:

(1)随时、随地、随身。手机、iPad等移动设备方便随身携带,且只要有3G、4G或Wi-Fi网络就可以随时购物。

(2)移动设备的定位功能,使得现在基于地域的热门服务(Location Based Service,以下简称LBS)成为可能。

(3)移动设备的扫描、拍摄功能,可以直接扫描二维码,模糊识别图像来辨别商品,进行商品的匹配和搜索。

(4)移动设备的通讯、传感功能,有利于实现不同移动设备间的交互,使得物联网的概念变为可能。

(5)移动设备的语音识别、指纹识别等功能,使人们在不方便打字的时候也能进行操作。

当然,世界上没有完美的人,自然也没有完美的商业模式,移动购物也不例外。和PC购物相比,移动购物也存在两个较为明显的弱点:

(1)手机屏幕太小,信息只能有限呈现,图像小而不能很清晰地展示商品。

（2）手机文字输入比较困难，不如电脑键盘方便，检索能力比较弱。

1号店华中区域总经理胡毅在中国创业服务峰会暨中国创业咖啡联盟年会上发表演讲时曾说："我们发现越来越多的消费者离不开移动端设备，即便我们不在APP端做任何产品的改变，消费者在APP的订单也是稳定的，如果我们把移动端的产品做得更好，就会更快地获得消费者的青睐。"

在开发"掌上1号店"的时候，1号店就充分考虑到了PC端和手机端的差异，做出了一系列创新设计：

1. 首页就是搜索框

"掌上1号店"首页就有搜索框，但起初并非如此。一开始，搜索栏是一个独立的页面。后来，1号店经过调研发现，由于1号店提供的商品种类繁多，用户大都需要通过搜索功能来定位并购买商品。手机用户目标很明确，通常在搜索框里面直接搜索想买的东西，而不是先浏览挑选，再下单。因此，为了方便用户，1号店就把搜索框放到了首页。

2. 二维码扫描购物

于刚非常清楚手机用户的使用习惯，他说："手机的使用一般是碎片式的，拿着手机的时候，用户可能是几秒钟或者两分钟之内就会关掉然后再启动，所以，我们的动作一定要在一分钟之内完成。"因此，为使手机用户快速地在"掌上1号店"找到并购买商品，"掌上1号店"开创了二维码扫描购物模式——用户可以通过"掌上1号店"的二维码扫描功能扫描商品包装上的二维码或条形码，从而迅速地在"掌上1号店"中找到该商品的详情和价格，既可以直接购买，也可以进行比价。为了进一步推广二维码购物模式，1号店还将用户常用的一些生活必需品筛选出来，配上二维码，放到了北京、上海、深圳等地的地铁站和公交站的广告牌上,由此也吸引了大量的消费者。

3. 购物足迹

为了满足顾客的个性化需求,在搜索个性化方面,"掌上1号店"推出了"购物足迹"模块。只要用户在1号店PC端或移动端有过购物行为,1号店就能够了解用户的搜索、收藏和购买行为,当用户使用"掌上1号店"时,1号店可以马上汇总相关信息形成用户购物足迹并建立一个购物清单,这样用户在下一次购买的时候就可以把以前的购物清单调出来,根据自己的需求增加或删减,轻松完成购物。

4. 每日惠

为了进一步减少顾客的搜索时间成本,免除顾客在手机上反复搜索、比较的麻烦,"掌上1号店"推出了"每日惠"功能,帮助顾客做好比价和搜索的工作,让顾客一登录客户端就可以看到"掌上1号店"所有的促销信息。

5. 精准营销换算系统

为了进一步提升顾客体验,"掌上1号店"设置了"精准营销换算"的后台系统。1号店会根据用户的购买习惯预测其下次购买的时间,然后进行推送。比如,用户购买洗护用品后,1号店会通过已有记录分析预测该用户可能用完这些洗护用品的时间,并在相应时间段推送相似的商品给用户,同时提醒用户:"您的商品可能即将用完,可以及时去购买。"这样的服务会让用户感觉很贴心,大大提升了顾客体验,而且在一定程度上促进了销售。

以上几种创新型的移动购物功能使"掌上1号店"不同于简单翻版电脑操作,而是通过营造随时随地的无忧购物体验,为用户带来了独特的使用价值。"掌上1号店"的一再创新,也为1号店带来了巨大的回报:截至2014年年底,1号店拥有移动注册用户超过3600万,订单占比达到40%以上。1号店在2014年的移动销售额同比2013年增长400%，日活跃用户和流量增长300%。在2014年5月18日的"掌上1号店狂欢节"期间，1号店移动端销售更是首度超越PC端，占比达到54%。而在2014年的"双十一"促销期间，1号店移动端顾客数占比再次攀升至57.7%，创下佳绩。

于刚认为，"全力创新，尤其是在移动领域的创新，将是未来电商发展的重要方向。消费者也会在整个行业的飞速发展进步中得到更多的实惠，享受到更加便利、快捷的顾客体验"。而从1号店在移动端的种种动作来看，1号店已然厚积薄发，正在大踏步进入全面迸发期。

无限1号店，打造3D立体式线下虚拟商场

进入移动互联网时代，人们生活和工作的节奏越来越快，移动性也日渐增强。"移动"已经成为不可逆转的潮流，也就是所谓的SO-LO-MO：社交的——social，本地的——local，移动的——mobile。将来的银行、商场、超市、影院、学校、职场等可能都会集中在每个人的手掌中。在清楚地预见到这种发展趋势后，于刚大胆做出了一种新的尝试——推出中国首家"虚拟超市"，该项服务主要针对没有时间逛超市购物的智能手机用户。在做出这一决策之后，经过3个星期的辛苦奋战，1号店团队顺利做出了相关产品——"无限1号店"，它代表着一种技术最先进的购物方式，也是最具时尚感的移动互联网应用方式。

2011年7月24日，1号店在其官方微博称将推出中国首家虚拟超市。随后，1号店在上海的70多个地铁站点和北京近500个公交站台迅速推出了虚拟超市——"无限1号店"项目。在这些地方设置的1号

店"商品墙"上,像传统货架一样布满了琳琅满目的商品,从进口食品到日杂百货,从电脑到手机,可谓应有尽有。人们在等车的间隙,如果看中了"货架上"的某款商品,只需要通过"掌上1号店"的扫描功能扫描对应的二维码,就能实现随手购买。这种新型购物方式一下子就成功吸引了大量年轻消费者的关注,主流媒体也纷纷报道。

- 利用手机GPS定位找到你最近的"无限1号店"
- 透过手机屏幕在真实环境中看到3D立体式的"无限1号店"
- 利用"无限1号店",用户在线上购物也能体验"逛"的感觉了

"无限1号店"三大特色

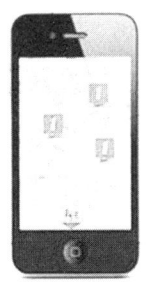    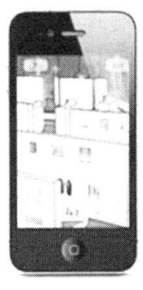 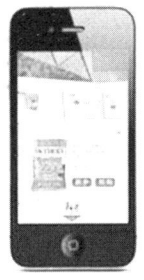

第1步　　　第2步　　　第3步　　　第4步　　　第5步
GPS定位　　店铺距离　　找到"无限　进入店铺　选择商品货架区,
店铺　　　　指引　　　　1号店"　　　　　　　　并点击查看商品

如何走进"无限1号店"

```
下载          →   对准"无限1号店"虚拟    →   加入购物车,
"掌上1号店"          货架商品扫描二维码          付款购买
```

"无限1号店1.0"购物流程图

在于刚看来,"无限1号店"这种再创新模式能够实现,主要有3个原因:

(1)1号店非常重视移动电子商务,在无线领域拥有一支实力出众的团队。

(2)1号店希望给用户带来更便捷、新颖的购物体验,把电子商务从线上搬到线下,结合传统零售和电子商务的优势,让用户享受购物模式的"无限制"。

(3)"无限1号店"这种开店模式,具有开店地域无限、商品货架无限、营业时间无限、零物业成本、5分钟开店成功等特点。这种虚拟店可以开在小区、办公场所,甚至长城、九寨沟等旅游景点,给顾客带来"无限"便利和乐趣。

"无限1号店"的成功,归根结底在于1号店对移动购物趋势和都市人群消费习惯的精准把握,并据此做出了三大努力:

1. 选货

1号店售卖数万种商品,而虚拟超市只能在有限的广告墙上呈现不到80种商品,为吸引顾客进一步浏览、购买,这有限的商品品类必须具有典型性,挑选起来着实不易。因此,1号店的无线事业部进行了详细的前期分析:

首先,地铁和公交车站等候时间属于碎片时间,那些需要详细查阅确认购买的商品并不适合摆放在"货架"上。

其次,日用快消品标准化程度高,是生活中常用的商品,消费者购买频繁,很适合快速决策和购买,并且单价较低,适合生活节奏快的大都市人群，同时也很方便做体验式购买。

最后，在以上分析的基础之上，再考虑一些季节因素，便可以形成一个包含数十种商品的虚拟货架。

在对用户行为习惯和商品特性进行详细分析后，"无限1号店"第一期上线时，选择了洗护用品、饮料、零食和防暑防蚊商品作为虚拟货架上的主力产品，顺利地为虚拟超市吸引到第一批用户。

2. 选点

在选好"无限1号店"虚拟货架上的展示商品后，1号店面临着另一个难题——选点。"无限1号店"的选点主要涉及两个问题：一是，什么地方能够接触到最多人流和适当的光线，让最多的人看到1号店的虚拟货架，最大限度地挖掘人们的好奇心和购物潜能。二是，什么环境可以满足这样的技术条件——有良好的移动互联网接入，保证二维码扫描的顺畅——这是实现虚拟超市购物流程的关键。

为了做好选点工作，1号店无线事业部带上设计和技术团队，在北京、上海主要商业区周围的地铁站和公交站逐个"踩点"，找寻移动信号稳定、光线良好，既能保证客流量，又不会造成拥堵的区域摆放虚拟货架。直到2011年7月末，他们才确定了上海的70多个地铁站点，北京的500多个公交站点。接下来，只用了24天，1号店的虚拟超市便遍布北京、上海的主要交通干线，几天后，百度指数显示，1号店的品牌关注度从每天4万次激增至8万多次。这种显著的效果真是令人始料未及。

为了进一步提升顾客体验，2012年10月15日，1号店对"无限1号店"进行改版升级，发布了"无限1号店2.0"，完成了3D立体式线下虚拟商场的搭建，一夜之间新增了上千个虚拟货架摆放点。每家"无限1号店"店面虚拟占地面积为1200平方米，货架上一次性呈现1000个商品，且商品每天定时自动更新，24小时营业不间断。

人们可以通过手机GPS自动定位所在地附近的"无限1号店"线下虚拟店,通过指引标志前往其中任何一家,然后将安装有"无限1号店"APP的手机对准指定地点,手机屏幕上就会立即出现线下虚拟店:店面设计配以1号店的商标,呈现全透明的视觉效果。虚拟店的布局完全模拟线下超市,有虚拟的入口、迎宾员、指示牌、通道、货架以及货架上展示的商品,选好商品点击即可购买。

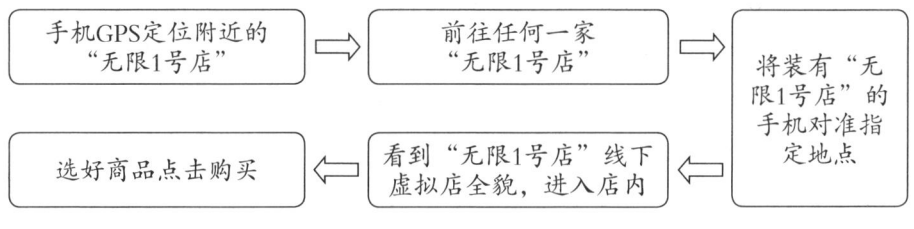

"无限1号店2.0"购物流程图

"无限1号店"项目是对传统线下销售与线上销售结合的一次尝试,充分体现了科技与服务的良好结合。

在于刚看来,"无限1号店"不仅给消费者提供了便利,对1号店自身来说也有众多好处,"1号店线下虚拟店零成本,没有物业成本，没有买地、货架成本，而且可以开在任何地方，比如长城、车库，开一家虚拟店只需要5分钟"。

此外，"无限1号店"对1号店销售额的提升也大有帮助。在"无限1号店"3个月的活动期内，1号店的收益增长了17%。"无限1号店"活动视频在不同的视频网站上共获得200万次的点击。众多具有较高影响力的媒体对活动进行了报道，如中国日报社、人民网等。此外，像彭博社等国际媒体也针对活动进行了报道。据估计，"无限1号店"项目共创造出价值约为200万美元的媒体曝光。

2013年6月19日，"无限1号店"创意夺得戛纳国际广告节"Best use of Media"（最佳媒体传播奖）奖项，这是中国广告第一次在最高国际奖项上获此殊荣。可见，"无限1号店"这种"实现了3D立体式线下虚拟商场，把线上电子商务搬到线下，结合了传统零售和电子商务的优势"的创新商务模式，也在国际上获得了认可。

1号V店，开启C2C开放平台零门槛新时代

2013年，随着移动购物占比的进一步扩大，微店开始崛起，微商成为电商圈最火爆的关键词之一。微店提供让微商玩家入驻的平台，类似于移动端的淘宝店，但微店又和淘宝不同，它是基于社交关系的电商，主要就是利用社交分享、熟人经济进行营销——使用建店工具开设一个店铺，然后把店铺里的商品通过微信分享到公众账号或者朋友圈，没有类似淘宝的中心化入口。因而，业内普遍认为微店将是一个"去中心化"的运营模式。

相比传统电商的中心化模式，微店的"去中心化"由于能够降低商家进入的门槛和流量获取成本并且直接连接商家和消费者，迅速获得了电商的青睐。而随着传统电商平台的加入，微商渐成规模，并被

很多人视为电商的未来趋势。

在最早涉足微店的"口袋购物微店"、微信官方推出的"微信小店"、京东旗下的"拍拍网微店"相继取得不错业绩时,1号店也选择了趁势而入,于2015年3月推出了微店平台"1号V店"。用户注册1号V店后,既可代理1号店的直营商品,通过各种渠道进行分销,交易成功后卖家可从中获得部分佣金,也可代理入驻1号店的第三方商家的商品,卖家可以从商品的进价和售价中获得价差。

上线1号V店主要是基于1号店的移动战略部署。1号店一直在尝试社交模式,而微店模式恰好是电商和社交的结合点,能够帮助1号店激活海量用户的社交网络,寻找到一个商业点,更好地为用户提供定制化的电商服务。

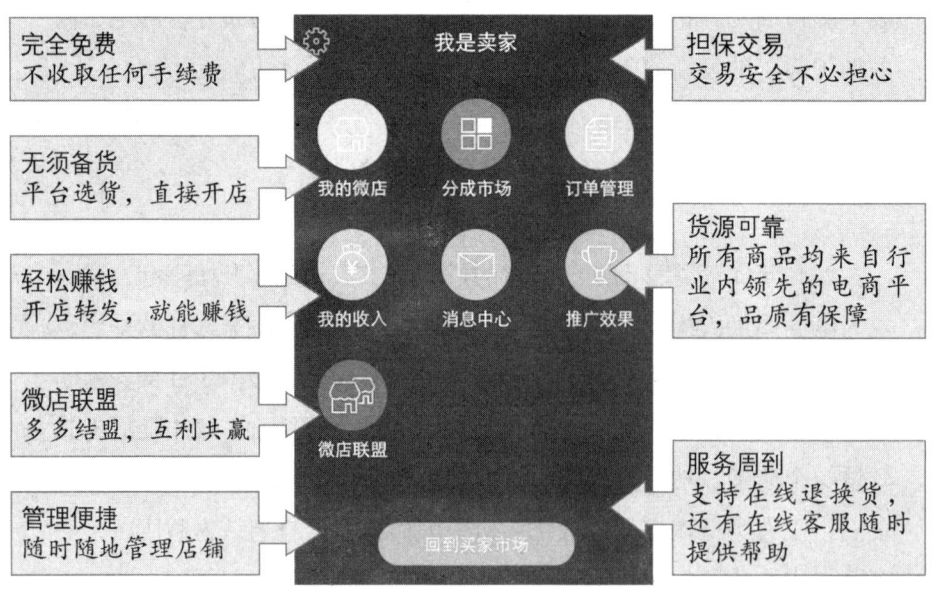

1号V店八大特色服务

1号V店拥有开店零门槛、货源高品质、配送及售后服务高标准、移动分享多渠道、微信号无缝对接、个性化移动营销等六大优势，可以看作是1号店为用户提供的定制化电商服务，也是1号店在微商分销领域的创新试水。

1. 开店零门槛

1号V店的目标用户是熟悉移动互联网、社交平台，并想要兼职或全职经营自己店铺的人群。这些人可能是喜爱购物，善于寻找质优价廉商品的购物达人，也可能是对1号店产品深深认同并喜爱的人，通过1号V店，他们可以将商品便捷、精准地推荐给朋友。即使没有任何开店经验，甚至连货源、本金都没有，只要想兼职或全职经营自己的店铺，他就可以借助1号V店APP"1秒开店"并"一键分享"自己的商品甚至店铺到各主流社交平台，促成交易并从中获取收益，实现零成本轻松开店。

2. 货源高品质

1号V店分销的商品，只能来自1号店自营或者入驻商家，以保证1号V店货源品质。

3. 配送及售后服务高标准

为了减少1号V店卖家的工作量，提高分销效率，下单、配送、收款、售后等服务全部由1号店方面负责，保证了服务的高标准。

4. 移动分享多渠道

除了微信、QQ、微博等移动端主要分销渠道，1号V店还可以通过复制链接分享到其他渠道如E-mail、二维码、手机短信等方式分销商品，并且全面支持普通网页访问，帮助个人微商获取客源和关注。

5. 微信号无缝对接

1号V店的微信公众号拥有与1号店合作商家无缝对接的功能，方便提供系统化的微商工具。

6. 个性化移动营销

有了1号V店，1号店合作商家不但可以1秒建立自己的微信商城，还可以充分发动员工和粉丝一起开V店进行分销，且不受时间和空间的限制。这也是1号店"流量去中心化商业模式"的新尝试，目的在于帮助亿万移动互联网用户激活其社交网络，把生活中的亲友与他们最需要的日常商品联系起来。

总之，在1号V店，购物行为更加随机和高效，购物需求更加场景化，而多维用户接触入口构成庞大的消费者导入渠道，也潜移默化地以用户更易接受的方式促成微商服务。可以说，1号V店正在开启C2C开放平台零门槛的新时代。

第三章 告别"小而美",迈向"大而全"

1号海购:"保税进口"+"海外直邮"双模式

随着生活水平的不断提高,我国消费者对海外高质量、高性价比商品的需求也在不断攀升。而随着跨国网络代购这一新商业模式的井喷式发展,海淘也在国内急剧升温,越来越多的中国人开始加入"海淘"大军。

中国电子商务研究中心监测数据显示,2013年中国海外代购市场交易规模达767亿元,较2012年同比增长58.8%;2014年交易规模超过千亿元,预计2015年交易规模将达到2478亿元。按此发展趋势,到2018年中国的海购一族将超过3500万人,整个海购市场将达到1万亿元的规模。

中国海外采购规模迅速扩大的原因,主要是中国与海外消费品的巨大价差,而形成价差受多方面因素影响:

(1)与海外相比,中国的税率较高,特别是某些商品的消费税。

(2)中国国内的流通成本过高、环节过多,在物流和管理方面仍存在进一步减少成本的空间。

(3)国外品牌商对华的定价政策。

面对"海淘"大军的日益壮大,各路电商终于按捺不住,纷纷发力"海淘",把竞争的新焦点放在了境外购物上。

其实,早在2011年,1号店就开始涉足进口食品,并于2013年12月进驻上海自贸区,开始布局跨境电商业务,最终在2014年9月正式上线"1号海购",率先通过保税进口模式和海外直邮模式将海外优质商品引入国内。

1. 保税进口模式

1号海购所采用的保税进口模式,就是指1号店提前集中采购,通过批量海运或空运的方式将商品从国外直接运至上海自贸区备货,货物存量较为充裕。消费者下单后,商品可直接从保税区仓库报关报检后发货,发货的速度和便利程度较境外直邮更胜一筹,消费者最快可在下单后两天内收货。此外,该模式下的商品按个人包裹征收行邮税,行邮税在50元以下免征,大大减少了附加费用。

为了提供更好的顾客体验,1号店系统已经与上海自贸区的跨境通、东方电子支付进行了全面的系统对接,实现了订单信息、支付信息、物流信息的三流合一。对上海自贸区来说,1号店是自贸区内合作的第一家超大型综合电商,许多项目都是首创,在清关、支付、对账、结算等环节都做了量身定制的开发和流程的优化。而对消费者来说,电商系统和海关系统联通后,消费者的权益也更有保障。

2. 海外直邮模式

1号海购所采用的海外直邮模式,也就是消费者登录1号店网站选择入驻1号店的海外优质商家的境外商品后,商品将由这些海外商家通过国际物流公司从境外发货,经过运输、清关等环节,最后送达中国消费者手中。在该模式中,消费者除了货款之外还需负担相应的货品进口关税及物流费用。

1号店充分利用其现有的使馆资源,如美国、波兰、意大利等使馆,直接引进各国的高质量海外商家,所售产品均原产自美国、澳大利亚、日本、韩国、英国、德国、新西兰等国家。截至2014年年底,1号海购的商品种类达7万多种,覆盖母婴、美护、营养保健、进口食品、数码、箱包、轻奢等品类。

而在1号海购的所有商品种类中，进口食品品类可谓是1号店进军海购的重要突破口。纵观1号店进口食品品类这几年的发展，我们不难发现，其主要有4个特点：

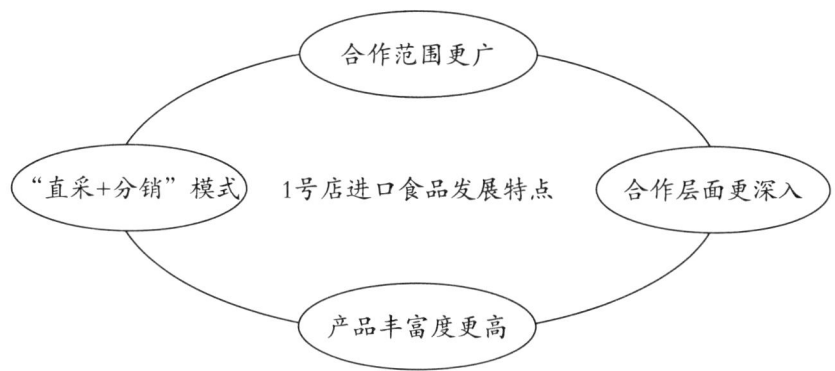

1. 合作范围更广

1号店在最初与美国、澳大利亚、韩国、英国、意大利、西班牙政府机构合作的基础上，又先后与泰国、马来西亚、智利、秘鲁、丹麦和比利时等国家建立合作关系。

2. 合作层面更深入

为了做到不只向消费者提供高品质的产品，还给消费者提供专业的营养知识，除了各国政府机构外，1号店的合作对象还深入下探到各国的专业协会。截至2015年年初，1号店已经与美国蔓越莓协会、加州乳品协会、澳洲肉类及畜牧业协会等7家专业协会进行合作。

3. 产品丰富度更高

经过几年的发展，1号店进口食品的SKU（Stock Keeping Unit，单位库存量，以下简称SKU）从最初的1.2万种增加到目前的7万多种。在进口直采方面，以进口牛奶为例，直采牛奶从2013年的1个品牌，拓展到现在的8个品牌。截至2014年10月，1号店整个直采平台拥有47个品牌，产品品类涵盖饼干、糖果、巧克力、酒、坚果、蜜饯、饮料、奶粉等。

4. 模式创新

为了让更多的中国消费者享受到优质的进口直采商品，体验"不出国门，吃遍全球"的便捷生活，1号店在进口业务的扩展上采取"直采+分销"模式，借助招募的二、三线城市分销商，加快1号店在二、三线城市的拓展步伐。

早在2013年年初，1号店就取得了进口商品直采资质，是国内第一家拥有此项资质的电商。直采商品主要具有两大优势：成本优势和运营效率优势。

（1）成本优势。通过批量采购，统一海运和集中干线物流，降低成本。

（2）运营效率优势。直采可以减少中间商的流通环节和时间，通过缩短供应链和提升运营效率，使商品更快地到达消费者手中，品质更新鲜。

2015年1月8日，1号店在北京发布了2015年战略布局，回顾了其在2014年取得的业绩，同时根据1号店2013年和2014年春节前一个月的年货消费情况统计，独家发布了《2015年年货消费趋势》。该趋势显示：越来越多的消费者通过网购置办年货，而以进口食品为主要代表的洋年货会成为2015年网购年货的重要组成部分，进口商品在年货中的占比从2013年的37%上升到2014年的47%。以进口食品为例，2013年年底进口食品品类为1.4万种，2014年年底已经达到近7万种。

这一切表明：国内消费者对进口商品尤其是进口食品的需求量在不断增大，1号店在未来也将继续深耕进口商品尤其是进口食品领域，让越来越多的中国消费者拥有更好的"海外购物"体验和更有品质的生活方式。

"活色生鲜"：没有生鲜就不叫超市

"没有生鲜就不叫超市。"涉足生鲜食品的决心，在1号店创立之初就确立了。

随着越来越多的人开始追求绿色、健康和高品质的生活，生鲜食品行业作为新世纪的"朝阳产业"，逐渐向高科技领域发展，生鲜市场也被誉为有着庞大潜力的市场。

生鲜对于线下超市来说是不可或缺的品类，不仅能提升客户黏性，还能带来更多的客流，在线下超市的销售比重中占20%左右，对于线上电商也同样如此，因此国内各大电商纷纷大力发展生鲜业务。

除了市场规模，生鲜产品的毛利率也是吸引电商涉足其中的重要原因。有数据显示，生鲜电子商务的毛利率平均可达30%～40%，其中海鲜产品最高，达到50%以上，可谓是暴利产业。

纵观我国生鲜电商的发展，大致可以分为两个阶段：

第一阶段是2005—2012年，易果生鲜、优菜网等许多面向特定群体的创业公司开始出现，它们有一个共同的特征——地域化明显。

第二阶段是2012—2014年，这是生鲜电商的爆发增长期，2012年甚至被称为"生鲜电商元年"。在这一阶段，顺丰优选、本来生活等大型生鲜电商崛起，天猫、京东、1号店、苏宁等电商巨头也纷纷入场，生鲜行业的资本壁垒已经基本形成。

2015年，中央一号文件再次锁定三农问题，生鲜市场的政策依然利好。在"互联网+"的政策背景下，农产品市场潜力巨大，数据显示，生鲜市场有2万亿元的市场潜力。但随着生鲜行业壁垒的形成，生鲜电商窗口期必将慢慢关闭，一旦关闭则是行业洗牌的开始。

不过，有分析数据显示，尽管国内生鲜电商多达4000家，但仅有

1%赢利，而7%巨亏、88%略亏、4%持平。可见，生鲜电商前景虽被看好，但由于生鲜商品具有产品标准化低、物流成本高、难以保存且运输耗损大等特点，生鲜市场一直被视为"电商最难啃的硬骨头"。

1号店作为国内第一家网上超市，作为一家致力于以"家"为核心，打造提供家庭所需的一站式购物体验的综合类电子商务企业，从创建之初就定下将生鲜产品作为核心经营品类之一的目标，并一步步朝着这个目标坚定前行。

1号店发力生鲜市场的战略，主要体现在三大方面：

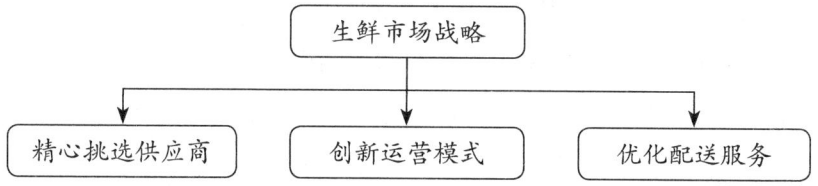

1. 精心挑选供应商

在食品安全事故频发的情况下，如何从供应链环节入手保证稳定、优质的货源，成为制约中国生鲜电商发展的首要障碍。为了消除这个阻碍，1号店在供应商选取上确立了十分严格的规则：

（1）生鲜产品供应商必须具有相关经营资质和电子商务运营经验，有独立的配送团队及全程冷链。

（2）1号店的采购团队会实地考察每一家生鲜供应商的运营状况，确保生鲜产品的品质管理符合要求。

（3）1号店对供应商设立了严格的标准，包括订单受理的时间、配送时长、产品的破损处理、退换货程序等，确保顾客在1号店买到的生鲜产品的品质。

2. 不断创新运营模式

（1）自养自卖生鲜产品。

2010年中秋节前后，1号店在业内率先进行了一次销售生鲜的尝试——在阳澄湖承包了100多亩水域作为大闸蟹养殖基地，自养自卖大闸蟹。以此为经验，在保证产品品质和运营成本的前提下，可选择更多品类的生鲜产品进行此类尝试。

（2）借"店中店"开拓生鲜产品线。

2011年，在"店中店"创新业务模式成熟运作的基础上，1号店借助平台优势与专业生鲜商家的合作，大幅开拓生鲜产品线。

（3）自营模式。

在1号店看来，自营模式能保证生鲜产品采用统一的收货标准和出货复检，分拣包装、配送全程冷链，只有这样才能打造出业界第一的顾客体验。

在货源采购方面，1号店采取直达果园、农场的直采方式——在水果重点产区，刚采摘的水果经过严格的质检之后直接进入1号店仓库。

2013年3月28日，1号店的自营战略"1号生鲜"在上海地区正式上线运营，从项目开发到正式上线运营，仅用了28天的时间。2013年8月，1号生鲜落地北京时，上海已经拥有水果、蔬菜、冷冻、冷藏食品四大品类。

截至2014年年底，1号店自营生鲜业务在上海可覆盖崇明岛以外的区域，北京已经实现全境覆盖，生鲜品类在线销售SKU近3万种，其中自营产品超过1000种。2015年，1号生鲜将登陆广州及更多二、三线城市，实现生鲜业务的全面铺设。

（4）发力进口生鲜。

2013年年初，1号店成为国内首家获得进口直采资质的综合电商。2013年10月，1号店在上海黄浦江畔宣布与美国、澳大利亚、韩国、英国、意大利、西班牙六国驻华机构战略携手，继续深耕进口食品市场。2014年，1号店又相继与泰国、马来西亚、智利、秘鲁、丹麦、比利时六国达成战略合作，并与美国肉类出口协会、澳洲肉类及畜牧业协会等专业协会深入合作。截至2014年年底，1号店在线销售的进口生鲜已经超过5000种，其中包括智利车厘子、挪威三文鱼、新西兰奇异果、越南百香果、澳洲牛肉牛排、法国银鳕鱼等。

（5）独立生鲜事业部。

2014年9月，1号店将原本隶属于食品饮料部的生鲜品类划分出来，并成立独立的生鲜事业部，通过整合自营和平台资源，加速生鲜品类的发展，以更好地服务消费者。

2014年10月中旬，"活色生鲜"频道在1号店悄然上线。1号店自营业务1号生鲜和商家业务正式合并，集中归入该频道。

（6）生鲜战略与社区店紧密结合。

2014年年底，1号店将"社区生鲜雷购模式"正式更名为"社区直达"，上海内环及部分中环地区的消费者登录1号店的APP，直接从"社区直达"的入口进入，就可以购买生鲜并选择社区店就近配送，1号店承诺下午4点前提交的订单当天送达。

此外，对于"小区雷购"业务，1号店通过更新供应链，将原来的15个环节减少为3个环节，降低了67%左右的成本，意味着顾客购买商品会有更加实惠的价格。

3. 不断优化配送服务

（1）从商品入库至配送到消费者手中，1号店严格遵循相关食品安全标准，并针对生鲜商品的特性制定了单独的操作规范，如每一个独立包装的水果上都必须有包装日期、每日都必须清理库存等。

（2）在配送服务上，1号店执行"订单出库后24小时内送达"的生鲜限时配送标准，并推出"签收前先验货""48小时内退换货"等保障政策，进一步让顾客无忧购买生鲜。

（3）将干货和生鲜的购物车打通，实现了干货和生鲜的合单配送，这不但解决了客户同步到货的体验问题，也使得冷链成本大幅降低。

因为供应链等软硬件体系以及地域扩张的建设投入,尽管生鲜市场潜力巨大,但就目前来说依然很难赢利,这也是各家电商逐鹿生鲜领域的原因所在:实力弱者会被淘汰,不断上升的门槛则会让强者更强。而1号店在"包括供应商选择、入库质检、出库复检、仓储配送等各个环节都可以凭借资源整合优势为顾客提供高品质的生鲜购物体验,从而保障1号店自营生鲜业务的快速增长"。

"特产中国"进县城,开创农业电商新模式

面对国内消费者对优质特产需求旺盛的形势,1号店于2013年年底开始筹备"特产中国"项目。在长达半年的精心筹备之后,2014年5月6日,1号店"特产中国"频道正式上线。

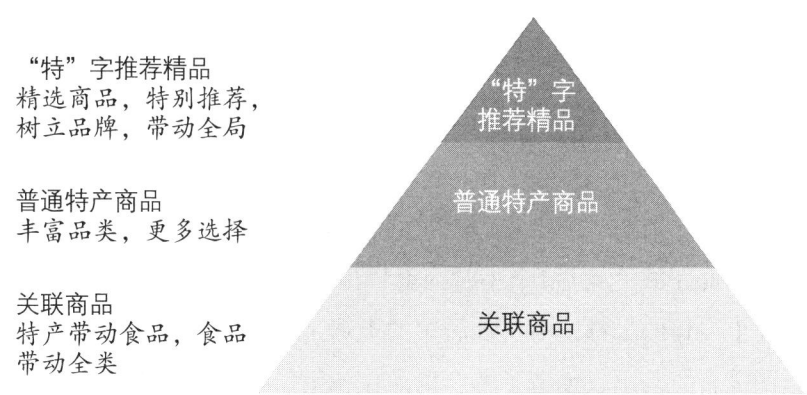

1号店"特产中国"的模式——树品牌,促销量

在"特产中国"频道上线的同时,1号店也与浙江省供销总社联合宣布达成战略合作关系,双方共同推动浙江"一县一馆"项目,浙江省上虞、龙游、德清、衢江、永嘉、开化、义乌、诸暨、新昌和长兴10个县(市)级地方馆也在"特产中国"频道正式开馆运营。

1号店"特产中国"频道通过与政府、科研机构、商家多方合

作，开设以县为单位的地方馆，挖掘地域特色显著、安全、新鲜、优质的农产品推荐给全国的消费者，打造线上、线下相结合的网上放心农特产品商城，开凿从农田到餐桌一条龙的特色农产品通道。由此，消费者只要敲敲键盘、点点鼠标就可以买到正宗、安全的各地特色农产品。

自运营

- 自己组建电商团队，到1号商城开店销售

委托运营

- 委托有电商经验的代运营商，授权其代理自己的产品，在1号商城开店销售

1号店采购

- 对于极具竞争力的稀缺产品，1号店可以考虑采购

"特产中国"合作三大模式

  1号店"特产中国"频道上线不久，就取得了骄人的成绩，以阳澄湖馆为例，在2014年9月1日举办的大闸蟹冲击吉尼斯世界纪录活动中，产品正式开抢后1个小时内就售出了153973只正宗阳澄湖大闸蟹。而上虞馆的二都杨梅、仙居馆的土鸡蛋、岐山馆的臊子面等"舌尖上的美食"，不仅创造了特产商品在线销量峰值，更是凭借新颖的农业电商营销模式，在树立特产品牌形象、推广地方文化、提高产地旅游热度等方面获得了地方政府与区域商家的一致认可，有效推动了区域经济的发展。

  截至2015年春节前，1号店"特产中国"项目完成了遍布全国各地的70多个地方特产馆的开设，其中县级馆达64个。同时，"特产中国"项目还与浙江省供销社、黑龙江省商务厅、吉林省商务厅、安徽

省农业委员会等地方政府部门达成全面合作，2015年在加快已合作省份地方特产馆开发速度的同时，1号店将着重开发一批核心地方特产馆，与之进行更加深入、更具目标性的合作。

对于"特产中国"的合作单位来说，与1号店的合作是一次充分的优势互补，能够借助供销系统的优势把各地特产商品挖掘出来，再发挥1号店电商平台优势，实现特产销售的转型，从而帮助广大农民增收，促进产业升级，为发展传统农牧产业的区县带来经济增长潜力。

"特产中国"项目的飞速发展主要得益于1号店在5个方面的精心谋划：

1. 严把"特产中国"开馆关

为保证"特产中国"项目的有序、健康发展，对提出开馆申请的单位，1号店有较为严格的资质要求：

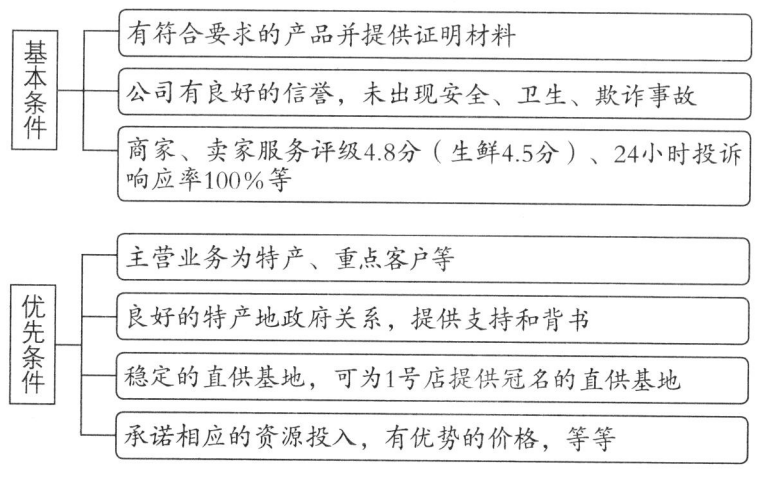

"特"字精品的合作商家资质

（1）申请单位必须具有国家颁发的经营资格，即为合法的经营单位，企业法人营业执照、税务登记证、组织代码证等证件齐全，由于"特产中国"主要销售食品,食品流通许可证也必不可少。

(2)申请单位要配备专业的管理团队,团队核心成员需要具备食品电商行业的相关运营经验。

(3)申请单位要具备能够集合当地代表性特产的实力。

(4)申请单位自身的硬件基础条件要过硬,能够自主配备正规的办公场所、仓储物流等硬件设施。

在满足以上资质条件后,申请商家还要通过公司资质准备、商品品牌资质准备、后台注册店铺申请和以店转馆等开馆流程,并缴纳与开设一般店铺相同的费用,才能最终完成1号店"特产中国"地方馆的开设。

2. 针对区域进行专项培训

为了吸引更多的优秀特产销售团队,以满足消费者对各地区特产的需求,1号店在很多目标区域进行了详细的项目介绍及培训,收获了不错的反馈。如2014年9月,"特产中国"团队在安徽省供销社开展了安徽全省供销系统的"1号店特产中国地方馆"的专项培训会议,全省50多个市县参加了培训,有效地推动了安徽地方馆的开设。

3. "1号店+政府+运营服务商"三方协作模式

在"特产中国"项目上,1号店坚持采取"1号店+政府+运营服务商"三方协作的模式,1号店提供平台,政府协调有关职能部门提供政策支持,运营商进行市场运营,共同保障入馆产品的原产地优势和产品品质,打造地方区域品牌优势。

比如,浙江省和各县农民供销社专业化生产加工、店铺运营商及1号店平台之间的合作联动,实现了全新的F2C2C模式(Farmer To Cooperation To Custom,即农民到专业合作社及合作社企业再到消费者的模式),从而破解了农特产品销售瓶颈,共同促进农特产品电商化发展。

4. 严格把控产品品质

入选"特产中国"的产品将采用"特"字标签予以区分。因此,在把控产品品质方面,1号店对于地方特产在产地范围、生产工艺等各环节制定了严格的标准,在配送及售后服务方面更是严格监管,力求让消费者买到正宗、高性价比的名优特产品。"特产中国"以销售食品品类为主,未来将会向工艺品及旅游等地域特征明显的产品品类延伸。

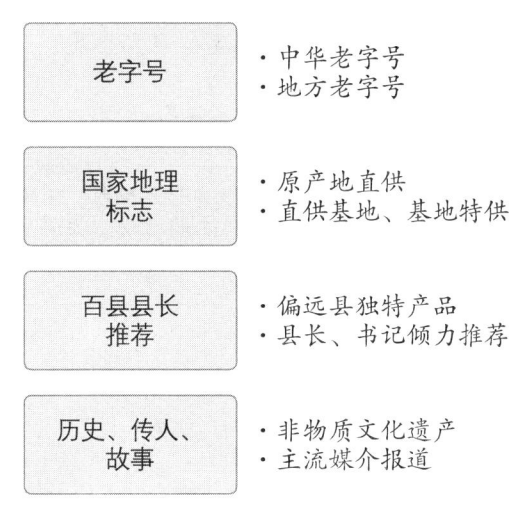

"特"字精品的选择范围

5. 多渠道推广宣传

对于"特产中国",1号店通过多渠道进行推广宣传:

(1)为合作的商家做更多的"特"字标推荐。

(2)与媒体电视台合作,比如与类似《舌尖上的中国》的栏目合作,进行推广宣传。

(3)拿出1号店自己的团购资源,比如1号团等,不断地做一些推广,强化"特"字标产品。

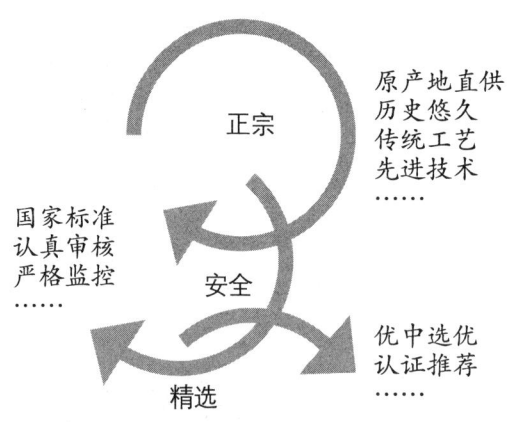

"特"字产品推荐原则

| 更多活动
更多展示
更多销售 | ・"特产中国"频道天天推荐，天天活动
・联合推广活动、主题活动、品牌宣传活动
・专题电视片优先产品
・团购活动、闪购活动优先
・搜索排名优先
・特别导航推荐
・其他 |

"特"字精品的推广优势

2015年，1号店将采取进一步整合"特产中国"地方馆精选特产资源优势的策略，同步推进线上专属页面的设置，以及特产中国城镇线下体验馆的建设，让全国特产走进千家万户，让消费者真正享受到互联网时代"足不出户，吃遍全国"的便捷。

社区体验店：O2O让我们离消费者更近

2013年，O2O在中国进入了高速发展阶段，中国互联网企业纷纷开始了本地化及移动设备的整合，于是O2O商业模式横空出世。

而早在国内O2O风潮刚起时，于刚就敏锐地发现，拥有天然商超基因、供应链体系强大的1号店非常适合采用O2O这种商业模式："因为我们有庞大的线下网络,与消费者的互动相当高效。"

在于刚看来,"O2O的核心价值应该是充分利用线上与线下渠道各自优势,让顾客实现全渠道购物。线上的价值就是方便、随时随地、品类丰富,也不受时间、空间和货架的限制。线下的价值在于商品看得见、摸得着,且即时可得;品牌可以直接和顾客接触、沟通,顾客也可以享受面对面的服务。从这个角度看,O2O应该把两个渠道的价值和优势无缝对接起来,让顾客觉得每个渠道都有价值……O2O商业模式的最主要意义在于可以更接近客户,并且使本地化的服务真正落地"。

1号店诞生于上海,且经过这几年的积累,在上海已经拥有极高的市场占有率和用户覆盖率,因此,于刚把1号店的首次O2O商业模式体验地点选在了上海。

2014年4月,1号店在上海推出了第一个O2O实践项目——中远两湾城社区体验店,该社区体验店涵盖了送货集散地、顾客取货点、营销中心三大主题功能。在于刚看来,"通过这种新形式,我们离消费者更近、服务更快,还能直接和他们接触,是将O2O真正落地的重要一环"。

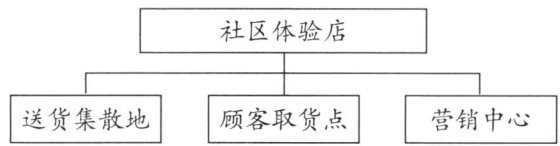

很快,1号店又陆续在上海的古美湾、北新泾等地增设了线下社区体验店,并于2014年9月推出了"社区团"服务,最快可在3小时内完成社区内的急速配送。

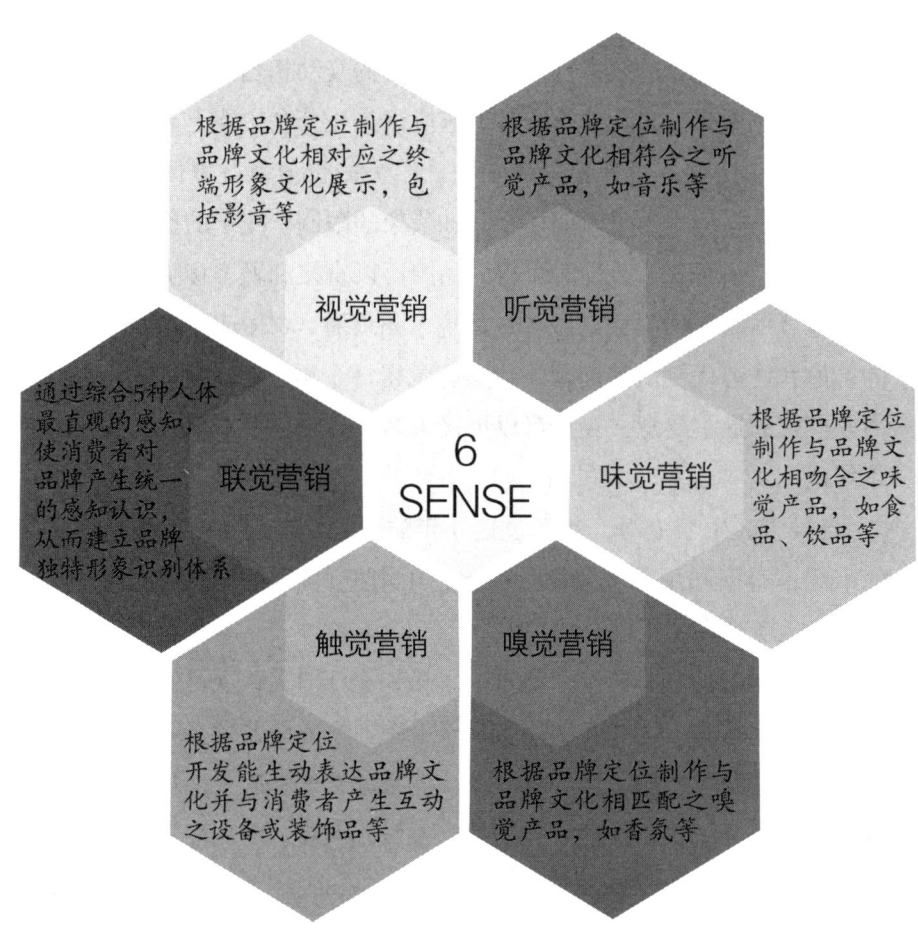

社区体验店的六大营销价值

与传统便利店不同，1号店的线下社区体验店的销售品类主要集中在食品、日用品、生鲜冷冻等品类上，但体验店内并无实物销售，所有待售商品都以展板形式进行呈现。消费者根据展板上的信息挑选到心仪的产品后，可直接扫描相应的二维码，登录1号店确认订单信息后进行下单。而1号店会在最短的时间内完成配货，为消费者送货上门。此外，消费者可在1号店手机客户端"每日惠"页面中找到

"社区团",选择进入自己所居住的社区页面,同样可以进行选购,完成下单。

扫描商品二维码　　登录1号店账号　　订单信息确认　　下单成功

扫码购流程图

2014年12月,1号店在"社区团"的基础上推出"小区雷购"服务,上海中环以内的消费者下午4点前通过1号店移动客户端选定区域下单,即可享受优质的生鲜产品及其他民生产品当日包邮到家服务,且所有产品价格保证低于1号店自营价。

线下社区体验店在上海成功试水,大大增强了1号店探索O2O商业模式的信心。2015年1月,1号店宣布"小区雷购"服务入驻北京,在短短一个月内迅速覆盖了23个站点,并将年轻人最活跃的地区之一天通苑设为"体验店"站,四环内的市民可以享受到3小时内送货上门的服务。由于开通"小区雷购"模式的生鲜商品具有质优、价廉、3小时送达、免邮等特点,在白领一族中备受好评。

1号店还将与沃尔玛加强合作,在全国范围内大面积推广O2O社区体验店,全面入驻北京、广州等一线城市,并逐步向二、三线城市推进。

而1号店线下社区体验店模式之所以能够迅速拓展,主要得益于1号店在以下4个方面的努力:

1. 精准选点

1号店在开设线下社区体验店时,遵循两个原则:

(1)"人口密集、消费力高"的社区。"人口密集、消费力高"的社区往往是成熟的小区,超市、便利店、菜市场等生活配套设施相对完善,其居民更加注重产品品质和服务体验,对1号店"社区团"的发展可以形成很好的反馈。而且,对于周边居民来说,低价免运费送货上门的方式仍是个不小的诱惑。

(2)配送运力能够覆盖。1号店在上海首批开设的两湾城、古美湾和北新泾3家社区体验店,可服务于周边共68个小区。

此外,小区居民1号店订单的密集程度是配置社区体验店时的主要考虑因素之一。比如,北京线下体验店所在的天通苑社区,平均房租4000~5000元/月,考虑到该小区居民的相应消费能力,体验店内配有两名配送员;对于普通的站点,则安排少量留守配送员来处理即时订单。

2. 精准选品

1号店的"小区雷购"主打质优价廉的民生产品,主要的销售品类集中在食品、日用品、生鲜冷冻等产品上,如新鲜土鸡蛋、进口牛奶等,都是现代人喜爱的优质民生产品。而且,"社区团"为居民提供的是"VVIP价格"(重要贵宾价格),物美而价廉。以特供两湾城的商品为例,原价120元的澳大利亚进口精品牛腩块,"小区雷购"售价只卖38.8元,分量却足够四五个人一起享用。

在商品质量上,1号店通过卓越的供应链管理能力精选高品质商品,从源头上保障食品安全,让用户吃得放心。

3. 支付方便

在支付方式上,1号店"小区雷购"除了支持线上的多种支付方式外,还支持货到付款,为用户提供了更多选择。

4.配送快捷

凡是1号店社区体验店辐射范围内的小区居民，通过"社区团"下单后，由1号店统一发货，在上海部分地区、北京四环以内的顾客最快3小时便能收到货品，还能享受单品包邮的优惠。

在探索O2O商业模式上，1号店除了尝试独自建设社区体验店之外，也在寻求与传统商超及便利店的合作，打通线上与线下渠道。在1号店的设想中，双方合作模式是以1号店为传统零售商提供系统、平台和流量，帮助它们在线上实现销售。顾客既可以去实体零售店购买商品，也可以上网购买；既可以去实体店取货，也可以要求送货上门。

2014年4月，1号店与华北区最大的零售连锁企业集团之一美特好达成战略合作，将包括店铺系统、商家平台在内的供应商系统共享给美特好，同时获得在美特好所有线下门店进行营销推广和末端配送的权利。

尽管O2O商业模式在中国还处于试水阶段，但于刚坚信，一旦这种模式获得市场的认可，带来的将不仅仅是超市无处不在的局面，而且O2O模式将覆盖几乎所有的商品，那时，零售行业将面临一场新的变革和洗牌，广告与贩卖并行，买卖无处不在，必将开启O2O电商的另一个"战国时代"。

1号医药：大力发展互联网药品第三方平台

随着互联网普及度和网购渗透率的提高，"互联网+"概念迅速蔓延，互联网巨头、药企、零售商等纷纷杀入医药电商领域，各占资源优势的医药电商都在秣马厉兵，等待着《互联网食品药品经营监督管理办法》正式颁布、网售处方药解禁带来的万亿元市场机遇。

2015年3月30日,国务院办公厅印发的《全国医疗卫生服务体系规划纲要(2015—2020年)》显示,未来5年,我国将开展健康中国云服务计划,积极应用移动互联网、物联网、云计算、可穿戴设备等新技术,推动惠及全民的健康信息服务和智慧医疗服务,推动健康大数据的应用,逐步转变服务模式,提高服务能力和管理水平。该纲要的发布无疑给试水医药市场的各大电商注入了一针强心剂。

有数据显示,2014年我国医药电商的交易规模约为68亿元,远远高于2013年的42亿元,与2012年的16.6亿元、2011年的4亿元相比,更显得突飞猛进,最后该报告预计2015年我国医药电商的交易总规模将达到百亿元。有券商研究员分析指出,将来的互联网销售药品将占总医药零售金额的30%,这意味着互联网医药市场还有数千亿的市场潜力有待挖掘。

在医药电商蓬勃发展的当下,只有快速敏锐的公司才能抓住未来

1号店医药频道

市场的机会，后知后觉的入局者可能丧失优势。而在电商企业中，1号店显然是对医药电商市场反应最为快速敏锐的一个。

2014年8月，1号店成为首家获得国家食品药品监督总局许可，从事互联网药品第三方平台试点的大型综合B2C平台电商。

截至2014年年底，1号店医药频道已签约好药师、德生堂、华氏大药房、壹药网、康之家大药房、嘉定大药房等十余家药品零售连锁品牌企业，1号医药馆在售医药商品品类已达2.5万余种。这些企业在1号店原有的医疗器械、保健品、药妆和隐形眼镜等经营范围的基础上，可以补充非处方中西药的销售。

对于药品零售连锁企业来说，可以依靠互联网打破地域局限进行销售，同时让消费者尤其是偏远地区的消费者，能够更加便捷地购买到安全、放心、实惠的正规药品。

对于1号店来说，能够获批成为互联网第三方平台药品网上零售试点，是对其现有品类的重要补充，让一站式购物体验走上新的台阶。具体而言，1号店进军医药市场具有三大优势：

1. 流量优势

中国医药工业和商业企业"触网"主要有3种打法：入驻第三方电子交易平台、自建垂直式平台开展B2C线上售药业务、以O2O模式盘活线下资源发展医药电商。而自建垂直式平台开展B2C线上售药业务的模式有一个致命弱点——网站需要大量的流量，如果流量不够，就意味着消费者和药品销售方之间的通路没有打通，只能通过引进拥有巨大客流量的网站平台来解决，实现合作共赢。而在网站流量上屡创历史新高的1号店，自然是各大医药企业心中极佳的合作对象。

2. 平台系统优势

和其他医药电商B2C的系统不同，1号店采用是B2B2C（商家到电商平台,再到顾客)的系统,也就是平台交易模式系统。基于该系统,1号店在食品饮料方面已经积累了丰富的运营经验,推广到医药方面,就能够很好地把控医药质量的重点注意事项:

(1)1号店具有专门的商家入驻审核规范,对医药商品的授权店进行完整的资质审核。

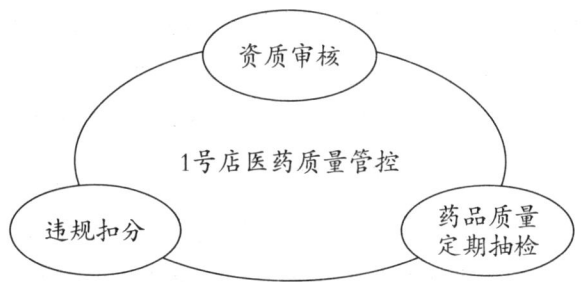

(2)1号店对重点医药品类会进行定期抽检活动,比如通过神秘买家购买药品,对这些药品进行质量检测。

(3)1号店对商家的违规行为有专门的扣分系统,比如针对出售假冒伪劣商品、出售未经批准和报关的进口药品等行为都会做出相应的处罚。

3.配送优势

进驻1号店医药频道的商家,既可以选择第三方物流来配送,也可以选择1号店自己的配送公司来配送。但在对第三方物流的选择上,1号店会指导商家选用有资质、信誉比较好的大型物流企业,保证药品实现安全送达的关键考量标准。

尽管在医药市场上取得了一些成绩,但1号店仍然清醒地认识到:目前医药电商发展所面临的大环境困局仍未打破。

第一,网上医保尚未允许报销,消费者无法通过医保结算实现实惠购药。

第二,消费者对互联网购药的认识不足,对购药平台的信任度亟待提升。

只有当上述问题得到解决,1号店才能真正将医药品类做成自己的战略品类,引领医药电商真正走向规范、有序、集中发展的阶段,让老百姓能够便捷地购买到安全且实惠的药品。

第二篇

构建领先供应链,打造电商核心竞争力

> 供应链管理是电子商务的核心竞争力,因为供应链优劣直接关系到顾客体验是否出色,关系到我们能否降低足够成本,改进商务模式。
>
> ——1号店联合创始人于刚

第一章　杀鸡用牛刀，一开始就建立流程和运营指标

做好供应链，先要做好顾客需求预测体系

进入21世纪，人们的需求日益多样化，市场环境也由简单静态的卖方市场逐渐转变为复杂动态的买方市场，供应链管理的关注点也转向顾客需求预测。

顾客需求预测，是指企业通过充分利用现在和过去的历史数据，结合本企业的实际情况，采用科学分析方法，提出切合实际的需求目标，定制订购需求计划，以指导原材料或商品订货，从而实现最佳库存控制。

对于企业来说，需求预测可谓供应链管理的源头和基础，准确预测市场需求可减少决策失误，有助于提高供应链企业的服务水平和经济效益；反之，如果预测市场需求与实际需求误差过大，将会对供应链运作造成巨大的影响，不但增加供应链成本，还会导致顾客满意度大幅降低，严重者可能导致企业的衰败甚至破产。

因此，于刚在创办1号店之初就坚持要做好供应链系统，而要做好供应链系统，首先要做好需求预测体系。如果需求预测得不准确，库存管理出现较大失误，按照这样的标准设计仓库，设计得越好，带来的灾难反而越大。

在1号店运营副总裁王海晖看来，企业在做供应链和物流规划的时候，最容易犯的错误就是只把注意力放在仓库，一心想着优化、提升仓库的效率。针对这种情况，他提出了"鞭子理论"：虽然手腕上

只是几厘米的动作，但到鞭子的末梢就是几米的动作。意思是说，只要你在前端做一点点动作，到后端可能就有超乎想象的成果。

然而，在竞争激烈的电商行业，促销、价格和竞争对手等方面的原因都会造成销量的巨大波动，使得电商很难预测销量。正因如此，电商更应该把注意力集中到前端去，建立销量预测的模型，这是电子商务供应链建立最重要的第一步。在前端投入资源设计销售预测模型以及相关应用，对于后端的库存管理有非常大的帮助。因此，1号店的技术团队一直在集中精力进行预测模型的开发。

在学习沃尔玛线下OTB（Open-to-Buy，采购限额）模型的基础上，1号店结合自己在快消品B2C供应链管理方面的经验，构建了一套符合1号店特点的线上OTB管理系统，其目标是在不增大缺货率的前提下，降低库存周转天数。只要在这套管理系统中输入销售额预计、目标周转天数和毛利率等关键指标，就可以计算出某个周期的采购限额，以便于合理控制采购数量。

OTB管理系统一上线，就为1号店带来了显著的库存改善效果：

（1）滞销库存占总库存的比例不断下降，从上线前的26%降到了9%。

（2）高库龄库存占总库存的比例呈现下降趋势，从上线前的42%降低到22%。

（3）库存周转天数得到控制，上线前在41天上下摆动，上线后稳定地控制在35天以内。

OTB管理系统的上线，宣告商品部和运营部开始紧密地联系在一起，运营部不再只关心仓储、配送等环节，商品部也不只是关心销售、毛利、返利、周转和商品单价，而是从进销存、收入、成本、利润指标出发，制订最合理的采购计划。

为了在压缩库存周转的同时保证顾客体验，1号店在库存管理系统上也进行了很多尝试。

1. 自动补货系统

这是基于销售预测系统建立的自动补货系统，它使得1号店的充货率有了很好的提升，缺货率也得以控制。

2. 下单辅助决策

1号店的技术还不能做到一切商品都自动补货，部分商品仍需要人工判断，尤其对于电子商务中强促销的业态模式，人工判断更是少不了。但是，在做出人工判断的时候往往需要辅助决策工具以提高人工判断的质量，而下单辅助决策就可以直接告诉采购员如何做出有效且经济的决策。

3. 不良库存管理

通过不良库存自动管理系统，1号店能够自动地触发配送、调拨、配货流程，从而尽可能地减少库存积压。

正是在做好顾客需求体系的基础上，配合补货系统、辅助决策系统和后端的不良库存管理系统，1号店的库存管理才可以达到接近10天的水平，1号店的销售预测的周良好率才能够达到88%，甚至还有进一步优化的空间。

而电商企业要想做好需求预测体系，就必须提升自身的3种能力：

1. 提升层级预测能力

对于企业来说，需求预测的目的在于获取市场真实需求，并对货源组织和营销策略调整提供依据。但一般来说，越是宏观的预测越准确，越是个体的预测误差越大。因此，在需求预测中首先要确定预测的层级关系，即客户经理预测、区域市场部预测、营销部门预测的3个层次，然后根据每层级预测重点的不同确定预测任务。

（1）对于客户经理来说，应着重于片区客户群体的预测。根据牛鞭效应理论，客户经理的片区个体需求相加远大于片区的实际需求，因此客户经理应把预测的重点放在客户群体总量和分品牌总量的预测上，以个体预测作为辅助手段；在预测值调整时，以总量预测值调整为主，个体预测值调整为辅，确保分品牌总量预测值的准确性是核心目的。

（2）对于市场经理来说，则要在客户经理片区预测的基础上，结合区域市场的历史销售数据、市场销售走势、消费群体的流动性等特征从区域市场的总量和品牌上分别预测。

（3）对于营销部门来说，作为公司的预测主体，要综合考虑人口变动、价格变动、社会库存及节日因素对需求的影响，重点把握本地区消费者的需求，在此基础上进行预测。

2. 提升综合预测能力

综合预测，是指在预测的方法上将定性预测与定量预测相结合，这主要体现在以下几个方面：

（1）在定性预测中，充分发挥营销人员对市场较为了解的优势，建立预测工作小组，采用专家小组意见法进行预测。

（2）在定量预测中，预测模型的建立要充分结合市场的消费特征，科学设立预测模型。

（3）要将定性预测与定量预测结合起来，即正确处理软件预测与经验预测的关系。软件预测是由软件系统按照固定规则，通过对历史数据的演算所做出的理性推断，计算出的数值具有规律性和唯一性。经验预测是建立在对市场信息充分了解的基础上，由人根据经验做出的感性预测，具有灵活性和不确定性。只有将两种预测方法有效地结合起来，取长补短，才能使最终预测值尽量准确地体现市场的真实需求。

3. 提升协同预测能力

协同预测，则是批零互动、工商互动、消零互动三方互动的结果。批零互动，是指在开展需求预测的过程中，充分调动零售商的积极性，配合工作人员开展预测。工商互动，是指在工业代表、商业代表之间要按照"平等互利、互动互信、资源共享、市场共创、平台统一、效率责任"的基本原则，在预测结果的前提下考虑工业代表预测的意见，提高工商协同营销水平。消零互动，是指利用零售商与消费者的接触，建立消费者信息档案，通过零售商掌握消费者的真实需求，从而真正满足消费者的需求。只有不断提升三方协同预测的水平，才能在协同市场需求预测、协同培育品牌、协同营销市场等方面工作中真正取得进展。

智能定价系统：快速应对促销价格战的神器

自电商兴起以来，价格战一直是行业内外的讨论焦点之一，电商企业也频频依靠价格战吸引消费者眼球。而身为1号店的掌舵人，于刚也很清楚，任何一家电商如果想要做大，必然要踩着血淋淋的价格战才能站起来，因为零售在本质上就是为顾客省钱，这是任何电商都绕不过的坎。但价格战是一把双刃剑，用得好能快速切入市场，抢占市场份额；用得不好，就会造成和竞争对手两败俱伤的局面。因此，如何在供应链和采购上支撑价格战，比拼的就是电商企业的"内功"。

娃哈哈董事长宗庆后认为，打价格战从低到高有3种境界：一是亏本降价，"伤敌八百，自损三千"；二是零利润促销，"两败俱伤"；三是全面改进技术，降低成本，从根本上"一览众山小"。

所有的企业都想打高境界的价格战，1号店也不例外。从2011年开始，身为1号店CTO（首席技术官）的韩军便开始构思智能定价系统，以使1号店获得根据客户需求在不同时间、不同地点的变化而快速调价的能力,这一方面是为了应付电商行业日渐频繁的促销价格战,另一方面也是为了在改进顾客体验的基础上保证企业利润。

经过长达3年的不断磨合和改进,1号店终于在2013年上线PIS（Price Intelligence System,价格智能管理系统）对商品价格进行科学管理。PIS系统通过实时监控全网70多家主流电商1700万种商品的价格和库存信息,根据1号店的价格策略实时调整价格,保证1号店商品价格处在业内"前三低"的位置,保持1号店的价格竞争优势,切实为顾客省钱。同时,在价格规范监管方面,1号店在2013年上线了基准价流程,并在公司内部设立专人负责价格巡查,通过系统和人工方式对价格进行更严格的规范管理。

1号店研发的智能定价系统包含众多数据模型,以适应不同状况、不同品类产品的调价。智能定价系统由不同的子系统组成,包括商品定义系统、跟踪分类系统、品类分析系统、单品分析系统、价格策略管理系统、销售预测系统等,还包括一些捆绑销售的方法和业务逻辑。定价也分为自动和半自动两种模式,1号店有95%以上的商品采用自动定价,对于整个互联网保持7×24小时的关注,一旦发现"敌情",立即快速反应,启动自动调价系统。其驱动力一是时间,一是事件。

智能定价系统使1号店的销量和毛利各实现了20%的增长,当然这里的毛利增长不是指单一产品的毛利,而是指所有商品的平均毛利。也就是说,系统"一对一"地找到竞争对手的价格信息,并"针锋相对"地自动下调适当的价格。价格调整后,有的商品低毛利,有的商品高毛利,但总的毛利水平维持在一定水平上。

在1号店设置的价格模型中,不同的品类都有相应的市场价格策略。具体来说,利润品类的价格要做到业界领先,比如进口牛奶（60%的线上销售都是通过1号店完成的）、生鲜产品等食品饮料领域就是1号店的利润品类；而流量品类只要不高于竞争对手就行了，比如服装就是1号店的流量品类。1号店在价格模型中设置底价后，系统就会根据对手的动态价格自动调整商品的价格。不过，1号店的PIS系统多适用于冷门商品和一般商品的定价。如果是特别促销的商品，则1号店会采用系统建设和人工干预配合的方法。

在韩军看来，"其实产品没有所谓最好的价格，调价的过程就是不断尝试的过程，因为竞争环境在不断变化，价格也应该是一直变化的"。在智能定价系统的计算逻辑里，价格是一个定时事件，也就是说系统只确保在一定的时间内某个价格是合适的，因此价格调整的速度显得十分重要。

截至2014年年底，1号店已有95%品类的商品都通过智能定价系统自动定价，能每小时完成100万SKU的调价，这种快速调价的能力在各大电商通过促销活动打价格战的时候非常有用。1号店设置调价规则的有效命中率是40%，也就是将15万种商品同时调整至合适的价格。1号店后台的PIS系统每天实时在线搜索60多家网站和1700多万种商品的库存信息和价格信息，并根据竞争对手的商品价格实时调整自己的商品价格。在双十一或是双十二促销期间，1号店通过智能定价系统对竞争对手和自身的商品的历史价格、销量、进价、库存、采购折扣、毛利率、价格弹性指数等做对比计算，把计算结果反馈给系统，系统则不断根据这些指标的综合运算结果去调整价格，有效地利用低价提升了用户黏性。

需要注意的是，调价并不意味着一定降价。1号店所定义的智能定价，其概念更多在智能，而价格实际上有升有降，其基本原则在于顾客体验最优化和商业价值最大化。要知道，有些商品的价格低到一定程度的时候，它的销售就不再具有弹性，这种降价对于企业来说就已经没有意义了。

凭借智能定价系统，1号店才能大胆地将价格策略作为1号店2015年的战略重点之一，而"剁手价""1贵就赔""低50"就是1号店2015年价格策略的三大标签。

1号店2015年价格策略的三大标签

剁手价	从商品渗透率最高的快消品中选取6000个消费者超敏感单品，均为超乎想象的震撼超低价，每周更新20个提供给消费者
1贵就赔	主要从快消品和数码家电中选取，1号店将针对由智能定价系统自动抓取的有明显价格优势的数千种单品，给出"1贵就赔"的承诺
低50	从手机拓展至数码家电产品，保证热门型号产品至少比行业市场份额占比第一的电商平台低50元

其实，于刚和刘峻岭都认为价格战是不理性的竞争，而1号店要打造一个健康的"生态圈"，不是烧钱打价格战，而是靠优化供应链、物流配送等降低成本的手段，真正让消费者得到实惠。在他们看来，打价格战是一个噱头，关键仍在于把顾客体验做好。正如刘峻岭所说："当前的价格战实为噱头，是电商行业的非理性行为。通过价格战进行零毛利销售，如果能做下去就是出色的电商，如果不能做下去，就应该踏踏实实地做事情，给顾客提供好的服务。"

个性化推荐系统：把用户画像和商品基因关联起来

"她是年轻妈妈，男宝宝不到5个月，目前买一段奶粉，预计很快买二段奶粉；她对进口纸尿裤、婴幼儿玩具和男童服装也有需求……"这是1号店6000万张"用户画像"中的一幅。

用户画像，也被称为个性化推荐系统，是指电商企业通过对用户在网站的浏览记录、购物记录等数据进行分析，给每一位顾客画像。用户画像会告诉商家用户的基本属性，从而让商家知道应该给用户推荐什么商品、以什么样的价格将商品推送给用户，帮助商家更好地实现盈利。

在电商领域，最早推出个性化推荐系统的是亚马逊，其通过对商品的关联性分析向用户推荐其可能感兴趣的其他商品。亚马逊推出关联度推荐方法的业务逻辑是，你买一本书，这本书的作者的其他作品你也可能感兴趣，与这本书相同主题的书你也可能感兴趣。事实证明这套业务逻辑是合理的，它为亚马逊贡献了30%的销售收入，这项服务由此变成了行业标杆。

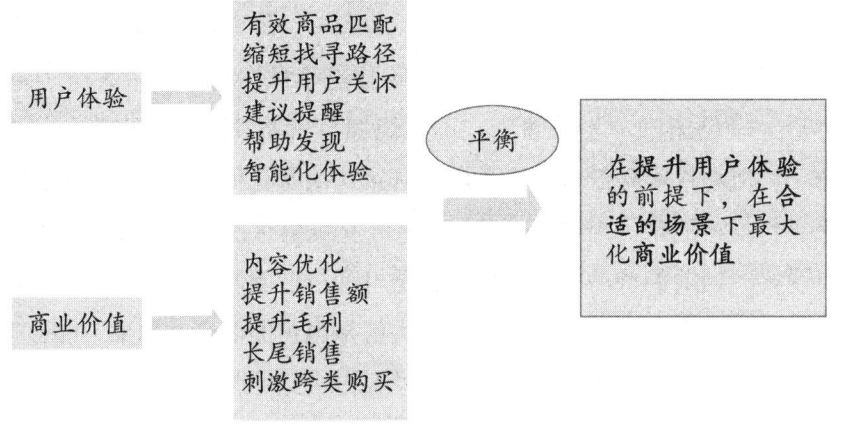

"个性化推荐"的两大价值

个性化推荐系统给亚马逊带来了巨大的成功，其他电商因而纷纷跟风打造自己的个性化推荐系统。然而，当1号店把这种关联度推荐法引入自己的网站时，发现很多品类并不适合这种模式。因为1号店的很多用户是根据自己的品位购买商品，而不仅仅看商品关联度。比如，对于向有小孩的用户推荐各类婴儿用品，这种关联度算法可以奏效，但如果用户喜欢特斯拉汽车，那他在1号店可能会买名贵品牌的鞋包或服装，这就是基于品位做出的选择而与产品关联度无关了。

在韩军看来，如果能提取出用户的个性化特征，根据用户的品位或喜好推荐他可能喜欢的日用品，比如某种档次或价位的空气清新剂，这样成功率更高一些。

2013年年底，韩军开始带领IT部门发展用户画像系统，以求在基于关联度算法的个性化推荐系统基础上，根据1号店用户特性，通过对用户个性的精准分析，为每一位用户打造完全个性化的全站推荐体系。

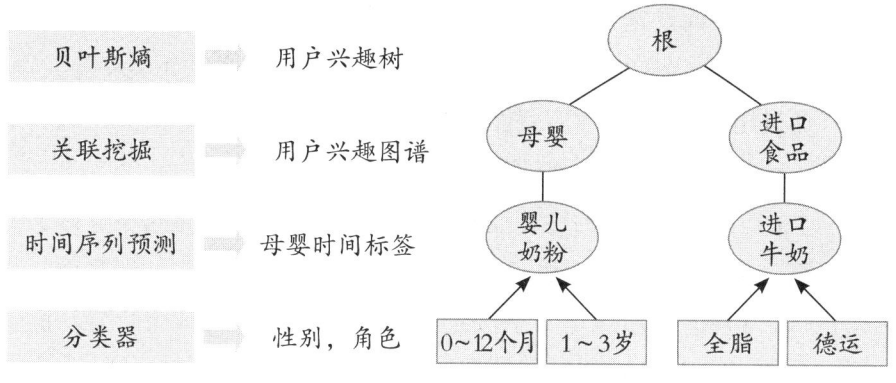

1号店消费者画像的算法

1号店的个性化推荐不仅涉及用户特征分析，也涉及商品特征分析，最终形成推荐结果还涉及对内容优化、销售额、毛利等多种因素的分析。而1号店有3亿多独立用户账号，对应大概100T的数据，并且这些数据将来还会不断增长，由此可见研发这套个性化推荐系统的难度之大。

尽管难度很大，但韩军还是找到了解决办法："我们发现，一个用户在1号店网站上购买多个品类的商品时，他的忠诚度是很高的，他购买的品类越多，忠诚度越高。因此我们把用户画像和商品基因关联起来，中间有一个专门的数据平台和算法平台，融入不同的商业规则做引擎，最终得出推荐结果。"

关于用户画像，1号店主要是针对用户在1号店上所有的行为数据如浏览、搜索、加入购物车和订单等，进行建模，然后运用特定算法计算出用户对某些商品的偏好。从输入的数据源来说，1号店利用的不仅仅是购物车、收藏，更多的数据量来自用户的浏览、页面逗留时间、搜索等所谓的"隐式行为"。

在维度上，除了传统使用的基本属性（包括性别、年龄、地点等），还有大量的维度是基于用户的兴趣图谱（包括类目树、品牌和商品属性等）而设置。此外，1号店还会针对行为相对丰富的用户进行购买类型分析，包括其在某些类目下的消费档次、购物决策类型等。

通过用户画像，1号店就能向顾客精准地推荐他们需要的商品。不过，针对不同的用户，需要适用不同的推荐方式：

（1）对于购买目的性不强的用户，分析用户的浏览路径显得十分重要，这些看似不经意的行为里其实蕴含了大量信息。一般来说，用户进入1号店页面后第一个浏览的商品，就是他的目标商品。比如，某用户首先浏览了A品牌的牛奶，那么1号店可以向他推荐其他品牌的牛奶。当然，如果用户对该品牌的牛奶比较忠诚，那么1号店可以推荐与牛奶搭配的面包、饼干或早餐谷物等。

（2）对于那些购买目的性很强的用户，由于他们常常会使用搜索的方式进入所需商品的页面，就可以直截了当地推荐他们的目标商品。

（3）对于喜欢"逛"的用户，由于他们往往通过类目来选择商品，比如先买食品，再买酒水饮料，最后买日用品，并没有特定的偏好，这时就可以同时向他们展示很多商品，特别是新品，满足其猎奇、"闲逛"的心理。

（4）对于那些被促销页面吸引的用户，可以向他们展示热推或促销的商品，以推动其购买。

为了更精准地为用户画像，韩军还带领1号店的IT团队花大力气发展实时引擎系统。实时引擎系统的设计逻辑是：这一时刻的客户和上一时刻的客户不是同一个人，某一个状态下客户对某个东西有热情，但5分钟之后这种热情也许就消失了，所以需求分析中实时性非常重要。在实时引擎系统的基础上再发展其他的规则，所得分析结果就会更加精准。

总而言之，1号店个性化推荐系统的搭建是一项庞大的工程，因为整个系统框架的设计涉及人口统计学，包括客户的性别、年龄、地域、职业等；涉及用户兴趣，包括不同的品类喜好、品牌喜好、消费档次；涉及用户做购买决策时是促销型、犹豫型、决策型还是组合凑单型；也涉及对用户忠诚度的分析，包括购买时间、来访频次、访问时长和深度等。基于这些不同的维度，1号店还与很多外部的数据供应商进行紧密合作，争取获得尽可能多的全路径用户数据，将这些数据纳入系统的不同场景和不同算法中，从而得出最精准的用户画像。1号店的IT部门已经为用户画像系统梳理出400个标签，远高于一般CRM（Customer Relationship Management，客户关系管理系统）的20~30个标签，这将客户品味细分到很高的程度。

在韩军的计划中，用户画像系统的最理想状态是：不同的用户在不同的时间、地点进入1号店，看到的界面中商品、价格都是不一样的，是1号店根据用户当时、当地的场景形成的完全个性化的推荐。这种理想状态也被称为全站推荐，即网站上所有的栏目都有推荐，推荐无处不在，是最适合移动互联网时代特征的一种商业应用，能够让客户更喜欢打开1号店的手机客户端，更喜欢在1号店浏览购物。

1号店消费者画像框架

```
┌─────────────────┐  ┌─────────────────┐
│ 推荐档位         │  │ 搜索             │
├─────────────────┤  ├─────────────────┤
│ 客户关系管理     │  │ 团购             │
├─────────────────┤  ├─────────────────┤
│ 内容管理系统     │  │ 广告             │
├─────────────────┤  └─────────────────┘
│ 文件管理系统     │
└─────────────────┘
         ▲
         │
┌─────────────────┐
│ 用户配置工具     │
└─────────────────┘
         ▲
         │
```

人口统计学信息：性别 | 年龄 | 地域 | 职业 | ……

兴趣图谱：品类喜好 | 品牌喜好 | 消费档次 | 导购属性 | ……

消费类型：促销型 | 抉择型 | 决策型 | 组合凑单 | ……

忠诚度：购买时间 | 来访频次 | 访问时长 | 访问深度 | ……

站外数据画像：站外画像系统对接

为了尽可能地接近这种理想化状态，1号店努力打造自己的私有云系统，通过私有云系统把1号店所有的自动化管理系统全部整合起来，再协同外部的公有云，就构成了1号店的混合架构云。1号店混合云的总体架构是：最底层为信息层，中间层是PaaS（Plateform as a Service，平台即服务），最上层就是应用层，包括订单服务、支付服务以及开放平台等。1号店打造混合架构云同时也是为发展电商云而做的铺垫，将1号店的电商系统分享给整个生态链上的企业，以技术提升整个生态系统的商业价值。

"4+1"质量控制安全管理体系

著名质量管理专家朱兰先生指出："21世纪是质量的世纪。"优秀的产品是企业成功的前提，过硬的质量是产品优秀的必要条件。企业之所以能够生存，唯一的原因就是顾客乐意购买你的产品。"你让顾客满意，顾客才会让你满意；你满足了顾客的需求，顾客自然也就满足了你的需求。"从这个意义上说，注重质量就是满足顾客的需求。对于致力于做"业界第一顾客体验"的1号店来说，商品质量管理自然是1号店管理中的重中之重。

从2013年起，1号店开始对仓储、配送进行ISO9001质量管理体系认证，同时制定了"4+1"质量控制安全管理体系——在供应商审核、产品入库检查、存储配送管理、产品质量问题追溯4个关键环节制定了详细的产品质量安全监督流程，并对供应商违法违规供货行为一查到底，全力维护消费者权益。有数据显示，通过严格的标准管理，1号店在2013年临期不良商品投诉率仅为0.002%。

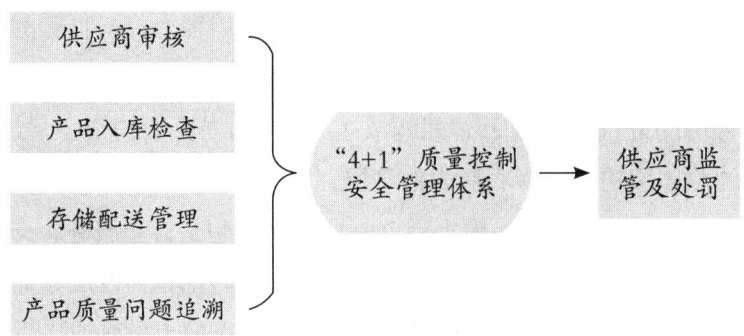

1号店制定的"4+1"质量控制安全管理体系,主要包括5个方面的内容:

1. 供应商审核

在对供应商的审核上,1号店着重关注对供应商的文件资质审核、样品审核和工厂审核。

(1)文件资质审核。

为实现对产品的严格把关,就必须注意及时更新完善相关审核文件。按照《1号店质检审核资料要求及清单》,在对供应商审核时,1号店重点审查以下材料:

生产许可证、工商营业执照、税务登记证;

其他行政许可文件及商标注册证明文件;

销售权利资质(确保所售产品的知识产权不存在权利瑕疵);

产品检验报告;

对于各种促销关联文件,如声称产品为有机食品或绿色食品、经过中国质量认证中心认证等情形,还必须提供相应证明文件。

1号店的资质审核是以SKU为维度,供应商的每个产品在上架之前,都要按照上述要求提供材料,以确保消费者购买的产品均经过资质审核。据统计,2014年供应商在1号店的文件资质审核一次未通过率为10%。未通过审核的产品必须整改至符合国家相关法律法规规定后，方可通过资质审核。

（2）样品审核。

根据《1号店样品检验标准》要求，1号店采购人员必须对产品组成、功能功效、产品包装等进行检验，必要时送第三方检测机构检测。样品审核是质量管理的重要环节，以团购样品为例，2014年审核淘汰率约为20%。

（3）工厂审核。

在选择供货量大的厂商前，1号店将根据《1号店生产企业质量能力审核书》对工厂的组织架构及职责分工、人员状况、生产条件、文件管理、质量控制、仓储、服务等方面进行综合评估。

2. 产品入库检查

产品入库前，1号店质控人员会严格按照《收货商品常规检查流程》《1号店收货标准（标签标识部分）》等规定进行收货检查，避免标签不合格、外观破损或污染及不符合有效期管理等产品入库。据统计，供应商在入库检查流程中，由于发现质量问题而被1号店拒收的概率为2%。

3. 存储配送管理

在存储配送管理方面，1号店严格执行国家对于食品流通企业仓储环境的要求，不允许将食品与可能影响食品安全的其他商品混放，并实时做好防虫防鼠等措施。对于违反国家规定的不合格产品，1号店一经发现即按程序取消编码并做出下架处理，对食品则按照公司流程严格执行临期产品下架、过期产品报废等措施。

此外，1号店还针对仓库制定了《仓库产品抽查管理制度》。该制度明确将乳制品（非冷藏）、肉干制品、巧克力制品、蔬菜水果干制品、大米等食品作为日常监管的重点对象，进行周期性库内盘点检查。

4. 产品质量问题追溯

对于产品出现质量问题的情况，1号店提供了如下解决方案：

（1）客服电话、在线服务。

1号店在江苏扬州设立了客户服务中心，配备了1000多名客服人员为顾客提供商品及订单咨询、投诉处理服务。客户服务实行首问责任制，按照"谁受理谁反馈"的原则及时处理，不能解决的问题则形成工单，转由相关部门协助办理，并跟踪落实，在24小时内明确答复顾客。客服部门在产品取消编码、促销活动下架、退货退款、消费者补偿等方面被充分授权，建立了快速投诉应对机制。而在2013年度"金耳唛杯"的评选中，1号店客服中心凭借优良的顾客体验，从来自各行业企业的诸多客服中心中脱颖而出，荣膺"中国最佳呼叫中心"称号，成为唯一获此殊荣的电商企业客服。

（2）顾客投诉的定期回顾机制。

为了达到"业界第一顾客体验"的目标，1号店高度重视顾客服务，每周、每月商业回顾例会中，都会将投诉数据整理分类并制表，分析顾客投诉的动向与投诉产生的原因，供公司高管及各业务部门周知，以研究解决方案。

（3）执行严于法律规定的消费者权益保护标准。

如果有消费者进行投诉，1号店在依照国家相关法律法规处理的基础上，适当提高了执行标准。比如，无条件履行"假一赔三"的承诺，商品出现质量问题的可自售出之日起（以实际收货日期为准）7日内退货和15日内换货。

5. 供应商监管及处罚

为了确保供应商供货行为合法、合规，1号店专门制定了《1号店供应商管理制度》。该制度规定了对供应商的违约行为及处罚、抽样标准及判定方法、适用标准和公司内各部门职责分工管理、违约行为审核认定程序、档案管理等，内容十分详尽，建立了有效的评价机制。

此外，1号店还会通过顾客投诉处理、媒体曝光、员工自查等途径不定期检验产品质量，以形成质量管控的动态机制。

1号店在不断规范内部管理方面付出的不懈努力获得了丰厚回报。据统计，1号店的投诉一直处于业内较低水平，2013年1~32周顾客总投诉率平均值为0.0288%，比2012年同期下降70%；其中关于食品的投诉率为0.0076%，比2012年同期下降36%。

现代管理学大师彼得·德鲁克认为，企业存在于社会的目的是为客户提供优质的产品和服务，满足客户的需求，而不是一味追求利润最大化。换句话说，企业的第一任务是承担责任，其次才是赢利。谁违反了这个原则，谁就会被市场淘汰。只有贯彻这一原则，不断为之投入时间与精力，企业才能在市场中站稳脚跟，1号店的"4+1"质量控制安全管理体系正是对这一原则的认真回应。

第二章　多种商务模式并存，破解库存周转难题

波次分配和路径优化，让拣货效率大大提高

1号店每天在线的用户大概有500万，几乎每一秒都有订单成交，而每笔订单的商品品类、数量以及配送地址都不一样。对于商家来说，为了减少物流成本，就应该把同一位置的订单归拢起来。那么，1号店是如何自动识别每个订单的关联性，并且将来自四面八方、杂乱无章的订单与配送中心整齐存放的商品一一对应的呢？

1号店库存管理系统

系统预分配	系统预补货
客户下单后系统自动将其放入数据池（即订单池），对数据进行分析，按照送货时间、订单货品所在的库区将订单分类，将有共性的订单合并在一个波次中，拣货效率大大提高	给数据池中的每个订单所需货品分配系统库存，以便及时发现缺货项，并预先对该商品进行补货
拣货路径优化	热销品库位推荐优化
将波次逻辑嵌入路径模型，对波次的拣货任务进行拣货路径优化，以缩短整个波次的拣货路径	系统每月定期进行热销品排名及库位推荐运算，自动对热销品进行库位定位，保证热销品存放在最方便拣货的库位
波次优化策略	预分配后做大波次
将节约型启发式算法融入到波次优化策略当中，让重合高的订单在一个波次中拣货，以减少同一货品的重复拣取率，提高拣货效率	发现重叠品项，提高处理速度

答案就是1号店的"订单池"。

在接到订单后,1号店配送中心并不是立即按照订单内容进行拣货,而是把订单投入订单池。订单池就像一个水池,永远"沉淀"一定数量的订单,系统会根据每个订单的关联进行"分波",每15~20个订单为一个波次,一个波次就是一项拣货任务。

尽管从理论上说,一个订单也可能成为一个波次,但毕竟仓库人员有限,无法一个订单一个订单地拣货。因此,为了提高效率,1号店就将具有相同属性的订单归结为一个波次,其中,有的同一波次商品的共同属性是同样的商品,而有的同一波次商品的共同属性是同一个地址。1号店配备有专业人才和专门的系统去研究算法,从而不断优化拣货流程。

当形成一个波次后,1号店拣货人员的RF枪(数据采集器,用于扫描商品信息的一款手持设备,主要通过设备自带的激光头、红外头、自感应设备等来对条码或者专门的芯片进行识别)就会出现相应的指令,告诉他到什么位置去拣什么样的商品等。在这一过程中,如何在庞大的货物存储架中快速精准地找到商品,就涉及路径优化的问题了。

做好路径优化的关键,在于货位的优化,它直接影响着拣货的效率。我们知道,为了保证效率,电商的仓库一般是平面库,货位上的商品以销售的最小单位存放,而不是传统零售常用的立体库或托盘存放。传统零售仓库内的单次拣货量大、种类少,货位优化对拣货效率影响不大,而电子商务的单次拣货按波次,拣货量小、种类多,货位优化对拣货效率有很大的影响。

因此,1号店在商品入库前通常都会为其规划好位置,并输入库存管理系统。不过,货品上架可按预先计算好的库位进行配置,也可动态地随机摆放。后者的库位利用率更高,但需要RFID(Radio

Frequency Identification，射频识别）技术支持，以便实时定位。随机摆放的另一个好处在于可以在上架现场根据实物商品的尺寸扩大或缩小库位，提高货架使用率。

当订单池形成一个波次之后，系统会自动根据该波次中订单的情况以及商品的位置，为拣货员规划一条最优路径。一般情况下，最优路径是拣货员行走的最短距离，或者是先拣较轻的商品，后拣较重的商品，以节省拣货员的体力。

1号店规划最优路径的方法也称为订单合并法。通过关联订单的合并，根据一个波次中的商品分布情况来选择最短的拣货路径，将波次逻辑嵌入TSP（Traveling Saleman Problem，即旅行商问题，指单一旅行者由起点出发通过所有给定需求点再回到原点的最短路径）模型，对波次的拣货任务进行拣货路径优化，以缩短整个波次的拣货路径。此前，1号店还采用了电子标签管理系统，该系统已覆盖到整个仓库的大部分区域，可提高拣货和分拣的准确性和效率。

在货位管理上，1号店的货位是按照商品的关联度和畅销度来安排的。一般会将畅销商品区设置在包装区附近，以便快速拣货。另外，商品的关联度越大（顾客在同一订单里同时购买的两类商品的属性相似度越大）则放得越近，方便拣货员拣货。

在1号店，拣货其实也是一个数据与实物的交互过程。拣货员手中的RF枪会告诉拣货员到某仓位拣某商品，拣取该商品后，要扫描该商品以通知系统拣货任务完成。

波次分配和路径优化的技术，大大提高了1号店的拣货效率。1号店相关数据显示，一名1号店仓库拣货员在上海单个面积约3万平方米的毗邻的4个仓库里，从约30万件商品中拣出16.7件产品（16.7件是1号店平均每个订单的商品数量），用时不超过80秒。

在仓储拣选管理上，为了做好波次分配和路径优化，1号店还施行了一种叫作拆零的拣选技巧，即通过全程使用RF枪操作，综合多种拆零拣选模式。

1号店拆零拣选方案的操作原则主要有以下几点：

（1）确认货品是否属于贵重、温控和特殊品类。

（2）对商品的体积进行分类，因为异形或者大体积货品、中小体积货品的订单流程是不同的。

（3）货品的重量也是需要考虑的因素之一，因为超重商品的订单流程和一般商品的流程不同。

（4）专门针对快消货品和长尾货品进行分析，分别制定与之相适宜的操作流程。

在于刚看来，高效的流程管理意味着系统后置，无须检查，因此对设计人员提出了"七不"的设计理念：

一、不等待。零闲置时间。

二、不搬运。减少搬运，多利用输送带、无人搬运车等设备。

三、不走动。缩短拣货路径，拣货路径最优。

四、不思考。操作人员零判断，不依赖熟练工。

五、不寻找。库位精细化管理，将仓库库位编码，使得库位信息一目了然，减少员工寻找的动作。

六、不书写。无纸化。

七、不检查。使用WMS（Warehouse Management System，仓储管理系统）分配库存和RF枪拣货，由系统进行指导，员工不再需要检查库位上的产品是否正确，对应库位的产品有效期是否更优，库位商品是否是坏品或者已经冻结，一切的检查都依靠RF枪完成，员工只需拿取，拣货效率及准确率由此都有了保证。

首创供应商物流中心,在竞争中"快人一步"

在于刚看来,供应链管理是电子商务的核心竞争力之一,而1号店作为国内"网上超市"的先驱,一直都在不懈地完善供应链体系,比如提高库存周转率、缩短下单后送达时间、节约成本等,积极推动整个电商行业迈向新时代。

从目前电子商务发展速度来看,无论建多大的仓库,都无法满足日益增长的SKU和销售量。1号店已经拥有将近40万平方米的仓库,但是商品仍然在不断增加。SLC项目就是基于这种背景而产生的。

SLC,是"Supplier Logistic Center"的简写,即供应商物流中心,是由1号店监管,第三方物流提供操作服务,将供应商库存纳入1号店库存体系的项目。简单地说,1号店首创的SLC项目,就是让供应商将仓库设在1号店位于北京、上海、广州等地的核心仓库附近,便于1号店第一时间调配商品。1号店的这种做法相当于把一部分库存转移给了供应商。

对于电商而言,SLC项目特别符合"二八法则",即20%的供应商做出了80%的贡献。对于SLC项目的合作对象,1号店主要选择的是战略品牌合作供应商和重点细分市场合作供应商。供应商加入这一创新体系后,即可享受便捷的运转流程,并获得与1号店仓储中心统一的标准化管理,提升物流效率。

显然,快消品可以说是1号店SLC项目的一个重点受益对象。比如,粮油米面、水、啤酒这一类快消品库存变化非常快,每天消耗量都很大,在仓储中占的位置也很大,而1号店不能像线下超市那样囤积大量货品再分到各个门店,毕竟仓库有限。因此,1号店希望供应商拥有比较独立的物流仓,让彼此之间的库存可以共享、对接,供应商做到一天两送。当然，1号店会考虑供应商的MOQ（Minimum Order Quantity，最小订单量），如果订单只有一瓶水就不会要求"一天两送"。1号店只是希望供应商仓库离1号店的RDC（Regional Distribution Center，区域分发中心）近一些，以保证快速送货。

当然，供应商要预测到1号店大概会有多少销售量，才能更独立地给1号店供货，1号店则会及时把订单数据传递给供应商，方便供应商加大送货次数。

SLC项目的三大优势

优势一	提高库存周转率，降低库存周转天数
优势二	从本质上优化合作模式，提高收货效率
优势三	提升库存保障能力，减少脱销的冲击

SLC项目一经投入使用，1号店的供应链效率就大幅度提升，订单到货时效从原来的平均7天降至6小时，1号店库存周转天数从以前的18天降至10天以内。这意味着，1号店将在更有限的时间和空间内，为消费者提供更多服务，在竞争激烈的环境中"快人一步"。

1号店首创的SLC模式为供应商提供了良好的数据支持和系统支持，不仅能够降低1号店自有库存压力，对帮助供应商缩短账期和提高库存周转率、仓库收货效率、库位利用率、库存保障能力均有重要意义。维达、清风、资生堂、中粮、金龙鱼等众多优质供应商纷纷加入1号店的SLC服务体系，都取得了良好业绩。其中，维达纸业在1号店2014年7月店庆月大促期间，实现零缺货率运转，不但保证了整个销售计划的顺利完成，更实现了销售业绩的翻倍增长。而奔腾电器也凭借1号店的SLC服务体系，摆脱了长期以来的缺货率和充货率困扰。

此外，为了完善SLC服务体系，1号店还创新性地启动了"多地多仓"项目，该项目重构了整个订单处理过程，拥有订单处理自动化，异地库存的灵活享用，自动优化的拆单、配送、支付方式选择，以及运费计算等功能，能方便灵活地支持公司向二、三线城市进行市场拓展。

多地多仓四大特色

特色一	支持集团商家和子商家设置自己的销售策略
特色二	子商家之间可以共享库存销售，也可以单独管理自己的库存，还可以支持一个公司多个店铺
特色三	灵活支持仓储运营模式，如全国大仓、子母仓、平行仓、区域仓等各种仓储运营模式
特色四	运行时整个系统构架都集中体现在OMS（Order Management System，订单管理系统）上：OMS可以在用户下单的过程中根据库存情况、成本和用户体验等因素实时决策，产生全局最合理的订单方案，自动生成订货单、提货单、送货单等

截至2014年年底，1号店的SLC项目已在上海、北京上线，仓库面积达15000平方米，入驻供应商达40余家。在原有基础上，1号店有效地融入了合作性策略、采购门户系统、供应链金融等项目，建立了具有1号店特色的完整供应链生态圈。而通过建立SLC服务体系，不仅1号店在供应链环节的效率大大提升，而且供应链上下游企业也获得了成本节约、库存优化、服务升级等优势，彼此实现优势互补、资源共享，解决了物流配送效率的问题，助力供应商抓住每一个销售机会，增强了企业竞争力，从而实现了供应商与平台的共赢。

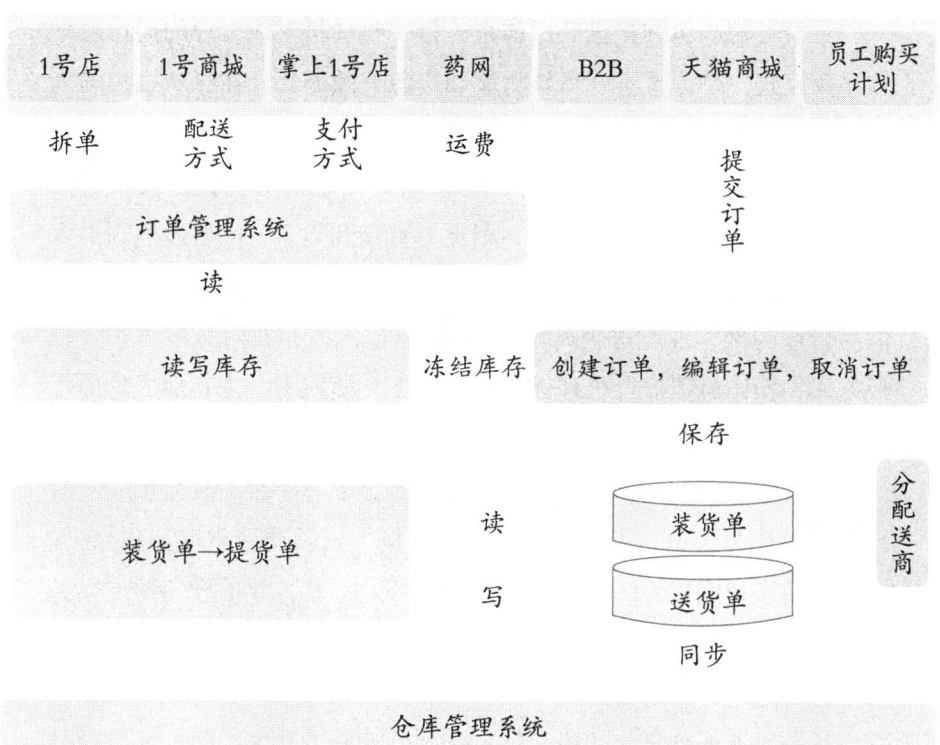

多地多仓项目中的订单处理流程

力推带板运输,真正做到"快进快出"

自2008年7月成立之初,1号店就非常注重供应链管理,将提升供应链效率作为企业发展的关键,甚至在电子商务平台上线之前就已经开始运行供应链系统。为了持续提升供应链效率,1号店在供应链管理上不断进行创新性尝试,带板运输就是其中一个比较突出的创新项目。

带板运输，也称托盘共用体系，指一整套科学而合理的运作流程和作业模式，是为了实现高效物流和资源有效循环，在区域或全国范围内保障托盘、周转箱等运输包装物循环共用的网络及运营体系。

带板运输可以大幅提升物流运作效率，有效加强货物安全，而其对于成本节约的作用和效果，则更为直接和显著——通过提高出入库效率、节约仓库使用面积以及通过机械化作业节约装卸成本。以快消品行业为例，在配送距离150千米运距范围内，在对订单模式、打板方式、操作流程进行合理优化的情况下，即使不考虑其他的隐形收益，理论上通过推动带板运输可节约综合物流成本40%。

随着土地和劳动力成本的急速攀升，企业对于提高物流供应链效率的需求更为急迫，带板运输在中国市场上日益受到重视。1号店作为中国发展速度最快的综合类电子商务企业，其自建的仓储物流配送网络伴随着业务量的增长而高速扩张，物流体系覆盖全国，物流中心的货物处理效率问题自然是1号店关注的一大重点。

物流企业业务量每年增长巨大，尤其在最近几年，网上购物量的持续暴增给物流企业造成了巨大的压力，物流服务收货效率低也逐渐成为影响企业整体效率提升的瓶颈。众所周知，快消品物流中心追求的目标是"快进快出"，其收货效率往往取决于收货码头的利用率，但收货码头是十分稀缺的资源。对此，在城市物流配送体系中建立社会化的托盘共用系统（带板运输）是行之有效的措施。

因此，1号店开始尝试与托盘循环共用服务商招商路凯（China Merchants Loscam）合作，邀请上游供应商、合作伙伴等共同尝试带板运输，结果发现带板运输可以极大地提升效率，1号店最终决定牵头在供应链上推行带板运输项目。

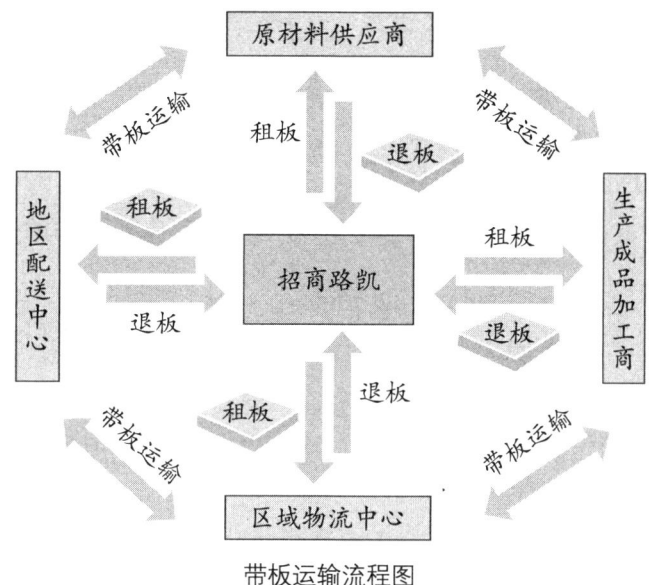

带板运输流程图

然而，1号店推动带板运输的过程并没有想象中那么顺利，原因主要有两点：

（1）在1号店的供应商体系中，中间商（代理商和经销商）渠道占据相当大的比重，不仅渠道交易链条长，供应链复杂，而且其中大多数中间商仓储设备落后，标准化托盘普及率低，对带板运输也缺乏前瞻认识。

（2）很多中间商的盈利模式都是赚取差价或代理费，因此对物流成本有很高的敏感性，这也对带板运输的推广形成了不小的阻力。

由以上两点可见，如何让带板运输实现供应链各方的"多赢"是1号店推动中间商渠道带板运输的关键。对此，1号店着重从3个方面入手：

1. 从大到小，逐步推广

在推动带板运输项目时，1号店首先说服几家大供应商试用，然后逐步向供应链上其他供应商推广。在与大型供应商谈合作时，1号店会主动"推销"带板运输项目,并申明自己的立场:"我们的目的是希望帮助上下游企业共同提高供应链效率,降低供应链成本,而不是想要从中获利,收取费用。"

2. 提供便利措施

作为带板运输的先驱参与者,1号店为使用带板运输的供应商提供了一系列便利:

(1)更宽松的预约时间,装卸货速度加快,卸货垛口占用时间减少,时间安排更为灵活。

(2)绿色通道,在收货通道安排上,对于带板运输货物给予优先,加快车辆的周转。

(3)搬运工具,为带板运输货物提供搬运工具,降低供应商卸货成本。

(4)验货方式,对于带板运输货物采取不同的验货方式,加快收货的速度。

3. 让数据说话

带板运输项目的成效非常显著,成本的节约和收货效率的提高都立竿见影。

带板运输与散箱运输效率及成本对比

	物流作业效率及成本	散箱运输	托盘化运输	成本节约及效率提升
生产商	卸车时间	3~4小时/车	15~20分钟	节省2~3小时
	卸货工人	3个	0	节省3个卸车工
	卸货费用	18元/吨	0	每吨节省18元
	车辆周转率	1次/每天	3次/每天	增加2次

（续表）

零售商	物流作业效率及成本	散箱运输	托盘化运输	成本节约及效率提升
	调转时间	3小时	30分钟	提升2.5小时
	收货通道占用时间	3~4小时	1~2小时	占用时间平均减少2~3小时
	越库时间	5~6小时	2~3小时	减少2次拣货作业，作业时间提升3个小时

（1）提高物流收货效率。在使用带板运输之前，绝大多数上游供应商都采用原始的散箱送货模式，这与1号店后端高效的托盘化仓储作业和自动化订单拣货作业形成了巨大的反差。因为散箱的卸货效率很低，卸一车货往往需要几个小时，即便是采用托盘运输，也需要将商品从供应商托盘搬运到1号店托盘上，整体效率非常低，为此经常有供应商投诉说1号店收货太慢了。而在带板运输运行半年多之后，1号店节省了90%的收货时间，库存周转时间降低了29%。综合来看，带板运输降低供应链成本达15%~20%。

（2）降低产品破损率。在使用带板运输之前，上游供应商散箱产品到达1号店物流中心后，转由人工码放在物流中心准备的标准化托盘上，这无疑增加了产品破损概率。如果能够增加现有供应商托盘化送货的比例，无疑会提高物流中心的收货效率并降低产品的损耗。带板运输运行半年后，1号店产品破损率就降低了50%。

（3）降低管理成本。1号店推行的带板运输主要采取租赁制，即托盘系统是由托盘公司运作。托盘公司拥有一定数量的托盘，在全国各地建有托盘回收点，负责托盘的回收、维护和质量控制。而制造企业、运输公司、收货企业都不需要拥有托盘，免去了管理托盘的麻烦，使用托盘的总量也大为减少，大大节省了管理成本。

在1号店的努力推行下，带板运输系统迅速地搭建起来了，越来越多的供应商已经或正在加入到这个体系当中。一些大型供应商，如联合利华、宝洁、雀巢、可口可乐、百事可乐、康师傅、花王、三得利等，都先后加入带板运输行列。而随着越来越多的供应商不断加入，1号店整个供应链的效率将持续提升，成本也将进一步降低。

全程无纸化操作，全力打造绿色仓储

近年来，全球气候变化成为全人类面临的最严峻挑战之一，环境保护一直是社会关注的热点，也是企业社会责任和技术创新的重要方向。对于仓储和配送领域的企业而言，绿色仓储与配送是一个系统，其中所涉物流作业系统主要集中在室内和市区，对节能减排的要求最高，也有着巨大的潜力，是行业关注的焦点，也是全球物流业关注和发展的方向。为此，很多仓储企业、物流配送公司和制造业物流部门，纷纷推进绿色节能技术的应用，打造绿色仓储配送，并取得了很多成功经验。

1号店在供应链领域的环保创新能力一直处于行业领先地位，2014年更是1号店环保创新能力发展迅速的一年。

2015年4月，在西安举办的第二届中国（国际）绿色仓储与配送大会上，1号店凭借业界领先的纸箱回收政策和无纸化仓储技术，荣获"2015年中国绿色仓储与配送标杆企业"称号，开创电商行业历史先河，同时也为电商领域的科技创新提供了全新思路。

仓储与配送当中的纸资源浪费日益突出，为了缓解这一问题，1号店不仅在物流配送方面及时推出了业内首家"1起环保·纸箱回收"的长期活动，通过奖励积分的形式鼓励用户参与快递纸箱回收循环利用，实现了节能减排、节约成本的双赢；还在绿色仓储上做出了多种模式创新，全程无纸化仓储项目就是其中最突出的成果。

全程无纸化，就是指拣货员不再像原来一样手持订单明细去仓库拣货、核对和包装，只需要手持RF枪扫描条形码，系统就会直接告诉拣货员需要的商品在仓库中的具体位置，系统优化了路径，给出最佳路线，帮助拣货员以最快速度拣出对应的商品。

1号店推出全程无纸化仓储项目有两个原因：一是为了节能减排，保护环境；另一个原因则是，随着全球向电子化时代迈进，1号店注册用户和日订单数的不断增长，系统功能、逻辑的不断完善，都要求1号店仓库在订单处理环节逐步朝着系统代替人力的方向发展，以减少现场操作人员及单据的使用频率，最终达到节约操作成本的目的。

1号店内部统计资料显示，全程无纸化项目上线后，1号店每年所节省的纸张铺开后的面积，相当于11484个标准足球场，约13700棵20年树龄的树木免遭砍伐（约合9公顷的阔叶林，通过光合作用可产生近6.57吨氧气，相当于9000个人日常所需的供氧量），每年可减少9吨二氧化碳排放量，每年为1号店节省成本900多万元。

第三章　建设柔性的物流系统，抓住电商发展命门

做好物流系统管理，请勿忽视"第一公里"

电子商务企业的供应链网络主要包括供应商的配送中心、电子商务企业的运营中心、配送商的分拣中心、配送商的配送站、顾客收货点。

1号店：下达物流指令及采购订单，查询库存，跟踪订单执行状态，查看用户收货情况，客户投诉管理，计费管理，对账单下达

供应商：查看订单收货，查询代销库存，下达物流指令

配送商：接受收发货指令、运输指令，配车或者转包，进行发车、运抵确认，回单登记签收，对账单进行确认

顾客：网上下单，查询订单执行状态，反馈物流执行效果

- 前台网站系统
- 财务管理系统
- 客服管理系统
- 产品管理系统
- 自动采购系统
- 供应商管理系统
- 仓库管理系统
- 配送管理系统
- 业务管理报表系统
- 销售管理系统

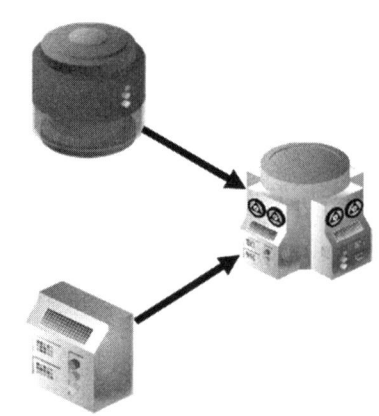

1号店供应链管理系统

对于1号店这样的电商企业，整个供应链要将不同保质期、包装形态的商品在经历入库、上架后，以不同组合集合在每一个订单中，再经过拣货、分拣、包装、出库、配送的环节后，最后送到顾客手中，甚至还可能有退换货等售后服务，而要让这些环节高效协调运作，并不是一件容易的事情。这就要求电商企业不仅要做好"最后一公里"的配送服务，同时也要做好"第一公里"的上门取货服务。

在电商行业，企业很容易注意到"最后一公里"，却往往忽略了"第一公里"。电商企业大都希望自己的库存少，但是太少了又会影响缺货率，这时候假如依赖供应商进行配送，又可能由于数量不足而遭到供应商拒绝，间接地增大了电商的库存，同时也经常导致缺货。

于是，于刚提出了"第一公里"的概念："我们去取货，一次走很多供应商，货量少，但频次多，每天都去取，这样周转就非常快，而且成本也会很低。"在于刚看来，这样做的好处主要有两点："第一我可以按照我的需要去取货；第二提高效率，我可以一次从多个供应商那里把货取回来，出货率高，同时也降低了仓储成本。"

1号店实行的"第一公里"上门取货服务，是指商家可以通过网上预约1号店供应商平台，通过1号店的TMS（Transportation Management System，物流运输管理系统），安排上门取货的车辆。

1号店"第一公里"上门取货服务的优势主要体现在4个方面：

（1）商家无须承担送货物流费用。

（2）网上预约，无须等待，轻松便捷。

（3）安排一辆车循环取货，化整为零，经济环保。

（4）通过TMS线路优化，可以规划最短路径完成各站取货。

而1号店"第一公里"上门取货服务之所以能成功实施，是因为1号店的供应链信息平台具有四大特点：一是柔性化的系统，适应业务发展、市场和需求的变化；二是可扩的系统，处理100单和100万单是一样的；三是实时的系统，随时可以看到准确的信息；四是集成的系统。

自建配送系统，解决"最后一公里"难题

在电商领域，"最后一公里"一直是个老大难问题。甚至有人说，在竞争格局逐渐呈"寡头化"的后电商时代，谁能解决电商"最后一公里"的难题，谁就能赢得电商市场的未来，成就新的市场奇迹。

什么是"最后一公里"呢？其实就是电商的物流配送环节，这是电商与消费者面对面的环节，如果在这个环节出现了配送不及时、态度不好、顾客有问题不能及时处理等问题，就很容易引起顾客不满，使顾客体验大打折扣。也就是说，即使电商在前端花了大量的资金去获取顾客，但只要在这一环节出现纰漏，就可能得罪顾客，使前端的所有努力付诸东流。因此，"最后一公里"是电商供应链管理的重中之重。

1号店刚成立的时候和其他电商一样，物流配送环节完全采用第三方物流，而当时国内大多数物流公司在配送质量方面并不尽如人意。1号店曾做过一次关于顾客投诉的调查，发现在所有顾客投诉中，60%都来自"最后一公里"，投诉内容包括配送不及时、配送过程中商品破损、配送员态度不好，等等。尤其在节假日期间，第三方物流公司频繁爆仓更是无法满足电商的运送需求。

这对于立志要"做业界第一的顾客体验"的1号店，实在不是一个好消息。在于刚看来，"做业界第一的顾客体验"不仅是1号店的发展目标，也是对广大用户的承诺。与消费者线下购物的实物体

验后购买相比,线上消费只能虚拟体验,而快递员则是消费者能够直接接触的电子商务企业的一扇窗。从按响门铃到离开顾客家的一声"再见",每个细节反映的都是电子商务企业的终端形象,这"最后一公里"做得好不好,很大程度上决定着顾客是否愿意成为回头客。

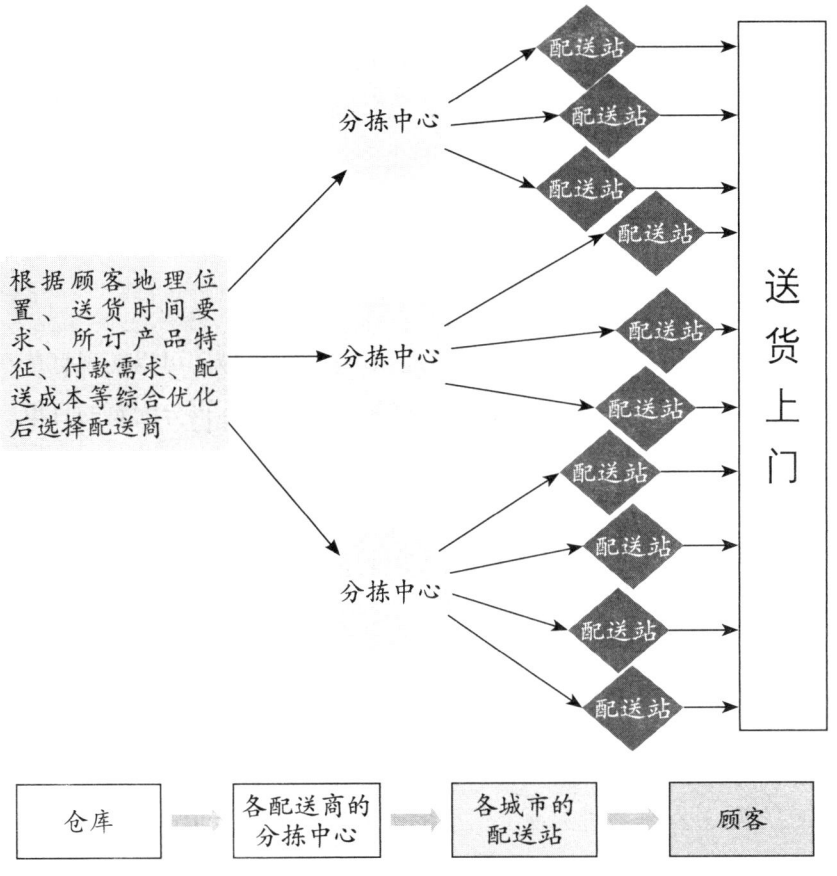

1号店配送管理

既然靠别人做不好"最后一公里",那就只能自己来做了。自此,1号店就开始自建物流配送系统,以解决"最后一公里"难题。

1. 布局仓储中心

2010年8月，1号店先后在北京、上海、广州、成都、武汉、泉州、济南等地筹建运营中心，在全国主要的40个一、二线城市设立了200个自配送站点。

2. "蒲公英"文化

1号店对招募的每一位快递员都会进行专业培训，对快递员提出了"蒲公英"的文化理念，意为如同蒲公英般散播在大地的任何角落，以更稳定、更精确、更快速、更贴心的服务赢得顾客的青睐。此外，1号店内部每天都会考核订单的配送成功率、及时到达率、数据及时回传率、货物破损遗漏率等各种指标，这些指标将作为"顾客体验"的参考指标，与快递员的薪酬直接挂钩。

3. 柔性物流管理系统

基于1号店物流管理系统的柔性和可扩性，1号店可以实现订单在自营配送站点之间的有效分配，比较繁忙的站点不再分配新的订单，转而分流到周边站点，这样可以让每个站点、每个配送员的配送效率最大化。如何调配各个配送区域的人员和运力，在不同区域协调人员和交通工具，以保证1号店物流的正常运转，都会通过系统的精细化预测和管理。

4. 信息透明化

在"双十一"期间订单和销量猛增的情况下，为了避免承接1号店近30%订单配送的第三方配送公司成为1号店的物流瓶颈，1号店和第三方配送公司之间实现了信息的透明化：1号店的订单量数据对第三方配送公司全面开放，而第三方配送公司的运力信息也对1号店全面透明开放。这样，一旦1号店预测哪家配送公司的运力不能支撑1号店的订单量，系统就会自动把订单分配到其他配送公司。

5. "1起送"合作项目

2014年，1号店面向供应商推出"1起送"合作项目，即联合国内外仓储、运输及系统服务等物流企业建立供应链服务体系，并据此面向其供应商提供一站式电子商务仓储配送外包服务。通过优化运输路径、集货装载、系统可视化等一系列服务解决方案，满足其供应商在物流配送方面的业务需求。

6. 移动配送站

在北京、上海、广州这样的一线城市，配送的最后一公里经常会面临城市交通拥堵、市中心租金贵、运输工具法规不明确等不利因素，为此1号店特意建立了移动配送站的模式，利用运输工具进行移动配送，让厢式货车能够开到一些小区、写字楼的停车场，进行移动运输，送货更加便利快捷。

此外，为了避免自建物流导致成本高涨的问题，1号店在自建物流的布局上十分理性，每到一座城市，甚至是一座城市的某个区域，只有订单量达到一定的临界值时，1号店才会考虑在这里建配送站。正如于刚所说，我们发现，我们自建配送站的每个快递员只要每天能够配送一定的订单量，配送成本就会与第三方配送的成本持平，每一个物流站点，当它的规模超过临界值的时候，自建物流成本反而低于第三方物流。

事实证明，1号店在自建物流方面的投入取得了很好的效果，如今1号店的货品配送80%都是由自建物流来承担的。而一份来自数达企业管理咨询公司的报告显示，1号店物流的顾客满意度达到92%，远高于第三方物流配送行业水平。而顾客满意度的不断提升给1号店带来了忠实的消费客户，推动了整体业务的提升。

顾客真正需要的不是快，而是准

在电商行业，"时间就是金钱"这句老话从各个维度不断被解读、被强化，"抓"时间的关键之一正是物流配送。因此，物流日益成为各大电商战略部署的重点。而在电商行业中，1号店对于顾客体验的洞察与追求总是"更快一步"。基于对供应链的深入理解，1号店在短短几年内就已经建立起一个相对完善的配送体系，如今在北京、上海、广州都可以实现半日达，全国100多个城市实现次日达。

电商物流竞争，已经从"唯快不破"发展到响应消费者最根本需求的"准时送达"。"快"与"准"，哪个可以决胜未来？真正重要的还是顾客体验，还是用户说了算。为了打造良好的顾客体验，1号店在配送方面的要求十分严格：不仅要求快，对配送成功率、及时到达率、数据及时回传率、货物破损遗漏率等各种指标都有严格的要求。对物流及供应链的规范性管理，使1号店能够实现目前业内难以企及的自配送及时率、成功率。

于刚自然也清楚地认识到了这一点，他认为，在电商配送领域，顾客真正需要的不是快，而是准。顾客在一个地方等收货的时间是有限的，既不希望老是空等，也不希望人不在时配送人员白送一趟。正是基于对消费者需求的深度洞察，1号店于2013年5与31日在上海内环率先推出了"准时达"服务，目的在于为顾客提供更为精准的送货时间。选择"准时达"服务后，消费者就能自由"定制"收货时间，最短可将订单抵达时间精确到1小时内。

也就是说，用户可预约货品的配送时间。例如"一日四送"，即从早9点至晚9点，每隔3个小时为一个时间段，顾客可以选择任一时间段，1号店承诺只在该时间段内为顾客送货上门。在"一日四送"

的基础上，1号店又推出"一日六送"，顾客的收货时间精确到2个小时内。这一服务让顾客可以更好地安排私人时间，不必再担心配送时间不确定给自己带来不便。而不同于其他物流"定时送"服务让普通消费者难以承担的高昂价格，1号店的"准时达"服务根据顾客选定的时间、收货地点不一，只加收3元或5元的配送费，这也让其成为一项切实可行的服务。

1号店特色配送服务

定日达	订单在每日20：00前提交成功（在线支付需付款完成），客户可选择次日之后7天内的任意一天进行配送
准时达	订单在每日20：00前提交成功（在线支付需付款完成），客户可选择次日之后7天内的指定时间段进行配送
准点达	订单在每日20：00前提交成功（在线支付需付款完成），客户可选择次日之后7天内的任意一天进行配送。最准可精确到1小时，1号店将保证在此时间段内为顾客送货上门

"准点达"定制化配送服务的推出，大大提升了1号店自配送的服务标准，制定了电商物流的新规则。而对于消费者而言，1号店优质的配送服务已经成为其重要的品牌价值之一，大大促进了其黏性用户的增长。1号店内部数据显示，选择"准点达"服务的消费者，顾客满意度高达96.3%。

为了进一步做到精准送达，同时又节约配送成本，1号店还为顾客提供了一种新的配送方式——自提服务，让顾客自行安排合适时间进行提货。1号店有全家自提和1号店自营自提两种自提模式，全家自提仅限上海地区的全家便利店，1号店自营自提仅限上海部分自提站点。

1号店全家自提点提供"24小时自提"和"货到付款"服务。用户下单时，选择距离最近的全家便利店，在包裹送达后会收到短信通知，全家便利店安排专人保管包裹，用户凭有效身份证件和手机尾号自提。

继2014年3月开设中远两湾城大型社区服务中心、4月牵手"美特好"连锁商超之后，1号店又与全家便利店达成战略合作，在上海300个全家便利店提供订单包裹自提服务。这些自提服务点都是根据所处商圈、行政区和店内储存空间等条件筛选出来的，一般以学校、住宅、办公楼等自提需求旺盛的商圈为主，车站、商业街等其他客流量大的商圈为辅，集中在市区内环和中环区域内。而且，相比其他电商的"自提点"和"门店"，通过24小时运营的全家便利店来开设"自提业务"，最大的优势在于用户取件的时间不受限制。另外，连锁便利店统一的服务标准也能够保证顾客体验。

在大促期间、春节期间等订单繁多的特殊时期，为了保证精准送达，1号店还会在某些地区开启"慢送返利"服务。"慢送返利"服务，是指用户在1号店购物满100元及以上时，可以选择慢送服务，1号店将对此给予"补贴"，如"3～6天送达，返利5元"。下单后，该订单将在3～6天内送达，同时顾客的1号店账户将收到5元返利优惠（处于冻结状态），当顾客收到货物后，5元优惠自动解冻。

从环保入手，有效降低运营成本

在网购日益盛行的今天，许多人都有过这样的经历：收到快递包裹时固然很开心，但拆开层层包装的快递箱时却觉得很麻烦，而拆完后的纸箱、塑料袋等包装材料因为回收困难，往往被一扔了之，无形中加剧了资源浪费和环境污染。

有数据显示，每回收1吨废纸可造850千克好纸，可节省木材300千克，比等量生产减少污染74%。为了减少资源浪费和环境污染，作为包装材料消耗大户的电商和快递企业都在不断探索旧快递包装的新出路。1号店就在2014年年初率先推出了"1起环保·纸箱回收"活动,通过奖励积分的形式鼓励消费者参与快递纸箱回收循环利用。

对参与包装盒回收的消费者,1号店的承诺是:"每回收一个1号店纸箱,即可获得50积分。"用户签收1号店自营订单包裹后,将空纸箱交给1号店配送人员,即为参与一次纸箱回收活动,可获得相应积分,积分可用于换购商品、参与抽奖、换抵扣券等。在1号店的积分商城可以看到,换购的商品品类和品牌丰富,门槛也不太高。比如500多积分就能换购一大瓶进口牛奶或者一大包咖啡;如果积分累计上千,还有床上用品、日用品、进口食品等多种选择。因为不少消费者单个订单的包装箱数量不止一个,所以"凑"满换礼品的门槛并不高。1号店的快递员在上门配送包裹时,会主动告知纸箱的回收活动。当快递员带走用户的包装箱后,用户很快就能在自己的账户中查到网站赠送的积分。

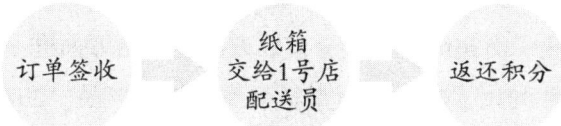

"1起环保·纸箱回收"

之所以推出这个活动,不仅是因为1号店希望在电商公益和社会责任方面做出表率,以实际行动推进绿色环保事业,并且鼓励更多的普通人用举手之劳参与环保事业,也是出于降低运营成本的考虑。

尽管纸箱在废品收购时价格极低,每个只有几分钱,但电商采购新的快递纸箱的成本价并不低。这样的结果就是,企业花大价钱采购的纸箱在消费者眼里没有什么价值,有相当一部分消费者也不会刻意回收,而是随意丢弃。然而,散放丢弃纸箱不仅占用空间,更会影响环境,1号店推出纸箱回收计划后,企业可以对回收纸箱进行筛选,符合条件的继续利用,不适合再利用的,统一进入循环再生渠道,从而节省运营成本。

1号店的纸箱回收计划自2014年年初在北京、上海、天津、广州和深圳等近20个城市的自配送区启动后,随着快递员"登门入室"的推广,纸箱回收率越来越高,充分证明市场对这一计划的认可度较高。有数据显示,2014年1～9月,1号店总计回收纸箱246万余个,月均回收27万余个;其中从全面启动的2014年7月开始,月均回收数量已经超过34万个,环比上半年增长逾41.8%;而2014年9月纸箱回收项目总计收到纸箱40.8万个,单个订单的回收率超过20%,纸箱数量环比增长17.3%、回收率环比增长19.3%。截至2014年年底,纸箱回收的站点回收总量近400万个,大约859亩森林被拯救;仓库回收总量更是超过800万个,保护了超过7万棵树。由于成绩突出,这一活动也引发业内争相效仿。

2015年,1号店还将继续推广纸箱回收计划,从站点纸箱回收、仓库纸箱回收、商超纸箱回收、包装方案优化等方面进一步减少纸箱用量,并循环利用,减少使用塑料材质等耗材产品。2015年1号店计划回收8000吨纸箱,塑料制品用量也计划从3200吨减少到2000吨,将缩减的成本进一步投入到产品优惠和服务改进之中,在不断完善自身平台、丰富经营范围的同时,不断提升物流、配送、售后服务等顾客体验环节,积极推动整个电商行业迈向新时代,打造中国绿色仓储与配送的"永久标杆"。

华为创始人任正非曾经说过:"管理中最难的是成本控制,没有科学合理的成本控制方法,企业就处在生死关头。"

对企业来说,降低经营成本是获取利润的一条重要途径,只有控制经营成本才能最大限度地获取利润。

要控制成本,首先就要建立成本控制的观念。成本是影响企业生存和发展的关键因素之一,成本的高低往往决定着企业的兴衰成败,成本控制是每个企业管理中的重点和难点。德鲁克认为，企业家和管理者要加强组织成本控制，重要的并不是成本控制的方法，而是成本控制的理念。企业能不能有效地控制成本，取决于决策者和管理者建立了怎样的成本理念，绝大多数的成本问题都是观念上的认识差距造成的。

其次，在管理经营成本时，要注意分析经营管理的比率。

（1）最初需要了解的是一组最近几年（最好是5年以上）企业运营的详细数字。这些数字都是最基本的，如销售量、毛利、销售开支、研究开发费用、债务成本、税前利润、一般费用和行政管理费用等。了解这些数字相对于销售量的百分比，再对这些数字进行宏观分析，先找出毛利占销售量百分比最高的年份，再找出销售成本、研究开发费用、债务成本、一般和行政管理费用占销售量最低的年份，如果有可能，还应将了解的数据与其他企业的相关数据做个比较，从中得出结论，为下一步工作做好准备。

（2）做微观分析，确定哪种成本在正常值以内，哪种成本占销售量的百分比没有必要再增加。在这一步骤中也可以进一步细分，比如原材料、固定资产损耗、人员工资、其他制造费用等，其他如监督管理费、销售人员工资及佣金、仓库管理人员工资、福利待遇、固定开支、差旅费和招待费等，分门别类，在合理范围内想方设法将这些费用降低。

创新永远是成本控制的根本，管理者要提升对成本控制的认识，不断深化成本控制理念，不断创新。创新几乎涵盖企业的各个层面，如技术创新、管理创新和营销创新等，企业要通过技术创新降低原料用量，或者寻找替代原料；通过管理创新来提高劳动生产率；通过营销创新增加销量、降低单位产品营销成本，这些方法都可以有效地节省成本，同时也能提高企业整体业绩。

第三篇

走在时代最前沿，创新就是企业的生命线

> 创新是企业的生命线，决定着企业的生死存亡。世界上有太多非常优秀的企业因为缺乏创新而停滞不前，甚至无法存活。身处千变万化的互联网时代，我坚信：唯有坚持创新才能屹立不倒。
>
> ——1号店联合创始人于刚

第一章　今天不创新，明天就会被淘汰

独有创新中心，寻找创新可能性

在总结1号店2014年商务模式创新和大数据应用方面的工作时，于刚这样说道："创新是企业的生命线，决定着企业的生死存亡。世界上有太多非常优秀的企业因为缺乏创新而停滞不前，甚至无法存活。身处千变万化的互联网时代，我坚信：唯有坚持创新才能屹立不倒。"

于刚所推崇的企业文化，正是"什么都要走在最前沿"，将所有的事情做到极致。他喜欢引领潮流，而不是跟随潮流，他认为只有这样才能让公司持续快速地成长。因此，在1号店成立之初，于刚和刘峻岭就将"创新"视为1号店的基因之一，将其写入了1号店的企业文化"八字箴言"（即诚信、顾客、执行、创新）中。

于刚在1号店的内部架构中设置了一个完全独立于董事会的机构——创新中心，由1号店副总裁郭冬东亲自挂帅。传统企业往往是先制订销售计划，再根据这些计划设计出有创意的营销方案；而1号店的创新中心和传统企业的创新部门不同，它要求员工视销售目标为浮云，寻找一切创新的可能。

于刚认为，创新必须渗透到整个企业中，不应该只由一支团队来做创新，创新中心的任务之一是在整个企业中营造出创新的氛围，为此，创新本身必须足够创新：

首先，创新中心要在企业中主动收集各种各样的创意，包括来自员工、顾客和合作伙伴的创意。

其次，创新中心要在企业建立起创新机制，让提出创意的人、把创意付诸实践的人得到精神上和物质上的奖励。

最后，也是最重要的，创新中心要能够让这些创意落地，即把好的创意提交给公司进行孵化，营造出良好的创新氛围。

1号店的创新中心是如何操作的呢？1号店通过创新中心搭建了一个创新平台——"1起创"，1号店的8000名员工、4000万顾客，以及众多合作伙伴，都能在这个创新平台上提交创意。创新中心具体包括两个团队：一个是导师团队，由1号店各个部门和不同领域的专家组成，团队成员定期更换；一个是决策团队，由1号店公司高层管理人员组成。

1号店"创新中心"流程图

"1起创"搭建完成后，1号店每天都会收到几百个新奇的点子。当然，并不是所有的点子都可以实施，首先导师团队会评估每一个创意的可行性、预计的资金投入，接着决策团队会根据创意本身对企业战略的重要性和创意项目的投资回报率，来决定孵化哪些项目。1号店每年会孵化30~40个项目，如果创意项目成功，就将成为1号店正式运营的一个模式。1号店会让提出创意的人去管理这个项目的进一步实施，这样，他们会更有动力、更有热情地参与其中，他们的创意也更容易实施成功。

在1号店每年孵化的30~40个项目中，有一半的项目最后给1号店创造了很好的市场价值。比如掌上1号店、虚拟超市、店中店、名品特卖、1号团、企业频道以及EPP（Employee Purchase Program，员工购买计划，又译作企业内购平台）等项目，都是通过创新中心孵化出来的。

21世纪是一个充满创新的时代。在这个时代，企业如果不创新就将被淘汰出局：因为缺乏创新思维，所以创造力消失了；因为缺乏创造力，所以构想消失了；因为缺乏构想，所以产品消失了；因为缺乏产品，所以客户消失了；因为缺乏客户，所以生意消失了；因为缺乏生意，所以企业消失了。这一切的关键就是创新能力。

石油大王洛克菲勒曾经说过："如果你想成功，应辟出新路，而不要沿着过去成功的老路走。"

对一家企业来说，创新首先是一种态度，而不仅仅是建立一个强大的研发中心，或者拥有庞大的研发人员团队，更重要的是把创新观念贯彻到整个公司，适应不断变化、不断更新的市场需求，不断拿出更好的产品，满足人们对产品的需求。

员工在企业中的角色不只是机械地执行自上而下的策略，更应该充分发挥大脑的想象力，提出自己的创意。罗兰贝格管理咨询有限公司工商管理学讲座教授苏米特拉·杜塔说:"贯彻执行企业的创新文化不是官僚式的烦琐手续,而是创造创新氛围,鼓励企业内部人人参与。"

企业要对员工的创新行为给予奖励和激励,创新能力强的员工得到应有的奖励将推动整个企业的创新。美国基因泰克公司(Genentech)就是这么做的,对于创新能力强的员工,公司会拿出颇为可观的股票期权以及其他形式的报酬作为奖励。

物质方面的奖励必须重视,精神上的支持也不能忽视。管理者可以对员工的工作公开表示认可,这种看似微不足道的鼓励常常比现金奖励更能有效激励员工。

管理者需要意识到,根据二八法则,企业中存在80%的长尾员工,而只有20%是很重要的员工。这也就意味着,80%员工的能力还没有发挥出来。那么,应该把他们的能力发掘出来,还是让他们变成占用空间和资源的"库存"?答案显而易见。

不少企业都会设立类似"创新日"的活动,每年集中几天在员工中征集各种点子。例如极富创造力的墨西哥水泥制造商西麦斯公司(Cemex)每年会安排9天时间作为"创新日",让全体员工围绕着某项业务或某个职能部门展开创新性讨论。在活动开始之前,负责组织活动的公司副总裁将亲自给数百位员工发邀请函,让大家针对既定主题(例如开发新的客户解决方案或是大幅降低成本)献计献策,与邀请函一并附上的还有一套创新小工具,参加者可以用来拓展思路。

为了在公司营造全员创新的氛围,1号店也会定期组织创新活动,让各个团队相互交流创新项目,在探讨中进一步挖掘自己的创新能为公司提供什么价值,从而也激发其他人的创新意识和创新思维。这些创新讨论都是围绕着特定主题展开的,比如商务模式的创新、供应链的创新、为提高效率进行的流程创新。

哈佛商学院副教授安德鲁·迈克菲提出的企业2.0和企业1.0最主要的差异就是参与式领导。企业1.0只是告诉你做什么、怎么做，是指导式的管理方式。实际上，每个员工都希望公司发展得更好，都希望对公司有所贡献，领导者唯一需要做的就是营造一个氛围让员工去做出贡献。最简单的办法就是创造一些机会或者场合，走入员工群体，跟他们一起工作。

1号店的"创新中心"让员工不仅仅满足于把工作做到"尚可"的程度，他们不会被现有的困境所局限，而是相信"资源有限，创新无限"，能够充分调动、整合所有能够挖掘的智慧与资源，创造性地完成任务，使工作尽可能完美，从而铸造了1号店一次比一次辉煌的成绩。

鼓励创新，首先要有容错的心态

企业就像是斜坡上的球体，如果缺少了向上拉的力量，球体就会下滑。对于企业来说，创新力就是那股向上拉的力，它可以带着企业奔跑。创新是一种强大的力量，它可以催人上进，促使员工创造出不凡的业绩。海尔、联想、微软等公司的辉煌与强大无不源自其创始人与缔造者内心那种强烈的创新意识，以及由创新意识引发的不断变革和力求出新的进取精神。这种精神是推动企业向前发展的重要动力。由此可以说，创新是一种生产力。

于刚曾说："中国的电子商务还是一个新兴产业，没有太多的成功案例可供参考。这就需要我们的人才虚心学习、敢于创新。"1号店商业计划书的第一句话就是"用创新的商务模式和先进的技术平台为顾客和商家创造价值"，1号店企业文化的"八字箴言"中就有"创新"二字，由此可见1号店对创新的重视。

但是，于刚深知，"所有新的方法、新的模式都有成功的概率，也需要冒很大的风险。好的做法恐怕大多已经有人尝试过，而我们去尝试的一些新的做法，很有可能会失败，我们要有容错的心态"。

其实，1号店创立之初，于刚他们就犯了一个不小的错误。他们在决定做电商之前研究了一些比较成功的公司，发现一家公司的模式很独特——通过导购手册吸引大量用户。于刚草率地认定，电商的未来就是导购手册与网站的结合。因此，他们花了3个月的时间做了一本300多页，包含30万个产品的精美导购目录手册，一次印出了十多万本，耗资100多万元。但实际上，此次推广效果非常差，因为1号店早期销售的都是低单价快消品，价格多有变动，而在这种目录形式下，价格无法动态改变。

于刚他们这才发现，印发导购手册对于刚起步的1号店而言是一个错误的决策。后来，于刚谈到这一错误的时候说："我们在还是一家小公司的时候，就把启动资金里很大一部分用来印这个手册，这是一个非常傻的决策。公司开始正式运营那天，我们发了5万本这种导购手册，希望能够吸引订单，但是等了一整天，总共只有20个订单，而且其中10个还是我们自己做的测试。"

这次错误也让于刚认识到了容错心态的重要性："我们花了100多万元只得到这样一个结果，但是买来了一个教训。我们会犯错误，所以也允许我们的员工犯错误。"

在这次失败的推广之后，于刚发现，传统的做法不再适合电子商务，必须创新，"品类中心"就是1号店创新的一个结果。

人们普遍觉得去实体店购物，既有直观的视觉体验，又可以触摸到商品实物，从而实实在在地体验购物过程，电子商务则缺乏这样一种"逛"的感觉。为了弥补消费者不能"逛街"的遗憾，电子商务就要从其他的角度满足消费者，创造不同于线下购物的独特体验。基于这一考虑，1号店设置了很多的品类中心，顾客在浏览网页的过程中还能了解到不少商品的相关知识。比如1号店的葡萄酒品类中心，不仅销售各类葡萄酒，也介绍酒文化，如世界十大酒庄在哪里，葡萄酒是如何酿造出来的，什么样的酒应该搭配什么样的食品和酒杯等，都可以在购物过程中了解到。又比如1号店的电压力锅品类中心页面就介绍了电压力锅的优点是什么，如何使用，适用什么样的菜谱。这让顾客不仅仅走马观花，也能学习到知识，从而能够很好地体验和享受购物的过程。

阿里巴巴创始人马云曾经说过："我们的阿里巴巴要想走向创新，相对来讲很重要的一点就是不要怕犯错误。怕犯错误，我们就不会有明天了。……阿里巴巴最大的财富不是我们取得了什么成绩，而是我们经历了这么多失败，犯了这么多错误。如果阿里巴巴一定要写一本书，就只讲曾经的错误。这些错误，你听了会笑着说，那时候也犯过。如果有重要项目，不要派常胜将军上去，要派失败过的人上去，因为失败过的人，会把握每一次机会。你不要看我今天很风光，我前面犯了很多错误，今后也会犯很多错误。"

纵观整个互联网行业成长史，任何一家互联网企业都不可避免地犯过各种各样的错误，都必须经受错误的炼狱的煅烤而逐渐成长、壮大，就连谷歌这样的大型跨国科技企业也曾经陷入误区。

四方网（Foursquare）的创始人丹尼斯·克罗利原任职于谷歌，他于2007年离职，原因是无法得到产品发展所需的资源以及整合不佳。这是一个代价高昂的错误，谷歌在地理信息服务领域原本就已经落后，四方网还从谷歌挖走了不少就职于地理信息服务部门的员工。

拉里·佩奇于2011年4月重掌谷歌后，第一步就是对谷歌进行重组，使其专注于产品分类。他为谷歌创设了新的七大部门：移动、社交、浏览器、视频、广告、搜索、地理商务。在他看来，谷歌试错的结果就是：终于找到了自己擅长的地方。

在于刚看来，企业创新需要容错的心态，更需要一个纠错的机制。他曾谈到1号店的纠错机制："我们是这样决策的，一旦看准了方向，就小步快跑，朝这个方向一直走。如果发现这条路走错了，就迅速纠正过来。我和我的搭档峻岭每两个星期就会进行一次半个小时左右的当面沟通，回顾过去两个星期我们的决策哪些做对了，哪些做错了，迅速地把我们从错误的道路上拉回来。"

对于如何纠错，于刚比较赞赏马云对待错误的态度——直面错误，迅速纠错，不犯同样的错误：直面错误，就是公开承认错误，公开承担责任；迅速纠正错误，就是知错就改，立即调整，包括毫不手软、雷厉风行地动大手术；不犯同样的错误，就是善于总结经验教训，善于化错为宝。

正是通过一次次纠错，1号店才得以跨过一个个创新的误区和陷阱，在发展的道路上飞速前进。

创新不能只看眼前，还要放眼未来

这是个危机四伏的时代，也是个险境重重的竞争社会，企业要想在其中得以生存和发展，就必须注重创新。

创新，已经成为企业决胜市场的第一王牌。每个人和每个组织都应该成为创新的积极参与者和真正实践者，同时他们也一定会成为创新的最终受益者。创新不仅带来了经济效益的增长，不仅促成了员工福利待遇的提高，更为企业的生存与发展打开了另一道大门，开辟了另一条路径，为员工个人价值的完美体现和职业品牌的全面塑造找到了一剂良方。

创新并不神秘，但它的力量异常强大，无数企业的成败得失告诉我们：失去创新，必将面临失败；把握住创新，才能赢得成功。赢在创新，无论对于企业还是个人都不容置疑。在变化万千的市场大潮中，若能将创新演绎得淋漓尽致，你就是这个舞台的最终赢家！

一说起创新，很多人可能只看到眼前的事情，会更多思考"我现在要做什么"。但于刚认为，电子商务在中国还属于新兴行业，没有多少经验可供借鉴，在创新时，不仅要不怕失败，还要能够放眼未来，归根结底，创新就是要为未来做准备。因此，1号店总是同时孵化很多创新项目，这些项目不一定都会成功，但只要有那么几个，就能奠定1号店未来的基础。

曾经有两家企业都想在某郊区投资地产，并各派了专人前去调查。

A企业的调查员在考察之后向公司报告说："那里人口稀少，房产业发展机会渺茫，房子建好了也没有人住。"

B企业的调查人员却在考察之后向公司报告说："该地虽然人口稀少，但环境优美，人们厌倦了城市的喧嚣，定会喜欢在那里生活。"

果然不出B企业所料，随着"城市包围农村"不断推进，城里人越来越向往农村生活，城市郊区的农家乐办得如火如荼，所以B企业的投资是明智的。

A企业的调查员鼠目寸光，只看见眼前事物的表象，而B企业的调查员却高瞻远瞩，从表象中预见到未来。如果企业领导者像A企业的调查员一样目光短浅，那么他的动作很可能都是短期行为；而如B企业的调查员那样，眼光放长远一点儿，就能使企业获得长远的利益。

在优胜劣汰的市场经济体系里，今天的胜利者很可能成为明天的失败者。因此，企业必须学会洞悉未来的发展，拥有超前意识。

超前思维是成功者必不可少的思维方法。在预测机遇的过程中，我们要注意发挥诸如自觉、判断等非智力因素的特殊作用，只有善于分析，及时觉察各种预兆，才能见微知著，推断未来。

台塑的创办人，被誉为台湾"经营之神"的王永庆认为，不论做什么事情，若能抢占先机，先发制人，就多了一分胜算。而要想成为卓越的员工，我们也必须探出"触角"，吸收时代的感觉。

时代要求我们比竞争对手更迅速地掌握未来的动态、未来的资讯、未来的走向，可以说，前瞻思维已经成为决定一个人成败的最关键因素。

那么，我们该如何培养自己的远见力，让自己更具有前瞻性呢？

要培养自己的远见力，关键要让自己看清前景。然而，要准确地看清事物的前景并非易事。为了看清前景，我们需要做大量的前期准备工作，其中的关键便是收集并利用信息。

要想识准时务，准确地把握事物的前景，必须把决策建立在充分、有效的信息的基础上。掌握的有效信息越多、越准确，越有利于制定出好的决策。在获取信息和汲取知识方面，应该有这样一个信念——"信息就是机会"。这就是说，只要自己认为有必要，就应该立即把知识和信息抓到手。

仅仅收集信息还不足以准确地把握事物的前景，一定要对信息进行总结和归纳。如果能从量和质两个方面收集信息，使信息的内容更加丰富，并努力把各式各样的信息整合起来，那么我们的头脑中就会闪现出好的创意。因此，我们需要对获得的信息进行处理，从中筛去没用的，留下有用的。充分地收集了信息，并在此基础上进行合理的分析，对事物的前景就能产生一个大致的把握。

有了远见，我们还需要有胆识。要用长远的目光看待自己的目标，看准了，还要有胆量去做、去落实。不要让好的想法仅仅停留在思考的层面，而要去落实。

然而，创新并不是随便说说就可以实现的，特别是对于一家企业来说，企业的创新要遵循一定的步骤。任何企业的创新，都离不开众多创新想法的初步产生、围绕企业规划的进一步选择、可行性想法的确定和想法的最终实施,这也构成了创新的4个步骤,概括来说即假想、着手、跃进和实行。

1. 假想

这个步骤的目的是让人学会如何以更灵活的方式运用资料,旨在以假想的形式提供更多的选择方案。这是一个思维发散的过程,可以为真正的创新见解开启一扇窗。

企业可以为员工提供假想的机会,从而集思广益。一家很有名的肥皂公司每隔几年就会举办一次策略规划讲习,以检讨市场占有率的概况。这家公司有一年发现,它在除臭肥皂市场的占有率达到30%。在肥皂产业里,这样的占有率已经很不错了,很多公司面对这样的占有率也就满足了,或者会考虑保持这一占有率水平,再以步步为营的方式尽量提高占有率。结果这家公司反倒自问:"我们要怎么样自我再造,才能在大市场中占领50%的位置,而不是守着小市场的30%?"事实上,他们等于在问:"怎样才能把目前市场的占有率增加到50%?"这样的策略谈的不是公司要怎样多卖一块肥皂,而是要如何在较大的市场占有一席之地。

2. 筛选

筛选这个步骤的目的是要了解有哪些可能性,而不是找出正确的解决之道。筛选这个环节就像企业安装的过滤器,以企业的行为为参照来对第一步骤产生的众多假想进行筛选。

对于某一个问题,企业可以选择的过滤器有很多种,也许是:"同业的竞争对手遇到这种情况时会怎么处理?"或者是:"在截然不同又毫不相关的行业中,其他企业会怎么处理这种情况?"这两种过滤器有着不同的参照标准,也就会得出不同的处理意见。然而,讨论适用哪种过滤器并不是要你做出最终的选择,而是根据企业的需求强调某些事，突出某些特定的东西。而究竟做怎样的选择，该往哪里走，要到下一个步骤才能确定。举例来说，如果你某一天上班迟到了，就会注意到沿路的时钟，而在平时你也许根本没有正眼看过它们。至于你究竟是跑步去公司还是打车去公司，就不是这个环节讨论的问题了。同样，在企业里，如上面那家肥皂公司，他们在第一个步骤就已经确定企业的行为目标是"占有大市场50%的位置"，那么，在筛选环节他们就会将大家提出的与此相关的想法挑选出来，如可从产品质量、产品包装或产品宣传上下功夫等，以便下一步骤正式选择。

3. 跃进

传统的脑力激荡创新法就是从这个步骤开始的。此时要针对先前所发现的机会，挖掘出可能带来某个可行契机的想法。但这个步骤不光是在尽量提出想法，关键在于把焦点放在联系上，而不是活动上，因为具有丰富联系的想法才有价值。

所以，在我们确定想法时要保证这个想法与其他想法的关系是比较密切的。仍以肥皂公司为例，为了进军大市场，该公司已经形成了一系列不成熟的想法，涉及产品与服务的方方面面，最终的成熟想法将产生于其中。成熟的想法应符合这样的特征：它不是某个单独的想法，而是联系产品质量、品种、包装、服务等各个方面的一个想法。这样具有丰富联系的创意才是企业最终要实行的想法。

4. 实行

在这个最后的步骤中，想法要开始落实，所以必须设法找出能让想法顺利实现的手段和方法。许多人习惯于运用比较熟悉的方法，然而，就如哈佛商学院的荣誉教授希尔多·李维特所说："成功企业的最大特色，就是自愿放弃长期以来的成就。"

我们很容易相信自己所熟悉的东西可以解决一切问题，然而，创新型企业的一个特点就是：不只在目的上创新，连实现目的的手段都会创新。面对好的创意，除非实际去做，并找到一个最佳的方式去做，否则再新颖的想法也会变得毫无价值。

不要一味追求原始创新，复制创新也是创新

2011年6月，于刚无意中在网上看到一个广告视频，并被其深深吸引。这是一则名叫"Home Plus Subway Virtual Store"（《家+地铁虚拟商店》）的韩国广告，广告的大意是：在韩国，Home Plus是排行第二的超市，多年来一直在追赶行业老大易买得。不过，Home Plus最近通过在地铁站隔离墙上构建虚拟超市赶超了易买得。所有等待地铁的人，只要愿意，都可以拿出智能手机，对着虚拟超市墙上产品的二维码拍照下单，轻松购物。

"地铁墙壁居然能做货架！"看完这个广告，于刚内心十分兴奋，因为当时中国还没有出现相似的营销模式，他感觉1号店的机会来了，他要引进这个模式，拿到这个"国内第一"。

在3个星期内，于刚的这个想法就迅速地变成了一个项目，它带来了非常大的成功，实际上也带来了1号店的移动订单。

在虚拟货架的基础上，1号店又创设了"无限1号店"模式。通过扫描1号店设置的二维码，1号店用户可以跟着地图到达一个指定地点，看到一个透明的房间，进入其中可以看到虚拟的货架，货架上陈列着可供购买的产品。"无限1号店"这个创新让1号店获得了戛纳广告节的最佳互动体验奖。

"无限1号店"项目的成功，给了于刚一个重要的启示：不要一味地追求原始创新，原始创新的成本太高、时间太慢，复制创新也是一种创新。不要认为一件事情别人已经做了就没有创新性了，只要它还能为企业所用，还对企业有价值，就是创新。

腾讯创始人马化腾十分赞同于刚"复制创新也是创新"的观点，他认为很多创业者创业时容易陷入创新的误区，结果死于创新。在他看来，模仿并不丢人，但模仿有两个基本的要诀：

第一，选择模仿的对象。一定要选择已经被证明成功的、有前景的"好东西"，同时要牢记，模仿只是手段和工具，模仿的目的是创新和颠覆。要避免盲目创新，做到谋定而后发。被模仿者和模仿者是先发和后发的关系，先发总有预想不到的问题，后发可以研究哪些最适合自己发挥。在模仿先行者的基础上，要有所取舍地创新。

第二，把握模仿的时机。在进入一个领域的时机把握上，我们一般选择有第二者出现后，即市场上已存在一个开创者和一个跟进者，这表示市场即将启动。此时，我们一定要派几个人追踪一下，一旦看清趋势，立即让大部队跟进去，超第二，拼第一。尽管这种理念有时会使企业贻误更好的时机，但可以保证企业在战略方向上不会出现大偏差。这对于度过创业期进入发展期的企业至关重要，尤其是在变幻莫测的互联网行业。

中国互联网协会专家郭涛也曾表示，互联网的很多核心技术其实都不在中国，包括支付宝、视频技术等，都是从国外引进的。国内的很多被模仿者也是最初的模仿者，大家都模仿了国外的同一商业模式，这时，谁的技术更先进，谁的文化移植更易被接受，谁就能取得成功。

创新有多种形式，它不仅仅指开辟一条前人从未走过的道路，也可以是站在前人的肩膀上，尝试着走一条别人已经走过的路，并且把这条路走得更好。

牛顿曾说："我之所以能取得如此辉煌的成就，只是因为站在了巨人的肩膀上。"这里固然有牛顿自谦的成分，却也道出了一种创新的途径。我们完全可以向"牛顿式"的创新者学习，为自己设置一个更高的目标，站在巨人的肩膀上超越巨人。

其实，任何创新都是站在前人的肩膀上做出的，创新从来不是无中生有。就像搜索加广告的模式并非谷歌的发明一样，IBM公司——曾被现代管理之父彼得·德鲁克称为"全球首屈一指的创新模仿家"，它尾随雷明顿·蓝德公司推出了大型商业计算机。不可否认，后来者更容易避开早期产品的各种缺陷，从而获得更大的利润。

需要注意的是，模仿创新并不是盲目进行的，而是朝着既定目标进行的创造性模仿。正如国画大师齐白石先生所说："学我者生，似我者死。"如果只是一味地模仿，就只能重复别人的步伐，很难有所突破。模仿创新在最初阶段要经过一个学习过程，向前人学习其优秀之处，在后期就要加入自己的思想和创意，通过独特的创新创造更大的成功。

第二章　玩转创意营销，深化用户口碑

社交化购物时代，购物导引权回归用户

社会化心理学研究发现，外出购物时，人们总会关注一些琐碎的事情，这类似于一种启发式的思维方式——人们往往忽略了易于获取的信息，而通过一些零星的社会化性质的信息以及一些简单、感性的规律和认识去做出决定。

敏锐地察觉到人们这一购物特征的于刚，在2014年"派代年会"上，对中国电子商务未来发展趋势做出了一个大胆的预测："社交化是电子商务的发展趋势之一，尤其在移动终端普及之后，必须持续渗透去加速发展，社交化购物势在必行。"

什么是社交化购物呢？社交化购物也称社交化电子商务，是电子商务的一种新衍生模式，是指将关注、分享、沟通、讨论、互动等社交化元素应用于电子商务的交易过程。说得简单一点儿，就是一种基于社交网络或源于某种社交活动、事件而产生的购物或交易。社交化购物的基础是社交，即人与人的关系。这种关系可以是亲戚、朋友、同事、同学，也可以是有相似经历或相同兴趣的人，甚至是你有一定信任感的意见领袖或者曾买过你希望购买的商品的其他顾客。这些关联打下了信任的基础，从而能够影响购物决策。

众所周知，电子商务经过十多年的发展，已经改变了全球数十亿人的生活，给传统销售带来了根本性冲击。电子商务网站盈利模式尽管相对来说比较明确，但缺乏用户的黏性；SNS（Social Network

Site，社交网站）虽然有大量的稳定用户群，却一直没有清晰的盈利模式。当两者结合起来，就开启了社交化电子商务的迅猛发展：电商平台利用微博、微信等社交媒体的扩散传播特性，进行商品信息的传播和分享。由于这种方式的信息传播效率高，且具有很强的针对性，因此电商客户群的数量积累很快，而电商平台则为社交媒体提供了切实的落地商业模式。

其实，社交化购物并非现代的产物，而是自古就有的一个现象，比如许多人在购物前都希望得到自己所信赖之人的建议、推荐和评价，这对他们的购物决策的正确性是一种旁证。不过，直到互联网出现后，社交化购物才发生了质的飞跃，成为一种清晰的商业模式。

在于刚看来，导致社交化购物发生质的飞跃的原因，主要有3个：

（1）互联网大大缩小了空间和时间所产生的间隔，以低成本、高速度、广传播度将大众密集连接起来。基于互联网的技术工具使得社交能够即时发生，大容量表达信息、传播信息和储存信息。

（2）基于互联网的社交网络给予了个人表达的权利，大众的从众心理也放大和凸显了个人的能力，让有思想、有专业知识、有表达能力且敢于发表言论的意见领袖的影响力进一步增大。

（3）基于海量信息的数据挖掘、分析、决策支持技术的快速发展，也使得企业能够通过社交网络和应用软件充分了解和满足顾客的需求。

而电子商务要想在社交化购物这种商业模式上获得成功，实现销售的最大化，于刚认为需要高度重视以下4个因素：

（1）要建立在一个高活跃度的社交化平台之上，所销售的商品和服务要和该平台用户群的需求和兴趣相符。

（2）要策划出有趣味、可传播、可激起相应社交平台上用户群体共鸣的活动。

（3）购物的导引要无缝和潜隐地植入到社交活动中，不可太生硬，以免引起用户的反感。

（4）社交活动流程和激励机制的设计要简单，最好可量化，用系统来完成以保证其可扩性。

1号店的社交化购物探索主要从5个方面入手：

1. 与著名社交网站天涯社区进行战略合作

早在2008年1号店网站上线时，于刚就开始了对社交化购物的尝试——与中国著名的社交网站天涯社区进行战略合作，在天涯社区植入了1号店网上超市。为了更好地融入天涯社区，于刚将其命名为天涯1号店。1号店在天涯社区多次举办符合社区网民兴趣的活动，每次都有十几万人参与，数千条跟帖，顾客的推荐吸引了其他顾客的购买，同时迅速地扩大了1号店的知名度。

2. 推出SNS平台——购物工会

2010年，1号店推出了一个SNS平台——购物工会，和一般的"点评"模式的思路不同，购物工会重在"分享"，希望用户在工会中交流打折、团购等信息，从而给更多用户带来更大的实惠。加入购物工会的每一位用户都可以主动发起一个工会或加入已有的工会，若某工会一个月的总购物额达到设定值，下个月该工会所有成员都能享受更高等级的积分。在这种模式下，1号店不用费尽心思说服用户，用户就会主动参与。购物工会推出后，在几个月内，数千个工会被用户自主建立起来，几十万用户参与其中。

3. 与微博互联互通

2009年，微博这个全新的名词，以摧枯拉朽的姿态扫荡中国，成为最流行的词汇之一。于刚敏锐地看到了微博客户的黏度和其快速传播的特质，并迅速与中国第一家提供微博服务的门户网站，同时也是中国用户最活跃的社交网站——新浪微博结成了战略合作伙伴关系，开始开发基于新浪微博平台的应用，比如"微客服"和"微团购"。

微客服：只要用户在新浪微博中添加1号店应用，把自己的微博账号与1号店账号关联绑定，在1号店购买商品的最新物流信息，即以私信通知形式将消息发送至用户的微博账号。用户可以通过新浪微博客户端（包括PC端、移动客户端等）查看和接收近3个月内的订单配送情况、待支付订单、发货状态等一系列相关订单信息，随时随地获知订单的最新状态。同时，用户还可以非常方便地在微博里晒单，并且自动提醒和推荐给粉丝或让朋友们提建议、给反馈。

微团购：1号店的团购频道搬到了新浪微博平台上，借助意见领袖的传播和微博社区的病毒式扩散来扩大1号店的品牌知名度和影响力。

4. 与微信互联互通

1号店通过与微信相关数据的打通，将网站最热销商品的条码数据库与微信后台数据库对接，用户通过微信"扫一扫"功能扫描条码，即可显示相关商品在1号店上的售价，点击即跳转到1号店的购物界面，操作起来非常方便。1号店微信公众号还推出"搜一搜"功能，方便用户在微信端直接搜索想要的商品。用户还可以绑定1号店账号到微信，以便随时查询订单状态。除了完善全品类商品信息和条码库，1号店还接入微信支付，对接手机购物APP掌上1号店，并在1号店微信公众账号内部实现销售、用户互动等多种功能。

5. 创新推出"转1赚"

2015年，掌上1号店推出了一款叫作"转1赚"的分享功能，用户在分享按钮中选择"转1赚"即可将商品分享到社交平台，当用户的好友点击分享内容并购买时，用户可获得由"转1赚"提供的商品返利。在1号店看来,"转1赚"可以很好地达到刺激用户推广的目的,从而将用户变成重要的传播力量。

我们相信,通过在移动端的持续发力,1号店必定能够在社交化购物领域占据领先地位。

大打借势营销牌,网络票选"中国好商品"

2012年夏天,国内最火爆的综艺节目非《中国好声音》莫属。《中国好声音》之所以一开播就迅速爆红,除了节目本身的创新特性如"盲听"评分外,还要归功于主办方的成功营销。而搭上《中国好声音》这趟营销快车的企业,如独家冠名的加多宝凉茶,设立音乐基金、签约好声音选手代言的苏宁易购等,自然也获得了极大的关注,旗下产品的销量迅速提升。

1号店受到该节目的启发,决定打出借势营销牌。1号店创新中心迅速跟进策划了"中国好商品"创意营销活动,将"选秀"模式引入电商网络营销,希望形成1号店与用户以及商家之间更为良性的互动。

2012年9月10日,1号店发起了为期一个月的新品选秀活动"中国好商品",活动分为3个阶段:

第一阶段,1号店邀请所有的商家和个人将他们的新产品或创新产品的概念通过短视频的形式提交申报,并将视频展示在"中国好商品"的活动页面上。

第二阶段,号召消费者登录活动页面,投票选出自己最喜欢的商品,真正让消费者来决定什么是大众喜欢的商品和1号店应该卖什么商品。

为了鼓励消费者参与"中国好商品"投票活动,1号店为投票的消费者提供了一个获得苹果笔记本电脑的机会;消费者如果转发关于

"中国好商品"的微博并@3个好友，分享#中国好商品投票送好礼#+你最"中意"的商品，还可能获得价值5000元的索尼智能微单和1号店购物卡。这种互动形式深受顾客的喜爱，转发和评论达到了500多万条。

第三阶段，经过消费者层层投票选拔，从几百件参选商品中脱颖而出的前3款商品，将获得由1号店提供的价值百万的促销资源和品牌宣传资源。1号店同时从参与投票的用户中抽出"中国好商品伯乐奖"和"微活动大奖"，获奖用户将获得价值数千元的数码产品。

从形式上来看，"中国好商品"的确算是国内电商领域的首创，它把我们日常生活中司空见惯的"选秀"活动引入到商品领域，这种大胆的创新营销行为值得称道，它不仅让用户首次获得了商品上架的选择权，同时也给予了商家更多展现创新的平台，实现了1号店、用户以及商家之间更为有效的互动与沟通，真可谓是一举多得。

- 参赛商品涵盖10个品类
- 参与商家数百家
- 参赛商品获得数万投票
- 活动页面获得超过30万次的浏览
- 被各大线上线下主流媒体报道转载近15次
- 相关微博活动参与人数超过20万
- 媒体部分报道和评论摘录如下："1号店开选'中国好商品'，把决定权真正交给消费者，开创了一种全新的电商营销模式，将长时间地在电商界产生影响，从整个行业来看，1号店的创新营销具有示范性，是国内电商发展之幸。"

"中国好商品"取得的七大成就

纵观国内电子商务的发展过程，我们发现，创新贯穿着电子商务发展的始终。电子商务的实质在于以低价优质的产品或服务来给用户的生活创造更高的价值，因此越来越多的电商企业开始意识到：噱头式的"价格战"是营销竞争中的非理性产物，以创新为本的"营销战""服务战"才是王道。因此，电商企业在决定营销策略、开展营销活动的时候，一方面要结合企业的经营特性来考虑，另一方面要从消费者的角度出发，以人为本，积极创新。

1号店在创新营销方面一直都走在行业前列，不断以创新的形态或功能"撩拨"着消费者的神经。1号店在营销领域的一系列创新之举，表明创新已经融入到1号店的日常经营之中，正如于刚所说：创新是1号店的生命线。1号店就是凭借类似"中国好商品"这样的创新举措，让自己在日益激烈的电商行业竞争中异军突起。

发力娱乐营销，打营销"组合拳"

2013年9月14日，由孙俪、张译主演的都市时尚爱情剧《辣妈正传》在浙江卫视、东方卫视、安徽卫视、深圳卫视四大卫视黄金档一经开播，就有很好的收视率：

9月14日，该剧首播当日，浙江卫视就以将近1的收视率蹿上收视排行榜的第三名。

9月15日，该剧播放的第二天，四家卫视的收视率都挺进前十，东方卫视的收视率更是迅速攀升，突破1。

9月16日，该剧播放的第三天，东方卫视和浙江卫视两家卫视的收视率都突破了1，收视率最高的东方卫视达到1.155。在四台联播的电视剧中，两家收视率均超过1的情况实属罕见。

9月17日，该剧播放的第四天，《辣妈正传》的收视率再次攀升，东方卫视由前一天的1.155涨到了1.450，收视成绩紧逼当时排名首位的独播剧《璀璨人生》。

9月20日，该剧播放的第七天，《辣妈正传》的收视率超过《璀璨人生》，跃居收视第一，网络上的播放量更是取得了上线4天半破亿、7天破2亿的好成绩，一次次奇迹般地刷新播放量纪录，在当时堪称单剧破亿最快纪录。

《辣妈正传》的热播形成一股"全民看辣妈"的风潮，也让在该剧中有大量广告植入的1号店声名大噪。借助一跃而起的收视热度，1号店巧妙地利用《辣妈外传》系列广告与电视剧相呼应，有效确立了1号店"优质生活电商"的品牌形象，进一步拉大了自身与竞争对手在"优势品类"上的差距并保持领先地位。

在于刚看来，1号店此次娱乐营销的成功实际上是"内容为王"与"整合制胜"的成功。人们对"硬广"普遍是排斥的，但对"内容"往往喜闻乐见。人们会主动看电视剧、去电影院、观看网络视频，但不会主动看广告。因此，内容才是广告主传播信息转化的法宝，是广告主用来突破受众心理防线的"糖衣炮弹"。而如何将广告融入到内容中去，这就是整合营销的职责了。

1号店"联姻"《辣妈正传》娱乐营销大获成功的原因，主要体现在以下几个方面：

1. 找对人

众所周知，品牌植入依附于电视剧，电视剧成功与否直接决定了植入品牌的宣传效果好坏，而一部电视剧成功的关键是演员，尤其是主要演员。对此，1号店有着清楚的认知。

1号店选择《辣妈正传》的第一个理由，就是《辣妈正传》配置了超豪华的"黄金班底"，不仅集合了孙俪、张译、明道、朱茵、潘虹等实力派明星，还是收视女王孙俪停工25个月和台湾偶像明道退伍后的首部作品。优秀的演员组合为《辣妈正传》的高收视率、高影响力、高热议度提供了基础，也为搭顺风车的1号店获得更多的关注提供了可能。

2. 选对剧

找对人后，还要考虑选剧的问题。一部电视剧能不能植入广告，植入广告是否科学有效，还要看两个"吻合"——电视剧的情景氛围和植入品牌的形象特色是否吻合；电视剧的主要观众与植入品牌的核心消费群是否吻合。

而显然，《辣妈正传》营造的情境氛围和1号店的品牌定位是十分契合的。《辣妈正传》是一部都市生活类作品，一部描述当代80后女性成长，经历职场、爱情、婚姻、朋友种种问题的生活剧，同时也是一部育儿剧，而1号店致力于打造"优质生活电商"、为顾客提供"优质生活"的理念正好与该剧主题相契合。因此，1号店能很自然地植入剧情中，从而影响1号店现在或潜在的消费者。

此外，《辣妈正传》的剧情与格调决定了其观众群主要是以都市白领为主的中青年，这部分人恰恰是网购的核心人群，因此，通过剧情植入，1号店将在这一目标群体中有效确立其"优质生活电商"的品牌形象，从而进一步巩固自身在食品饮料、进口食品、进口牛奶、母婴、百货等1号店传统优势品类上的优势。

3. 擦火花

选对人、选对剧只是娱乐营销成功的开始，能否擦出火花才是成功的关键，而打出营销"组合拳"又是擦出大火花的关键。

在《辣妈正传》这部剧里，1号店是如何打好营销"组合拳"的呢？

"组合拳"第一步：1号店的广告植入只出现在合理的地方。在剧中，"辣妈"没事就上1号店蹲着，不停地添加"购物车"；"辣妈"买美护产品，要大牌、要品质、要便宜，关注1号店促销信息；"辣妈"出门没人签收快递，1号店提供当日2/4/6达服务……通过剧情的合理安排，1号店货品质优价廉、物流快速便捷、客服态度良好等诸多卖点和竞争优势全部展现在了观众面前，让观众在对"辣妈"的认同中对1号店品牌也产生认同，让"买东西，到1号店"的概念和影响力逐步渗透到每一位观众的消费习惯中。这样拟生活化的营销方式，也使观众在无意识中接受了品牌广告，1号店的品牌影响力得以迅速扩张。

"组合拳"第二步：签下男主角张译担任1号店品牌代言人，拍摄讲述年轻人"求爱""交往""结婚""养娃"这"青春四大坎"的4集系列电视广告《辣妈外传》，因诙谐、幽默、贴近生活的风格深入人心，全面诠释了1号店在年轻人生活中不可或缺的重要地位。

此外，剧尾张译以"更多求爱妙招，上1号店领教""关注1号店，交往不犯二""关注1号店，结婚不犯二"为广告语，让硬广告和《辣妈正传》及1号店植入形成了无缝对接，让年轻人，特别是都市时尚白领一族对剧中主角的网购行为及网购品类群起效仿，进口食品、数码、美护、母婴产品也因此成为办公室讨论新焦点。通过如此巧妙的切入和融合，1号店的运作将在多个层面得到系统结合——品牌植入与普通广告进行结合，广告传播与用户生活和心理体验、口碑营销进行结合——这种无缝结合形成效力叠加，提供了明确、连续一致的最大传播力和营销力。

"组合拳"第三步：除了推出广告营销外，1号店官网还同步推出以"张译推荐"为主题的线上促销活动"月光行动第三波：月光行动之黄金周"，优惠品类涵盖食品饮料、进口食品、美容护理、母婴玩具、数码家电等"辣妈""辣爸"青睐品类，极大地促进了1号店的销量。

1号店此次娱乐营销的成功，其关键在于强调针对女性的品类布局。因为1号店的女性顾客占比超过60%，而在一些传统的数码产品电商里，女性顾客一般都不会超过40%。此外，女性用户通常对价格比较敏感，而1号店在食品、饮料、洗发水、美护产品的销售方面有着领头羊的地位，这些品类上给予低价完全没有问题；在数码产品领域，1号店一直保持手机品类全网销售第二的地位，在与供应商议价上也有着明显优势。正是因为牢牢抓住了这两点，1号店才能借助《辣妈正传》大打营销"组合拳"，在目标群体中确立自身的品牌形象，保持领先地位。

深挖明星"大单品"的价值，成就"快消品之王"

2014年3月18日上午10点，吉尼斯世界纪录认证官查尔斯·沃顿在1号店现场宣布：冲击"24小时内单一平台内销售最多牛奶"吉尼斯世界纪录的挑战正式启动。随后，1号店现场的实时监控屏幕上进口牛奶实时销量开始不断刷新：

1分钟，销量突破2万盒；

2分钟，销量突破4万盒；

3分钟，销量突破7万盒；

4分钟，销量突破11万盒；

5分钟，销量突破15万盒；

7分钟，销量突破21万盒；

10分钟，销量突破30万盒；

21分钟，销量突破40万盒；

35分钟，销量突破50万盒……

52分25秒，参与五折销售的30个集装箱总计60万盒的进口牛奶全部销售完毕，但用户购买进口牛奶的激情仍在继续。到下午5点50分，1号店进口牛奶实时销售突破100万盒。截至3月19日零点，1号店进口牛奶品类的销售额同比增长了1209%。截至3月19日上午10点，1号店在24小时内售出了近70个集装箱总计133万盒进口牛奶，该数字申报"24小时内单一平台内销售最多牛奶"的吉尼斯世界纪录并且取得成功，而每位购买牛奶的顾客都获得了一张吉尼斯世界纪录的纪念证书。

购买牛奶的顾客获赠的吉尼斯世界纪录纪念证书

进口牛奶第一次挑战吉尼斯世界纪录大获成功后，1号店在2014年5月29日再次推出了进口牛奶全民挑战赛，宣告如果4小时内100个集装箱的进口牛奶被抢光，全国网民即告获胜，1号店联合创始人于刚将当众亲吻奶牛。

此次挑战赛一开始，仅用时5分47秒，60万盒进口牛奶就被抢完，比上一次活动快了将近10倍。在10点51分30秒，1号店副总裁黄志雄宣布：仅用时51分30秒，100个集装箱共计200万盒进口牛奶被抢购一空，全国网民在挑战赛中完胜1号店！于刚兑现承诺，当众亲吻了奶牛，于刚亲吻奶牛的照片瞬间传遍网络，1号店再次成为热议话题。

2015年3月11日上午10点，1号店又一次发起了100个集装箱200万盒牛奶吉尼斯世界纪录挑战活动，仅仅用时47分59秒，1号店100个集装箱200万盒牛奶就全部售出，刷新了上一次纪录。

无论从新鲜感、互动性还是品牌高度以及营销的实效来看，1号店将进口牛奶与吉尼斯世界纪录挂钩的几次营销活动都获得了巨大的成功。这样的营销活动其实是1号店对明星"大单品"价值的深挖，也是1号店能够成为国内最大的快消品B2C电商的重要原因之一。

众所周知，在中国，许多企业发展的现实是：80%的销售额由20%的产品来承担，50%左右的销售额由1～2个单品承担。比如，年销售额突破70亿元的花生牛奶真正意义上把银鹭推进了饮品龙头行列；康师傅单品冠军红烧牛肉面创造了年销售额70亿元的市场传奇；营养快线单品年销售额突破100亿元，占娃哈哈集团总销售额的25%；统一老坛酸菜牛肉面创造了单品销售20亿元的骄人业绩，让统一品牌在短短两年内实现了复兴。

对于1号店这家国内最早的网上超市，货源充足、价格低廉的快消品显然更容易全面开花，促成更多"大单品"的成功。而选择从进口牛奶这一王牌单品入手，不仅仅是因为牛奶在中国人饮食中占有重要地位，更是因为1号店具有壁垒级的海外资源优势。

如今，牛奶在大众消费中的重要性毋庸置疑，而越来越多的电商平台在销售牛奶时倾向于选择国外进口牛奶，原因无非以下两点：

第一，国内频传食品质量安全问题让国内牛奶企业遭遇信任危机；第二，与国内牛奶相比，国外优质进口牛奶在口碑、质量上确实有很大的优势。

2013年年初，1号店就成了中国第一家拥有进口商品直接采购资质的电商，引领国内电商行业进入"直供时代"。1号店与美国、澳大利亚、韩国、英国、意大利、西班牙、比利时、丹麦、秘鲁、智利、马来西亚、泰国等国的驻华机构及专业协会建立了良好的合作关系，并通过这些组织的推荐，直接获取各国优质的品牌和产品。通过与国际领先的食品企业共同开启"品牌直通车"战略合作计划，1号店为消费者提供了更多经过严格挑选、安全有保障的进口食品。

在进口牛奶这个品类上，1号店凭借用户基数大、消费能力和习惯优良、供应链强大、覆盖范围广等优势，极大地激活了用户对进口牛奶的消费需求。销售数据最能体现1号店在进口牛奶上的销售优势：2014年1～9月，1号店进口牛奶销量占整个进口牛奶国内线上销售量的50%，占总进口牛奶量的10%。

从市场开拓的角度来看，1号店是进口常温液态牛奶在国内走红的关键推手；反过来，进口牛奶也给1号店打开了新业务爆发点，成为奠定1号店"快消品之王"称号的重要品类。

分析1号店3次挑战吉尼斯世界纪录的活动，我们不难发现，其成功的主要原因有3个：

1. 趣味性

对于在水泥森林中过着朝九晚五生活的都市白领阶层来说，他们急需一些趣味性来打破自己呆板乏味的生活。1号店发起的挑战吉尼斯世界纪录的活动完全抛弃了呆板的"便宜""送货快"等营销模式，无论是于刚亲吻奶牛，还是用户直接参与打破吉尼斯纪录，都是非常有趣的。

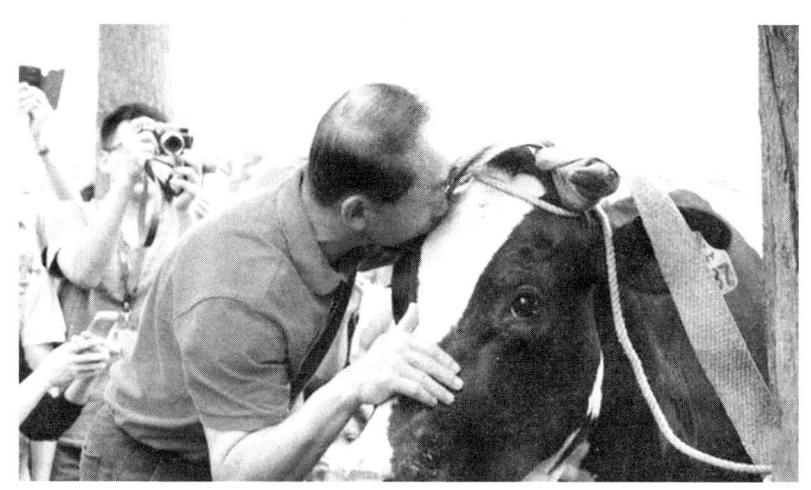

于刚亲吻奶牛

2. 参与度

近年来，中国人日益热衷于挑战吉尼斯世界纪录，尤其喜欢用"人海战术"创造"高大全"的"奇迹"。1号店正是抓住了人们对于吉尼斯世界纪录的热衷心理，才得以将几次挑战吉尼斯世界纪录的营销活动，变成一场场全民的集体抢购狂欢。在这些活动当中，每个消费者既是纪录的参与者，也是记录者和见证者。1号店把荣誉分享给每个消费者，不仅能让消费者乐在其中，也会促进网站订单成交量的增长。由此可见，参与度的高低，是决定整个活动温度高低、成功与否的关键。

3. 精准传播

在互联网时代，任何活动失去了传播的助力就无法充分吸引民众参与。1号店3次挑战吉尼斯世界纪录的营销活动，都在事前进行了大量的宣传推广。比如，在2014年5月29日的进口牛奶全民挑战赛活动前，1号店就针对这次活动制定了3个传播节点：5月25日，官方微博预告，#529全民PK1号店#；5月26日，官方微信预告"抢奶生死时速、手快先人一步"；活动期间，落地线下，大量投放分众的楼宇电视、框架广告。

凭借以上3次宣传，1号店深挖进口牛奶这一明星"大单品"的价值，与用户一起创造了一次又一次奇迹般的"参与感"营销。而成功案例两次传播的口碑效应在经过时间的发酵后，能够有效激活老用户的信任和新用户的好奇，再加上更接地气的价格，让1号店的9000多万注册用户"充满期待"，帮助1号店牢牢占据"快消品之王"的领先位置。

"心战为上"，创新玩法引领创意营销

进入21世纪，随着互联网技术的迅速发展，市场环境发生了翻天覆地的变化，一种全新的营销传播方式也随之产生。新的营销传播方式不再像以往那样单纯追求对消费者进行信息灌输，而是以媒体的创新、内容的创新、传播沟通方式的创新去征服目标受众——相比以大众营销为核心的市场营销1.0时代、以分众营销为核心的市场营销2.0时代，这种新的营销传播浪潮被称为"创意营销传播"，即市场营销3.0时代。

众所周知，营销的本质就是让品牌或产品与消费者发生关系，让消费者在创意中体验到品牌或产品的价值，愿意为品牌或产品的价值付费。任何一种营销策略无非是在消费者的心理接受与品牌价值之间找到情感的按钮，使消费者心甘情愿地接受品牌。不管时代如何变化，消费者永远是在产品的理性卖点表达与品牌的感性心理诉求之间做出购买的抉择，而在产品日益同质化的当下，创意营销所带来的情感体验能够为品牌增添感性价值，启动与消费者之间的情感按钮，从而使消费者成为品牌的俘虏。

大量营销案例显示：人们总是喜欢那些新的、看起来更有意义的东西，因为头脑喜欢新鲜、喜欢改变、喜欢非凡。最受大众关注的往往是那些能带来"超预期"效应的东西，因为"超预期"会带来惊喜感；同时它们总是非常"与众不同"，能带来"好奇心"。

因此，在营销3.0时代，营销制胜的关键就在于以有效的创新征服消费者，让消费者主动投入时间与品牌进行互动联系，让他们在获得良好品牌体验的同时，潜移默化地将品牌或产品的价值植入心中。

- 内容营销：逆向思维，内容为主，妙用关键时间点
- 口碑营销：以小单品撬动大品类，引发竞争对手狙击
- 标签化："世界纪录"标签化，形成独有品牌印记

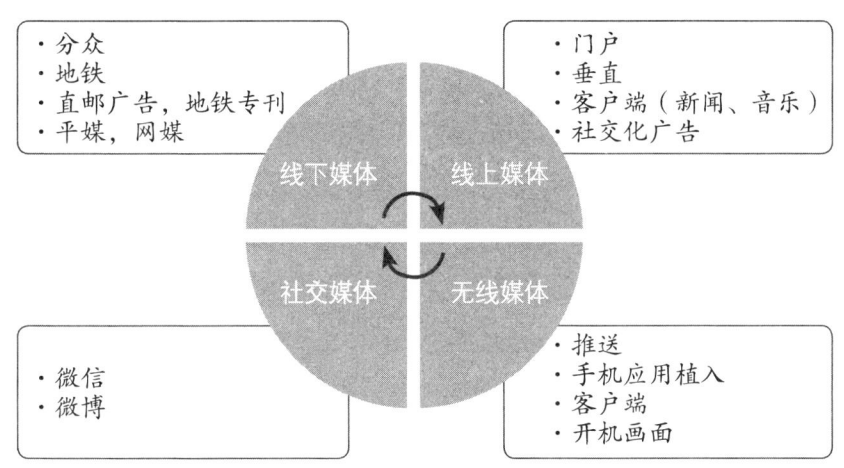

将"创新营销"进行到底

而随着电信技术的发展，手机凭借文字、彩色动画、影音乃至二维码等传播形式逐渐成为继电视、广播、报刊、网络之后的新媒体——第五媒体，越来越受广告主青睐。手机互动营销以快速、互动、即时沟通模式取代了单向、压迫式的广告传播，而且真实、精确、强大的数据库分析、挖掘功能，又实现了真正意义上的精准沟

通，并开始不断进入主流的营销策略之中。

1号店正是看到了这一点，才选择在手机互动营销上大肆发力创意营销。创意营销，就是通过极具新意地策划、执行一套完整的借力发挥营销方案，带来销售额的急剧上升。创意营销往往给广告主带来意想不到的收获，使其市场获得突飞猛进的发展，让企业利润倍增。

从1号店的几次创意营销中，我们不难窥探其"野心"：在品类运营上各个击破，以点带面，做精做深；而每一次这样细分品类的营销都让人印象深刻，既实现购物狂欢，拉动销量，也潜移默化地在用户心中打上一个又一个"第一"的烙印。

1. 率先使用吉尼斯世界纪录营销的电商

2014年，1号店的创意营销主要是吉尼斯世界纪录营销。2014年，从进口牛奶到洗发水、卷纸、坚果和大闸蟹，1号店多次成功挑战吉尼斯世界纪录。经过一年的沉淀，1号店已经被打上吉尼斯世界纪录的烙印，而以"世界纪录"为标签的单品冲锋也有近20场，涵盖了面膜、卫生巾、进口啤酒、冬被等产品。单品销售业绩的增长，直接带动了1号店全品类和全站的整体成长。7月11日1号店店庆当日，1号店流量创历史新高，全站流量突破2000万。11月11日当天，1号店流量超过了店庆日，达到2140万。随后重磅打造的12月21日大抢节，更是让1号店的流量再上台阶，达到2240万。

2. 首创九宫格广告投放模式

2014年6月30日晚，1号店在社交网站上发布了一组暗藏玄机的健美男子九宫格内涵图，随即在社交网络上被疯狂转评点赞。这组九宫格内涵图合起来是一名健美男子，展开之后则每张图都是一幅趣味漫画和1号店的店庆优惠。1号店这种鲜活的店庆营销创意征服了网友：即使明知是广告，网友们还是忍不住呼朋唤友踊跃"玩耍"，并表示"为好创意点赞根本停不下来"。而在九宫格刷爆社交网络的同时，

1号店"周年店庆月"和"挑战8项世界纪录"的核心信息也传遍了大江南北。

3.独创"世界上最能扯的卷纸"小游戏

在手机互动游戏方面，1号店也玩起了创意营销——于2014年7月店庆月300万件卷纸冲刺吉尼斯世界纪录的同时推出了"世界上最能扯的卷纸"小游戏，引起朋友圈的疯玩和病毒式传播，苏宁易购甚至也跟风推出了相似的小游戏。

世界上最能扯的卷纸

4.联合百大知名品牌成立"脱光联盟"

2014年"双十一"，1号店再次"脑洞大开"，展开了一次大型创意营销：一方面，联合百大知名品牌成立"脱光联盟"，实现"脱光裸价"；另一方面，携手知名婚恋网站世纪佳缘为单身顾客量身打造"脱光计划"。1号店的营销广告甚至还在"双十一"当天登陆纽约广场，画面五分之一为健美男性裸肩，五分之四为亮丽的中国红大幕，数字"11·11"与中英文双语的"属于全人类""脱光底价"组合，简洁利落的红底白字十分醒目。1号店广告登陆纽约时代广场中国大屏的图片一经公布，便在社交网站上成为一个爆点。

跟全人类一起"脱光"

1号店这次的创意营销相当高明——用"脱光联盟"的形式进行大规模传播推广，为用户奉上"脱光价格"，既突出自己低价不赚钱的优惠，又摆脱了打价格战的嫌疑，这种虚实结合的"脱光"营销策略最终帮助1号店在"双十一"混战中杀出一条血路。

凭借一次次成功的创意营销，1号店的销售额迅速跃升至中国电商前三甲。而从对整个行业的意义来讲，以创意营销获取新用户的成本是最低的，这给烧钱、亏钱不止的电商行业注入了一股蓬勃的生命力。

第三章　谁能驾驭大数据，谁就能决胜电商之巅

将大数据产品化，才能真正赚到钱

互联网时代的到来使得商家与广大消费者的关系愈来愈紧密，于刚认为，商家通过收集、存储海量的商品数据和用户数据，并对这些大数据进行分析和挖掘，就可以分析判断顾客的消费行为，将判断结果迅速应用于现实的销售和经营管理中，并直接影响消费者购物的便捷服务体验。

而随着云时代的来临，大数据吸引了越来越多的关注。什么是大数据呢？大数据，也称巨量资料，指的是需要新处理模式才能具有更强的决策力、洞察力和流程优化能力的海量、高增长率和多样化的信息资产。

于刚认为，大数据是把零散的、原始的数据转变成知识、决策和智慧的过程，数据是源头，是决策和价值创造的基石。因此，他将大数据的价值体现分为4个阶段：数据（Data）是原始和零散的，表面看不出规律，经过过滤和组织后成为信息（Information），将相关联的信息有效地整合并呈现出来则转化为知识（Knowledge），把对知识的深层领悟升华到对事物本质的理解，并可以举一反三，则成为智慧（Wisdom）。

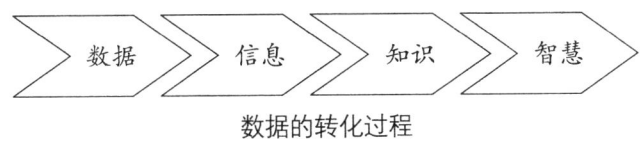

数据的转化过程

在于刚看来，所有的商业过程都可以智能化，也能够科学地加以管理，而管理的一个基石就是数据。比如在电商领域，数据包括订单、库存、销售的信息，顾客来源、渠道的信息，浏览、收藏的信息，购买商品关联度和重复购买的周期信息等。这些数据是海量的，但其中有一定的规律，只要抓住了这些规律，就能在做出商业决策时把握正确的方向。

互联网的发展早就开始了，以前人们上网也会产生海量数据，但为什么大数据最近几年才发展起来？对此，于刚认为原因在于：

（1）随着个人收入增加，个性化需求凸显，如果企业想满足消费者的个性化需求，就需要大数据支持。

（2）互联网高新技术的出现和发展，让收集和分析海量数据成为可能。

（3）微博、微信的出现让产生数据和收集数据的成本大大降低。

（4）电子商务可以很方便地收集用户的购物偏好和习惯等数据，企业可以据此给他们画像。

（5）大量分析方法和分析工具的出现，让大数据分析的结果更准确。

那么，如何充分利用这些海量数据呢？首先是收集。然后是分析、挖掘，找到规律，建立顾客行为模型、预测模型、库存管理模型、价格管理模型等。这些模型可以帮助企业做出最优决策，进行精准化营销，提供个性化服务。因此，1号店专门设立了一个近300人的BI（Business Intelligence，商业智能）团队，每天的工作就是收集、分析、处理数据，为1号店内部决策提供数据参考，并将大数据产品化。

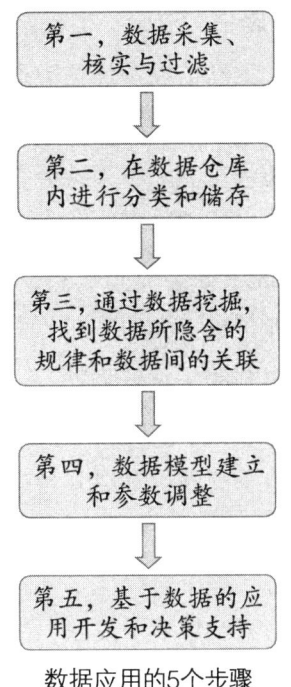

数据应用的5个步骤

1号店主要有3个大数据产品：日晷、数据水晶、聚宝盆。

1. 日晷

日晷，是面向1号店内部人员的大数据产品，主要用于总体分析，了解入驻店铺的流量、客户、商品、运营情况，辅助制定店铺管理策略，从1号店内部帮助提升店铺流量效率、客户转化效率和店铺运营效率。

2. 数据水晶

数据水晶，是面向店铺运营人员的大数据产品，主要用于开放该店铺在1号店的运营、客户、商品、流量效率分析等数据，同时开放店铺对应行业发展数据。

3. 聚宝盆

聚宝盆，是面向战略合作品牌商的大数据产品，主要是全面开放品牌商在1号店的运营、客户、流量、商品品类分析数据及对应商业要点分析报告，开放联合活动监控及评估数据，并通过商业报告的形式给予要点建议，如广告投放、新品发布、试用活动等。

沃顿市场营销系教授埃里克·布莱特劳曾经说过："大数据本身就可以创造价值。为什么？消费者可以从商家那里得到精准的推荐、更合理的价格。这种精确服务会提升从制造商到网络运营平台的成本，但同时也可以给企业带来更大的利润。未来的零售业不会再是大众市场零售，而是量身定制的一对一服务。这就是零售业的未来。"

对于埃里克·布莱特劳教授的这个观点，于刚十分赞同。从1号店的经验出发，于刚将电子商务的发展分为3个阶段：

第一阶段，建立一个网上销售平台。

第二阶段，提供服务。这个阶段比第一阶段复杂多了，要求电子商务能完成大数据分析、金融服务（保险、借贷、共同基金等）和物流服务。这些服务每一项都可以单独产生利润。

第三阶段，私人定制。如果数据用得好，电子商务可以改变零售业，甚至是制造业，具体的体现就是产品销售将从大众销售转向有特定目标的定向销售，最终实现私人定制。在这3个阶段中，私人定制销售最为有效，也将创造最大价值。

然而，大数据也是一把"双刃剑"，它在提升效率的同时，也会带来一些安全方面的隐患。于刚也认为大数据的安全问题一直是悬在大数据应用上的"达摩克利斯之剑"，这一问题如果不解决，肯定会阻碍整个大数据行业的发展。目前，该问题更多是体现在"数据隐私"上，要解决个人数据的安全问题，可以从下面3个维度来入手：

（1）从国家层面来说，应该建立相应的法律与法规，来规范数据的采集、使用与开放等。

（2）建立各个行业大数据应用规范，并加强数据使用者、从业者的职业道德教育。

（3）从技术层面加强数据安全措施。

"商必赢"平台，实现数据的统一管理

于刚曾在亚马逊担任过全球供应链副总裁的职务，有着20多年的供应链管理和实践，因此在管理1号店时，他十分注重利用信息技术对供应链进行整合。

2012年6月25日，1号店正式推出"商必赢"平台，即Service by Yihaodian（以下简称SBY）。SBY，是1号店自行研发的包含物流服务模块、营销服务模块、技术服务模块、数据服务模块、客服中心服务模块、集团采购模块、咨询培训模块等服务完整的电子商务一体化解决方案，目的在于为1号店商家及供应商提供各种电商化的基础及增值服务，目前包括数据应用、店铺装修、营销推广、商家培训、营销推广等工具产品，可有效提高电商运营效率和能力。

SBY云平台服务市场

SBY平台通过整合1号店的多个系统，比如仓储管理系统、运输系统、结算系统、物流管理系统等，实现数据统一管理、数据透明化，从而提高整个供应链的管理效率。

1号店的SBY平台可以为商家提供个性化的物流服务（Logistics by YHD，简称LBY）、数据服务（Data by YHD，简称DBY）、平台服务（Platform by YHD，简称PBY）、金融服务（Finance by YHD，简称FBY）、营销服务（Marketing by YHD，简称MBY）等，商家可以根据商品的不同特征如大件商品、贵重商品、快消品等，选用不同的服务。

SBY平台六大板块

基础板块	为商家提供"批量改价""质检服务""商品搬家""图片空间""一键打单"等基础服务，通过提供基础商品管理、店铺管理工具，提高商家基础、日常的店铺运营能力
数据板块	作为一站式的卖家服务体验，"数据水晶"是一款店铺运营诊断数据工具，可帮助诊断店铺种种问题，用数据说话，大大提升店铺流量
店铺装修板块	提供"装修魔盒"，是装修模块权限、装修模板、素材库、装修市场的集合，给商家带来店铺全新之旅
培训板块	"高级培训课程"是1号商学院官方培训课程，凭借导师们丰富的电商经验、专业的运营操作，帮助商家全方位提升运营能力，打造电商精英
营销推广板块	提供"商家关怀礼包""短信小蜜""一点通""钻石展位"等各种类型的营销工具，极速提升流量，打造销量爆款，精准化地推广商品和店铺，帮助商家实现更高效、更精准的全网数字营销
物流板块	"最后一公里落地"是1号店自有配送团队为商家提供最后一公里服务的落地配送服务。商家能够体验具备业界一流口碑的1号店落地配送服务和优惠的配送价格，使货物在配送过程中更加安全，大大提升配送及时率和发货准确率，提升顾客体验，从而拉动更多销售

SBY平台主要面向希望进军电子商务领域而又缺乏电商运营能力的传统企业。随着中国电子商务发展的深入，传统企业试水电子商务的需求与日俱增，但电子商务并不只是开家网店那么简单，核心在于后台供应链。1号店的SBY服务正是通过开放1号店极具竞争优势的供应链平台，为传统企业进入电子商务领域提供一个专业、高效而又低成本的专业平台，且操作灵活，根据企业的需求，提供菜单式的多种服务模式。商家借助1号店的SBY服务，即可在系统集成、营销推广、仓储、物流等方面共享1号店的平台，即便对电子商务领域一无所知，也能享受正处于高速发展时期的中国电商"盛宴"。

当然，目前传统企业进入电商领域往往采取"店中店"形式，即入驻电商平台，但"店中店"对商家的电子商务能力是有一定门槛的。和"店中店"相比，SBY服务的优势非常明显：SBY平台的服务灵活性更强，对传统企业的电子商务运营能力没有限制，商家无须自己组建一个庞大的运营团队，只需签约SBY平台，并根据自己的情况，选择相应的服务模块，即可进行线上经营。而且，在其他电商平台进行经营的商家，也可以成为1号店SBY平台服务的对象。

或许，听了1号店副总裁黄志雄对SBY的描述，就能更清楚地认识SBY平台的模式："我有一块相对比较富余的库容可以拿出来让供应商自己管。你想进入1号店，但我不确定你的商品好不好卖，也不想用经销的方式买断，这时，如果你愿意的话，你可以自己来尝试，自己做定价，自己投入一些资源做促销，我只收取一定的服务费用。我帮你做配送你要付钱，相对而言，你自己做配送可能付的钱更多，因为我帮你配送你卖的东西可能会跟其他的商品或者是1号店自营商品合在一起配送出去，所以分担了你的运营成本。至于到最后能不能做下去，尽管我们也会帮你把关，但更多的是供应商自己做选择：我的商品是不是足够好,好到我可以在1号店这个大的平台上生存?另外,供应商自己要设计一些促销项目来刺激商品的销售。这种模式可以自动淘汰掉一批销售较慢、库存成本和配送成本高的产品。采购是人,他的精力有限,即使有系统的帮助,管理幅度也不可能无限制地扩展,所以要引入社会供应商的力量来共同管理商品,挑选商品。线上的库容可能更大,线上的操作空间、工具更丰富,供应商的自主权可能更大一些,差别也就在这些方面。"

对于传统企业来说,SBY平台为其进入电商打通了一条便利之道。而对于1号店而言,SBY平台则是促进1号店实现规模化发展的重要手段,是1号店提升供应链运营效率、摊薄成本、扩大市场的优良途径。通过SBY平台,1号店可以实现整个供应链上下游的信息透明化,保证了查看订单、拣货、补货、发货等一系列操作在很短的时间内就可以完成。同样,系统中的销售数据,也可以帮助1号店更好地预测未来的需求,使得供应链运营更加高效。

为了推广SBY平台,1号店做了大量的准备工作:

(1)在仓储扩容方面,1号店在已拥有北京、上海、广州、武汉、成都五大仓储中心的基础上,又投入建成了上海地区最大的立体阁楼式货架。这一举措大大提升了1号店的仓储能力和管理效率,使1号店不仅能满足自身品类的扩张,还能有效地开展SBY服务。

(2)在仓库管理方面,1号店除了使用已经上线的新版仓储管理系统、无纸化的射频识别技术和电子标签分拣技术外,还引进了更多的自动化设备投入到物流中心的管理中。比如,1号店在已经拥有包装流水线的基础上,又引进自动分拣设备,实现全自动化分拣以提高效率,提升1号店订单承载能力。

在于刚看来,1号店之所以在SBY平台构建方面持续进行投入,还有一个很重要的原因：利用SBY平台深度分析挖掘用户交易数据。众所周知，用户购买数据背后隐藏着很多规律，特别是在快消品品类上具有很强的规律性。1号店利用这些规律进行数据挖掘，把顾客过去的购买、搜索、收藏，甚至商品浏览的路径信息全部记录下来，用以建立顾客行为模型，预测顾客会有什么样的需求和动作，从而进行更加精准的营销，为用户提供个性化服务。

上线"1金融"平台，抢滩互联网金融

2014年5月6日，1号店正式推出了面向供应商、入驻商户、第三方合作伙伴和顾客的全方位金融平台——"1金融"，成为继阿里巴巴、京东之后，深度涉足互联网金融领域的又一大型综合电商。

"1金融"是1号店基于互联网思维做出的，为供应商、入驻商家、第三方合作伙伴和顾客提供的全方位金融服务。在于刚看来，"1金融"的推出将为1号店的发展增加新的动力。

"1金融"平台，是结合1号店的开放物流平台、大数据平台、商家管理体系、顾客管理体系打造的金融平台。

在供应链端，1号店的合作机构有中国邮政储蓄银行、平安银行、中国银行；在消费端，1号店的合作对象有正隆保险经纪和长江财险。"1金融"平台推出的产品主要有面向供应商的"1保贷"、面向商城商家融资的"1订贷"，以及面向用户的"1元保险"和"1号钱包"4种产品。

1. "1保贷"

"1保贷"，是中国邮政储蓄银行基于供应商与1号店之间的应收账款提供的一种融资服务，以自营供应商已确认的应收账款为基础，

贷款周期最长6个月，实现无纸化操作，无抵押担保，随借随还，年化利率低至基准，3分钟放款。该产品的上线将满足供应商快速资金周转的需求，实现供求资金零压力。

相较于传统信贷业务，"1保贷"坚持"以顾客体验为中心"的理念，利用互联网技术交互数据、程序驱动系统自动操作，免去了复杂的人工手续。

"1保贷"主要有四大特色：

（1）操作便利，足不出户在线贷款。

（2）手续简便，点击鼠标即可放款。

（3）放款高效，3分钟即可完成。

（4）还款便利，随借随还，自动完成，支持全天24小时在线申请。

2．"1订贷"

"1订贷"，是1号店供应链金融端推出的第二款产品，也是继"阿里小贷"之后第二款由电商推出的面向平台入驻商家的融资产品，是基于商家已发货订单，通过快速融资服务，助力商家倍数成长的一款金融服务产品。

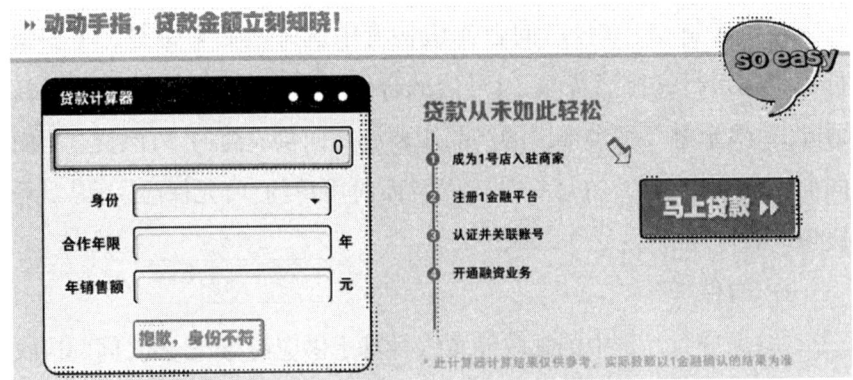

1订贷

和传统信贷业务相比,"1订货"具有以下几种优势:

(1)无须任何抵押或担保,只需填写必要的申请材料,通过审核即可获得高额贷款,且贷款额度随订单增长无上限。

(2)无须出门,只要动动键盘和鼠标,就能在互联网上完成提交材料、审核和放款,贷款到账用时最快3分钟,享受7×24全天候的互联网金融服务。

(3)全网最低贷款利率。低于10%的贷款利率,优惠期费率低至六折。

3."1元保险"

"1元保险",是"1金融"平台推出的一款"1元保险,T+0闪赔"的产品。2014年,1号店携手正隆保险经纪和长江财险联合推出了一款"1元保险"——"出行无忧险"。该款保险主要是为5月1日到5月3日出游的旅客准备,凡是五一假期前在1号店参与购物的消费者,均可免费获得由1号店送出的"出行无忧险"一份。

根据提升顾客体验的需要,1号店还会陆续推出数十种生活化和个性化的"1元保险"产品,包括儿童保险、女性保险、老年人保险、居家防盗保险、家庭财产保险、房屋及装潢保险等。

4."1号钱包"

"1号钱包",是"1金融"平台推出的一款个人理财货币基金产品,是由1号店与汇添富基金管理股份有限公司共同打造的具备理财增值功能的基金账户,具有收益稳定、风险极低、安全保障、流动性高、支持消费等五大特点。

和定存、国债这类传统理财产品投资金额高、投资时间长等特点不同,"1号钱包"作为一项余额增值服务,可以帮助用户加强零散资金的管理,而且货币基金收益回报更加稳定,且风险极低。

用户有空闲资金时，可以把钱放在远高于银行同期活期存款年化收益的"1号钱包"基金账户进行理财；在需要购物时，又可以方便快捷地在1号店消费或将余额转出到银行卡。"1号钱包"已经与中国工商银行、中国建设银行、招商银行等多家银行达成自由存取合作。

可以直接在1号店消费，是"1号钱包"最大的特色，用户可以使用"1号钱包"账户里的资金购买1号店自营和商城的实物类商品（虚拟商品及礼品卡除外）。而且购物后的非整数结余等"零钱""散钱"均可随时存入，现金回报每日可查，且随时可以提现，非常适合于看重资金流动性的用户。此外，汇添富基金管理股份有限公司为"1号钱包"用户提供单日、单月累计500万元的快速赎回额度，也远远高于同类产品。

我们相信，随着"1金融"平台更多金融服务产品的陆续推出，1号店将为商家及合作伙伴提供低成本、可靠度高、无担保抵押的融资解决方案，从而构建更加开放和良性发展的1号店平台生态圈。

民生新参考：1号店快速消费品价格指数

在信息化、网络化日益加剧的21世纪，大数据在行政管理、生产经营、商务活动等众多领域源源不断地产生、积累并被分析和运用。与此同时，电子商务、互联网的迅速发展也给零售行业带来深远影响，逐渐改变消费者的购物体验与购物行为，大数据的应用价值和潜力也日益受到政府、企业及社会各界的高度重视。

2009年以来，对大数据的认识在全球范围内得到前所未有的提升，主要发达国家和国际组织逐渐意识到大数据对社会经济发展和管理的巨大价值潜力，相继开展大数据战略研究。而如何把握和应用大数据来创新现行统计调查模式，不仅对于主管国民经济统计核算工作的统计局等政府部门有着重要意义，对于一直在探索驾驭大数据创新模式的电商企业也有着举足轻重的意义。

为了充分利用统计局等政府部门的大数据与技术优势，提高统计工作效率，1号店决定接过上海市统计局伸出的橄榄枝，与其正式建立战略合作关系。在业内人士看来，作为电商领军企业的1号店与上海市统计局携手，就大数据挖掘开展深度合作，将有利于快速建立一套科学、可持续的日常消费品价格指数体系。

2014年2月27日，上海市统计局与1号店签署了《战略合作协议》，并同步签署《1号店快速消费品价格指数项目任务书》。1号店之所以能获得上海市统计局的青睐，是因为1号店的自营业务以快速消费品为主，且数据信息量大、即时性强，能够体现居民的日常生活成本，这使得1号店成为市统计局制定居民生活成本新晴雨表的理想合作对象。

1号店与上海市统计局围绕数据采集、处理、分析、挖掘、发布等在内的企业数据完善、补充政府统计数据等内容开展合作，并共同研究确定上海市线上消费的统计标准、统计口径与统计方法，以及线上消费统计数据收集的接口、标准与运行规则。

在1号店的大数据与技术平台基础上，双方还就补充完善上海市价格数据的自动化采集、处理、分析和挖掘等开展合作。此外，双方还共同研究利用电子商务技术平台，完善线下消费数据的收集与统计工作，探索制定线下消费数据收集的接口、标准与规范等，扩大企业数据的社会影响力，服务社会公众。

对于上海市统计局来说，利用1号店网上平台积累的大量数据协助推出的"1号店指数",不仅能体现快速消费品价格变化趋势和变动程度,也为客观反映低收入人群受物价变动影响程度、社会救助和保障标准等提供数据支撑,有利于拓展政府统计数据新来源,不断推动和创新统计工作的方式和成果,使统计数据能更好地服务于宏观经济决策,服务于社会,服务于企业的发展。

对于1号店来说,利用自身大数据和专业化的方法设计,专业特性明显的"1号店指数"既与官方CPI(Consumer Price Index,居民消费价格指数)衔接,又能高频、快速、灵活地反映快速消费品价格变化趋势和变化程度,有利于进一步提升顾客需求预测体系,达到打造中国最强网上超市的目的。

比如,2014年3月的"1号店指数"显示,3月份上海快速消费品价格同比回落2.3%,降幅大于北京的1.8%和广东的1.3%,体现出"降幅更大,涨幅更小"的特征。在10个大类商品中,4类价格出现下降,6类呈现上升。具体来看,手机和数码产品价格同比回落幅度分别达到31.7%和20.2%,母婴用品和生活电器价格分别下降4%和2.5%,降幅均不同程度大于北京和广东;食品和美容护理上涨11.2%和9.6%,家居和厨卫清洁上升3.3%和2.3%,涨幅均比北京和广东低约5%。这些数据表明3月是各大商家促销的旺季,能使广大消费者真正享受到低价商品的实惠,上海居民受益面更广、更深。

而2014年3月的"1号店指数"还显示,上海快速消费品价格回落集中在3月、7月、9月和11月。7月由于1号店周年店庆促销,快速消费品价格回落幅度最大,环比降幅达到6.3%;11月受"双十一"影响,环比下降2.9%;3月由于妇女节促销而有回落,9月则是8月价格明显反弹后的回调,整体降幅均比较有限,环比分别回落2%和1.1%。但在促销期间,上海快速消费品价格回落幅度小于北京和广东。这些数据在一定程度上表明：上海居民消费水平更高，适度促销就能带动市场需求。由此可见，"1号店指数"对于1号店构建顾客需求预测体系具有十分重要的意义。

第四篇

埋头苦练内功，演绎中国电商"1号店速度"

> 我们的快并不是"追求"得来的，它是水到渠成的，因为做了正确的事情——聚焦顾客体验，把顾客体验做好了，顾客的口碑就好了，一传十，十传百，你自然发展得很快。
>
> ——1号店联合创始人于刚

第一章　全方位网罗人才，打造超级精英团队

志同道合的伙伴，会让创业更享受

一个组织中的生态关系，其实就像一座森林中的生态系统一样微妙。对于一个团队来说，没有领导，团队就成了一盘散沙，但是当一个团队中出现多个强势的领导时，如果领导之间的分工协作处理不好，团队还是会成为一盘散沙。

1号店之所以能够在电商行业里飞速发展，取得骄人的业绩和良好的顾客口碑，很重要的一个原因就是，1号店的两位创始人具有良好的分工协作意识。在1号店，无论是决定引进投资还是确定战略方向等其他重大问题，都是于刚和任CEO的合伙人刘峻岭共同做出的。与近几年国内企业纷纷爆出创始合伙人散伙甚至反目成仇的新闻相比，1号店两位创始人的关系几乎可以用亲密无间来形容。两人在1号店壮大之后仍然共用一个办公室，两张办公桌并排放着，中间只有一米的距离。因为两人有着一个共同的目标，都具有破釜沉舟的勇气，才能做到全身心投入以及彼此坦诚。他们形成了一个强大的"双核团队"，以强劲的动力带领着1号店一路狂奔。

"双核团队"的成功完美体现了领导力理论中提到的合作伙伴应该具备的素质——7C原则：Common Value（共同价值观）、Comparative Executiveness（执行力倍增）、Combined Objectives（志存高远）、Complete Collaboration（全情合作）、Constructive Competition（建设性竞争）、Complementary Roles（角色互补）和

Continuous Trust（持续信任）。

在于刚看来，优秀的合作伙伴是成功创业无可替代的基石之一，他很庆幸自己拥有像刘峻岭这样的优秀合作伙伴。正是刘峻岭提出创业的想法，激发了于刚血液里流淌着的创业热情，从而成就了1号店。

于刚认为，优秀的事业合作伙伴必须具备以下几点特质：

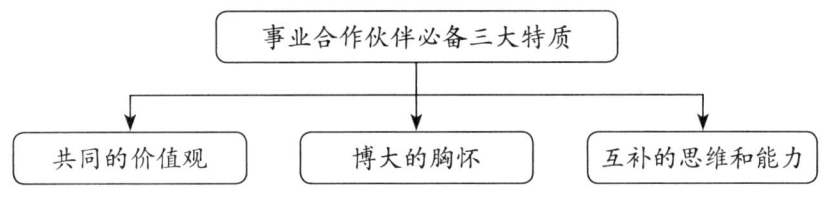

1. 共同的价值观

合作伙伴应当和你有共同的价值观，否则追求目标不一样会半途分道扬镳。

影响合作关系稳定性的最重要因素是什么？价值观。于刚认为，作为合伙人的双方或多方，价值观必须非常一致，因为合作伙伴一起合作的是一项事业，而不仅仅是一件事。于刚和刘峻岭的共同价值观，就是为顾客和社会创造价值，改变人们的生活方式。

于刚对于合作伙伴的严格要求，缘于他的一次不太愉快的创业经历。那时，于刚在美国创业，具体的创业项目是做软件，每完成一个阶段性任务，委托方就支付他们一笔现金。有一次他们没能按时完成，因此现金流出现了问题。为此，于刚召开管理人员会议，说明下个月资金将出现困难，并提出了解决方案："首先我不拿薪资，所有的高管半薪，员工照发，大家全力以赴把这个软件开发完成。"结果第二天一大早，团队的CTO（首席技术官）就在于刚的办公室门口等着他，一看见他，就把手中的辞职信递了出去。于刚这才看清这个人，"他可以与我有福同享，但是不能有难同当"。而一切的根源，就在于两人的价值观不同。

2. 博大的胸怀

挑选合作伙伴要避免小肚鸡肠、斤斤计较之人,这类人难有长远的眼光。

在于刚看来,优秀的合伙人能容人,要听得进不同意见。比如他和刘峻岭两人争论就都是对事不对人,目的在于寻找问题的解决途径而不是求证个人的对错。对过去的事他们选择不再追究,且不容忍任何人在他们之间搬弄是非。无论两人之中谁犯了错,另一个人都会直截了当指出来,并帮对方分析。

互相尊重和激励让创业过程变得非常有趣,但是合作伙伴的关系需要维系,因此一个团队必须有好的机制让合作伙伴进行有效沟通和消除隔阂。在1号店,于刚和刘峻岭每隔一周就有一次半小时的关系改善会议。在沟通时,两人会毫不保留地进行批评和自我批评。"这个时候,就可以完全摊开来讲,过去两周,你哪些做得好,哪些做得不好,哪些决策我们做得对,哪些决策是错的。我们从来不在意这个事是你对还是我对,我们想要的是找到真理。只要我们找到了真理,就会义无反顾地一起往前走。即使在具体步骤上产生了很大的分歧也没有关系,我们会把整个团队一起叫进来帮助我们理清思绪。我们做得最好的决策是什么?是一次我们两个人的意见完全相左,于是把团队叫进来一起讨论,最后确定的方案是团队的方案,而我们两个人的方案都被推翻了。这是我们做得最好的一次决策。"

如果经过这样的讨论还是决定不下来的话,于刚他们就会暂时搁置一段间,等大家冷静思考之后再回来讨论。对于1号店的重大决策,于刚他们从不草率执行,总是希望想得更加周全。

3. 互补的思维方法和能力

每个人的能力都是有限的,思维方式也因为个人经历等因素而有所差异。创业时，寻找与你有互补思维的合作伙伴，能令合作产生"1＋1>2"的效果。

在于刚看来，有了优秀的合作伙伴，创业就会变得既简单又很有乐趣。决策上，于刚和刘峻岭会有一些分工，根据他们个人过去的职业背景、经验等，划分出管理领域。比如刘峻岭以前做销售，所以他在产品部和人力资源部花的时间更多；于刚以前的工作多与系统和供应链运营相关，所以会在信息技术、运营等方面花更多的时间。对于市场，两人会选择共同投入。

合作伙伴共同协作做出决策的好处在于，双方（或多方）能够从不同的角度去看待问题、思考问题，对问题进行深层次的分析和讨论，让决策的正确度大幅提高。因此，经过于刚和刘峻岭两人讨论的决策往往更经得起实践考验。于刚和刘峻岭甚至常笑谈他们的组合是"1＋1>10"。

在遇到困难和风险的时候，优秀的合作伙伴能共同承担，会拍着对方的肩膀说"没关系，将来这些坎坷都是我们的故事"；在取得成绩时，优秀的合作伙伴会与你击掌庆贺表示认可，以激发团队的干劲。比如于刚和刘峻岭在1号店遇到坎坷时，简单的几句安慰就可以重振信心。每当1号店的运营遭遇挫折，他们总会互相安慰："没有这些困难就不叫创业了。""这些艰辛我们以后可以当故事讲。"

俗话说，一个好汉三个帮，一个篱笆三个桩。一个人不管能力多么强大，靠自己一个人都无法完成所有的事情。朋友或者愿意帮助你的人其实正是一个人的软资产和个人能力的体现。若是身边聚集了一批志同道合的人，那么不管做什么事都不会太难。

有人说，圈子决定未来，人脉决定事业，这并不是信口雌黄。一个人如果单单有资金，未必就能够开创一番事业，但是如果有一群愿意帮助他的朋友，那么创业就容易得多了。现代社会是一个高度精细化的社会，而越是精细化的环境越是要求彼此协作和配合。这时候，志同道合的朋友就更显得重要了。因此，在创业时找几个志趣相投的朋友，让他们参与到你的事业中来，你会走得更加轻松，离成功更近一些。

首先，只有志趣相投的朋友才能够真正了解你心中的想法，给予你最需要的帮助。人与人能否成为至交好友，很关键的一点就是知心。

其次，只有志同道合的朋友，才具备帮助你成就事业的能力和条件，因为他们同样热爱着你所热爱的行业。相同条件下，将比别人更投入、更用心地为你们共同的事业做准备，因而能够掌握更多的相关知识和经验、更加深刻的认识以及更加独到的见解。

最后，正因为他们和你一样拥有无限的激情和热情，他们更愿意以一种轻松的心态投入到你们共同的事业当中。这样的合作谈不上是谁在帮谁，因为你们都会在这个过程中成长，获得愉悦和成就感。这种帮忙不但不会让你欠下人情，你们之间的友谊反而会因为一个共同的梦想而变得异常稳固。

欢迎你，跳出常规思维的人

多年来，1号店从各大商学院招收了众多人才，麻省理工学院、哥伦比亚大学、密歇根大学都是1号店人才的摇篮。在于刚看来，没有哪条选拔人才的规则能够保证万无一失，根据具体情况以及1号店运营的实际需要选拔人才，可以相对提高人才挖掘的成功率。而当前1号店选拔人才最重要的标准，就是候选人是否具备创新的思维方式。1号店身处变幻莫测的互联网行业，所有员工必须对环境变化有快速适应能力，甚至能够适应一切突发情况，并且依据外界变化快速地做出改变。

在2014全球商学院院长论坛上，于刚就清楚地表达了1号店在选拔人才方面对创新思维的要求：

"我们需要一些能够跳出常规思维的人，他不会受限于条条框框、教科书以及成功的案例；我们需要能够适应变化的人，他们把变化视为常态而不是例外；我们需要的人才具有这种实干动手的精神，只要有想法马上动手，而不是光说不干。"

《诗经》上说："得人者兴，失人者崩。"人才是一个国家兴亡的关键，同样也是一家企业兴衰的重要因素。

对于企业来说，资产只是一个数字，人才才是真正的财富。拥有庞大资产的企业，其实力一定非常雄厚，但如果该企业缺乏人才，那么它的兴盛只能是暂时的。与此相反，拥有较少资产但重视人才的企业必定拥有更好的发展前景。人才是一家企业成功与否的关键，这是为国内外企业家公认的标准。

美国惠普公司从一家只有7名员工、538美元现金资产的小作坊一跃成为举世瞩目的跨国集团，靠的就是对人才的重视。惠普公司非常注重吸收人才，并且在提升员工的技能水平方面投入了大量资金。惠普规定，公司所有员工每周必须至少用20小时的时间学习业务知识。据统计，培养人才所花的资金占惠普公司总销售额的1/10，所花的人力占公司人力的1/10。也许有人质疑惠普的做法，但惠普公司一直把"寻求最佳人选"作为公司发展的主要原则之一。惠普公司正是因为懂得人才才是企业真正的财富这一点，才得以实现从小作坊到跨国集团的华丽转变。

对于企业来说，人才未必是指最为优秀的人，而是最适合这个岗位的人。用最合适的人胜过用最好的人，精明的企业管理者对待人才要做的就是将合适的人放在合适的岗位上，因为每个人的能力和每个岗位的要求都是不同的。不同的工作需要不同能力的人，而不同的工作环境也可以培养不同能力的人。作为管理者，把任务授权给最合适的人是最重要的。让合适的人做合适的事，达到人事相宜，是管理者经营企业的一项重要原则。一家公司只有做到人尽其才，物尽其用，才能保持上下齐心，同舟共济，获得发展的持久、强劲动力。

"物尽其用，人尽其才"是每一个管理者孜孜以求的管理之道，其实质归根结底是人才及岗位价值最大化的问题。蒙牛集团总裁牛根生在谈到这一点时说："从人本管理的角度看，人人都是人才，就看放得是不是地方，这就是人岗匹配的问题。就像木头，粗的可以做梁，细的可以做椽，浑身疙瘩的还可以做柴火……人也是这样，不同的岗位有不同的人才需求，不同的人才有不同的岗位适应性。"

管理学中一条著名的定理是"没有平庸的人，只有平庸的管理"。传统的管理仅仅依照工作制度安排人才的位置，结果许多讷于言辞的员工被安排去组织展销会，许多思维异常活跃的员工被安排做财务……创业者应该知人善任，让自己的下属到适合他们的工作岗位任职，这样才能充分发挥他们的工作潜能，实现人力资源的有效利用。

俗话说得好，千军易得，一将难求。为什么很多企业人才济济，管理层却总是抱怨无人可用？为什么企业中很多崭露头角的明日之星最终都沦为"万年科员"？企业中真正缺乏的不是人才，而是将才！最好的领导不仅要善于"将兵"，而且要善于"将将"。

尤其在当前竞争日趋激烈的环境下，培养一批充满青春活力而且敢打硬仗、善打硬仗的年轻化、专业化、知识化的将才显得尤为重要。那么，如何发现并培养出这样一批支持公司业务发展的基层将才呢？

（1）严格甄选将才，做到量才而用。识别人才、任用将才是领导能力的具体体现。公司管理者要全方位地看待每一名员工，不仅要看员工的学历水平、专业技能和工作能力，更要注重员工的道德水准和综合素质，要善于发现每一名员工身上的闪光点，管理者对公司人才要做到心中有数。

（2）帮助潜在将才做好职业规划。经过观察发现了可以成为将才的人之后，第一步要做的就是助其建立信心，制订职业生涯规划，确立短、中、长期目标，鼓励其不断往前走。第二是鼓励他们放宽眼界。这里的眼界是指对目标的渴望。一旦确定努力的方向和实现目标的方案后，就想方设法地帮他们实现。尝试过一次达到目标高峰的满足感，以后的目标就不会低，借此树立标杆，对整个团队都是极大的鼓励。第三要包容失败，善于总结。指导对象一时没达到目标不能气馁，不能轻言放弃，要客观分析，认真总结，为以后的培养打好基础并提供经验。

（3）对将才进行定向培训。这种培训的关键在于理论知识、专业技能的全面提升以及企业文化的熏陶。通过甄选确定的人选必须经过定向培训才能走上管理岗位。这就好比是"打铁成器"，通过定向培训，才能把将才锻造成适合企业发展的个体。

绝不让不诚信的人进入1号店的大门

在1号店的八字箴言中，诚信是第一位的；在1号店选拔人才时，于刚坚持的第一个原则，就是诚信。"绝不让不诚信的人进入1号店的大门"，在于刚看来，诚信是做人的基础，也是做企业的基础。做事先做人，尤其在电子商务领域，网上购物的顾客在收到商品前对实物看不见摸不着，信任变得更加重要。

有一次，1号店招聘市场部经理，一个小伙子在面试中针对某问题的回答显示出独特的思路，于刚他们为此感到十分兴奋，于是决定让他进入下一轮面试，同时要求他在一定期限内就该问题拿出具体方案。小伙子满口答应下来，可到了截止期限，于刚并没有收到相关的方案。于刚为此亲自给他打电话询问原因，结果得到"因为太忙忘记了"的回答。小伙子要求宽限几天，但于刚告诉他："你不用写了，你将自己的承诺当儿戏，就不要期望别人认真。若有特殊情况无法完成，可事先通知我们要求延期，我们也可理解。但你现在这样，就违背了最基本的诚信要求。"小伙子这种不守诺的行为违背了1号店坚持诚信的原则，于刚当即决定放弃这个候选人。

还有一次，于刚在招聘广州分公司总经理时面试了一个小伙子，感到他不仅思维敏捷，而且有过自己创业的经历，管理经验也丰富，于是有意向聘用。双方通了电话后，小伙子立即从广州飞到上海和于刚面谈，于刚感受到了他的激情和诚意，因此决定录用他。但在做入职调查时，1号店打电话到小伙子以前工作过的公司的人事部，发现他伪造简历，把不到4个月的工作经历改成了一年，并且谎称在此期间建立了一个几十人的团队、销售业绩翻了数番等。当那个小伙子接到被1号店拒招的决定后，一天内打了数次电话，向于刚解释他离开原公司的原因是和他的老板关系不和，并告诉于刚他非常珍惜进1号店和于刚他们一起创业的机会，也表示了对1号店理念的认同。于刚当时在杭州开会，他每次都耐心接听小伙子的电话，还告诫他："你现在还年轻，路还很长，不诚信也许会为你赢得一时，但诚信会为你赢得一生。"

像这样的例子其实还有很多，总之，不管人才多么优秀，于刚从来不会放弃在"诚信"方面的坚持。

"诚"是所有道德的根本，不诚无以为善，不诚无以为君子；做事情没有诚信，多半也成功不了；不以诚信对待他人，到最后就难以获得他人的真心。在现代社会中，诚信具有更重要的意义。

我们知道，人的社会行为从功能上划分，以合作活动和交换活动为主。例如工厂、农村、机关、企业中，人们的工作都以合作的方式进行，甚至在一个家庭中也少不了合作。交换与传递在合作中必不可少，最典型的是在商业领域，如买卖、委托、招聘、雇用等，而几乎每一种合作都涉及守信守约。

个人与个人之间、群体与群体之间的行为则体现了守信守约的多层次性。现代社会中，除以法律的硬性规定来保障交换行为的诚信外，一个人只有靠长时期的立诚守信行为才能建立起信誉。信誉本身是有价值的，它是个人及企业的通行证。处世讲究诚与信，这是我们这个古老民族在现代社会的坚守和传承。

电子商务发展到一定阶段，就会遇到门槛，那就是社会诚信体系。电子商务是在虚拟的网络平台中进行的，一旦没有诚信，就很可能做不成生意。在于刚看来，电子商务世界与现实的商务世界是一样的，唯一不同的只有工具，无论在网上还是线下，商务交易都必须可信。

诚信是中国优秀的传统品德，是中国商人最崇尚的道德信条。但诚信不是靠说出来的，它需要通过实实在在的言出必行来实现。

阿里巴巴的创始人马云也认为做企业就是要坚守诚信，并实实在在地做好它。他曾说："诚信绝对不是一种销售，更不是一种高深空洞的理念，它是实实在在的言出必行，点点滴滴的细节。"企业诚信的建立是一个漫长的过程，而且在建立起来后需要持续地进行维护，并建立相应的企业制度予以保障和监管。

在阿里巴巴"六脉神剑"中，诚信这条的具体内容为：诚实正直，言行一致，不受利益和压力的影响；通过正确的渠道和流程，准确表达自己的观点；表达批评意见的同时也能提出相应建议，直言不讳；不传播未经证实的消息，不在背后不负责任地议论事和人，要做到正面引导；勇于承认错误，敢于承担责任；客观反映问题，对损害公司利益的不诚信行为严厉制止；能持续一贯地执行以上标准。

一个真正的商人应该以自己的工作成绩为荣耀，一个高尚的商人应该为诚实履行合同的每一条款而自豪。一位英国绅士说："凭借欺诈、奇迹和暴力，我们可以获得一时的成功，但是，只有凭借诚信，我们才能获得永久性的成功。"

"人无信不立，企业无信则衰"，在现代市场经济条件下，诚实信用就是企业的生存之本。"诚则立，信则久"，把诚信放在什么位置，决定着一家企业的经营高度，决定着它能否长盛不衰。

辨别人才，将潜力放在现有能力之前

如果说诚信是1号店招聘人才的首要原则，那潜力就是仅次于诚信的招聘原则。

什么是潜力呢？于刚的观点是："潜力是指不断学习提高并能举一反三的能力，耐心听取意见并迅速找到和改进自己不足的能力，思路清晰并以其良好的沟通说服他人的能力。"

如何判断一个人是否具有很好的潜力呢？于刚的做法是："我们在观察候选人的潜力时主要看他是否有雄心，是否有清晰的思路和一定的分析能力，是否敢说敢干、敢于承担责任，对新鲜事物是否敏感等。"

于刚和刘峻岭在面试一位负责采购的女孩时，发现她很有想法，志向远大，因此在面试的最后问了她一个问题："你希望找份有意思的工作还是拿份好薪水？"结果女孩不假思索地说："当然两者都要！"于刚和刘峻岭当场就决定录用她。

第四篇
埋头苦练内功，演绎中国电商"1号店速度"

在于刚看来，在辨别人才时，潜力比现有能力更重要。这是为什么呢？原因主要有4点：

（1）中国的电子商务还是新兴产业，没有太多的成功案例可供借鉴。这就要求1号店的人才虚心学习，敢于创新，并且随着公司的成长而成长，能逐渐承担起大任。

（2）1号店的目标是打造一家集中外优秀企业文化精髓于一身的公司，并希望1号店的员工能像一张"白纸"一样吸收并传承1号店的企业文化。

（3）1号店希望自己的人才能有极强的进取心，不背过去成就的包袱，不被以往的经验和思维方式束缚。

（4）1号店尽管发展迅速，但还是处于创业阶段，很少有业界精英愿意以低薪屈就。1号店从零开始创业，因为创业过程中困难太多，而精英们往往已经习惯优越的环境，很难坚持下去，注重挖掘有潜力的人才而不是招徕现有的精英也是一种符合现实情况的选择。

对于企业管理者而言，获取优秀的人力资源十分重要。不少企业的管理者特意分出专职的招聘人员，负责企业的常年招聘。但常年招聘只是一种形式，能否招到优秀的员工取决于多方面的因素，其中考查应聘者的能力是最难的问题。下面就是管理者在考察应聘者能力时应注意的几个问题：

（1）不能凭简历识人。管理者可以通过简历大致了解应聘者的情况，初步地判断是否需要安排面试，但应该尽量避免通过简历对应聘者做深入的评价，也不应该因为简历产生先入为主的判断进而对面试产生影响。虽然不能说应聘者的简历一定有虚假的成分，但每个人都有装扮自己的愿望，都希望将自己的全部优点写到简历中（甚至有一定程度的夸大），同时将自己的缺点深深隐藏。若被应聘者的自我包装蒙蔽，很可能会将一个无能之辈当成宝贝请了进来，最后悔之不及。

（2）认真分析应聘者的工作经历。对于有工作经验的人而言，工作经历远比他的学历重要。应聘者以前所处的工作环境和他以前所从事的工作最能反映他的需求特征和能力特征。特别是一些从事高新技术工作的研究人员，如果两三年内没有在所应聘的领域做过相关工作，他就很难掌握这方面的先进技术。另外，应聘者的工作经历还可以反映他的价值观和价值取向，这些东西远比他的学习经历所显示的信息更加重要。

（3）重视求职者的个性特征。对岗位技能合格的应聘者，我们要注意考察他的个性特征。首先要考虑他的性格特征在这个岗位上是否有发展潜力，有些应聘者可能在知识层面上适合该岗位的要求，但个性特征会限制他在该岗位上的发展。分析应聘者的个性会对管理者的招聘决定起很大作用，通过这一方式可以判断他是否真的是可用之材。

现在，企业在招聘人才时，越来越多地用人员素质测评方法对求职者进行筛选考察，它使企业可以在最短的时间内发现优秀人才并予以重用，从而使绩效管理水平进一步提升。

素质测评是指测评主体采用科学的方法，收集被测评者在主要活动领域中的表征信息，针对某一素质测评目标系做出量值或价值的判断过程；或者直接从表征信息中引发与推断某些素质特征的过程。它具备评价方式客观、公正，评价结果准确、可靠以及选才效率高的优势。

单人面试的招聘方式已经落伍，与它相比，现代人员素质测评既可以对单个人进行评价，也可以在较大范围内对一群人同时进行测试与评价，因此选才效率高。

但要注意的是，人才是一种可持续利用的资源，如果只用不养，原有的人才就会退步，新的人才就难以成长。因此，建立一个科学的培训和培养制度非常重要。

如果人才不能进行必要的知识更新，得不到新信息、新情报，他的创新能力就会明显衰退。因此，管理者应向各类人才进行"智力投资"，帮助他们从繁忙的事务中解脱出来，确保其有一定的时间进修深造，向他们提供必要的知识更新和信息获取的机会，如输送到各类院校深造，参加各种科技知识讲座，增加与各类专家、学者的接触，到先进地区参观学习等，以提高业务水平，激发创造力。

除了有计划地给所用人才提供系统的学习进修机会外，还要通过多种渠道，采取多种形式，在实际工作中对其进行培养和锻炼，用养并重，用养结合，不断加强其适应飞速发展的新形势的能力。这就要求管理者在使用人才时要经常给予具体的检查、指导、教育。

1号店采取了3种策略网罗和培养人才：

（1）让他们找到真正认同的位置，给予员工学习充电的机会，让他们能够迅速成长，跟上企业发展。

（2）招徕优秀的商务人才，以正确的心态看待人才流动，真正发挥好人才的作用。

（3）建立健全制度，靠机制、流程保证应该给予员工的合理回报，让员工感觉到自己与企业融为一体，产生归宿感。

正是这种与员工在一起，和员工站在同一战线上的人才策略，让1号店在这个人才匮乏的领域网罗如此多高素质人才，打造出精英团队，令1号店能够飞速发展。

第二章　持续修炼内功，让员工与企业一起赢

优秀企业必须抛弃的10种不健康文化

优秀的企业应该具备哪些素质？教科书上的标准无非是：企业员工充满激情，领导层富有远见，激励机制明晰，核心竞争力突出，人才梯队完整，流程制度健全，顾客至上，诚信为先，鼓励创新，沟通顺畅，执行高效，团队精诚合作，企业富有社会责任感等。符合这些标准的企业自然是一家十分理想的企业，但如何才能做到呢？

在于刚看来，要想打造出优秀的企业，必须从抛弃以下10种不健康的文化做起。

1. 负向思维文化

和正向思维的人总是看到事情好的一面不同，负向思维的人首先看到的总是事情坏的一面，如社会的阴暗面、别人的缺点、决策的风险、工作和生活中的烦恼。因此，在做事时，负向思维的人总是泼冷水、找瑕疵，看到问题只是抱怨却不去解决。在企业里，负向思维就像癌细胞快速吞噬健康的肌体一样，影响着周边的人，使得整个企业陷入消极状态而停滞不前，失去市场竞争力。因此，一旦发现企业内部出现负向思维文化，就必须立即清理，让负向思维的人改变思维方式或将其劝离企业。

2. "站队"文化

企业出现了"站队"文化，就会使企业内部出现拉帮结派现象，新人进入公司时都忙着观望和分析各位领导的前途，以期正确站队

后，靠着大树好乘凉。在这样的企业里，员工在意的是小团体的利益，而不是公司的整体利益。

3. 故步自封文化

故步自封，是指许多企业缺乏创新机制，对创新怀有恐惧心理，对市场发展方向变化的嗅觉不够敏锐且用保守的心态被动地应对变化。这类企业沉醉于现有的商务模式和运营机制，不懂得未雨绸缪，等到竞争对手快速赶上时才慌忙寻求突破与创新，往往为时已晚。

4. Yes Sir文化

"Yes Sir"意味着绝对服从，有Yes Sir文化的企业往往强调等级制度。员工以服从为宗旨，不以批评的眼光去分析、思考和消化管理层的决策。即使认为不对也会默默接受，甚至改变自己的想法去适应。导致的结果往往是错误的决策无人指出而是被机械地执行下去，企业员工认为完成工作就是把事情做正确，而不是做正确的事。

5. 俄罗斯套娃文化

俄罗斯套娃，是俄罗斯特有的木制玩具，一般由多个图案一样的空心木娃娃一个套一个组成，最多可达十多个。俄罗斯套娃文化影响下的企业在招聘人才时，部门主管担心新人比自己强而抢了自己的饭碗，总是找比自己能力差的人，并且对才能出众的人才刻意打压。结果，员工素质越来越差，像俄罗斯套娃一样一个比一个小，企业最终走向平庸，逐渐衰落下去。

6. 责权利不清文化

之所以会出现责权利不清文化，是因为很多企业里责权利不挂钩，即某个项目和部门的责任人没有实权去调动资源以实现其制定的目标，或实现其目标后不能享受应有的利益。这种责权利脱节的运作模式既让责任人巧媳妇难为无米之炊，又不能充分调动责任人为该事业全力以赴的积极性。

7. 不犯错文化

犯错是所有企业成长过程中不可避免的事情。某些企业为了不犯错，就在企业内部推广对错误惩罚力度很大的管理制度，从而导致员工缺乏冒险精神，做事缩手缩脚，不敢创新。员工在做决策时也都观望领导的脸色，不求有功，但求无过，对流程和制度不敢存有异议，即使业务模式和技术手段产生了大的改变也不去挑战，长此以往终将被市场淘汰。

8. 本位主义文化

本位主义，指在处理企业与部门、整体与部分之间的关系时只顾自己，而不顾整体利益，对别部、别地、别人漠不关心的思想作风、行为态度和心理状态。处于本位主义文化环境中的企业，每个部门都只守着自己的一亩三分田，完全不顾企业大局。部门间合作出现问题时总是推卸责任，盯着别的部门的过错，忘了自己也是决策或执行团队中的一员。在推出新的项目时，也与相关部门缺少充分沟通，而一厢情愿地期望得到其他部门的全力支持。向领导争取资源时，往往毫不顾及企业的能力和对企业总体及其他部门的影响，只考虑本部门的利益。

9. 不承诺文化

如果企业中产生了不承诺文化，企业每个人说话都会变得含含糊糊，不敢承担责任。对布置下来的任务，人们最常说的口头语就是："我们会尽最大的努力，争取达到公司的目标。"这种含糊的工作态度，只会导致责任不清，目标不明，企业日益衰败。

10. 不注重细节文化

俗话常说，"细节决定成败"。企业只有在每一个细节之处做足功课，才能在市场竞争中取得成功。如果一家企业不注重细节，员工做事就会潦草敷衍，决策缺乏有力的依据，考核没有量化的指标，项目没有清晰的进度安排，等到失败时才发现为时已晚。

1号店正是从抛弃以上10种不健康的文化做起，打造出一支优秀的团队，从而在激烈的竞争中获得了发展的先机。

关系改进系统：专门缓解分歧和争议

于刚深知，当不同职业背景的人才聚集到一个团队中时，他们的做事方法确实会有很多不同，因此应该用包容、宽松的文化氛围去化解一些摩擦。在1号店，只要是好的方法、好的理念都会被接受，只要不破坏原则底线的尝试都会被允许。这是因为于刚在1号店倡导追求真理、追求本源的工作作风。

于刚坚持的这种包容的文化，使得1号店内形成了一种"奇葩"的沟通形式——"吵架"。在1号店，经常可以看到两位同事在"吵架"或者一堆同事在"吵架"，这并非因为1号店的同事关系不和谐，他们是把"吵架"视为一种有效的沟通方式。

众所周知，电子商务环境变数多，这就要求电商从业人员做到反应快、准、狠，因此最佳的处事方式就是当面沟通，沟通激烈时就形成了"吵架"的局面。

在1号店，"吵架"的第二层含义就是会议室头脑风暴：组织一群人，关进一个几平方米的会议室，为了一个项目、方案或者计划争得面红耳赤，碰撞出思想的火花，最终得出能够切实有效地解决问题的办法。因此，1号店欢迎此类"吵架"，因为没有"碰撞"就没有"真知"。

同事之间没有争论是不可能的，有时候还会产生根本性的分歧。而为了缓解分歧和争议，1号店还专门成立了一套"关系改进系统"，让员工在约定的时间"互掐"——"每个月第二个星期五，我们坐下来指着对方的鼻子说，你这个做得不好，那个做得不好。对方不能反驳，这就是我们解决分歧的办法"。

对于企业管理者来说，沟通是非常重要的。美国著名的未来学家约翰·奈斯比特曾说："未来的竞争将是管理的竞争，竞争的焦点在于每个社会组织内部成员之间以及内部与外部组织的有效沟通上。"沟通是管理行为中最重要的组成部分，也可以说是管理艺术的精髓。不管在什么时候，企业管理都离不开沟通。

通用公司前执行总裁杰克·韦尔奇是20世纪最伟大的CEO之一。在他上任之初，通用公司内部等级制度森严，结构臃肿，他通过大刀阔斧的改革，在公司内部引入非正式沟通的管理理念。对此，韦尔奇说："管理就是沟通、沟通、再沟通。"

通用公司最成功的地方，正是杰克·韦尔奇在公司内部建立起来的非正式沟通的企业文化。通过这种非正式沟通，韦尔奇让公司的管理模式发生了根本性改变。使公司变得"非正式"，意味着打破发布命令的常规模式，促进不同层次之间的交流，改革付酬的方法，让员工们觉得他们是在为一个与所有员工都相知甚深的老板工作，而不是一个庞大的公司。

韦尔奇比他人更知晓"意外"的价值。每个星期，他都会出其不意地视察某些工厂和办公室；临时安排与下属经理等共进午餐；工作人员还会从传真机上找到韦尔奇手书的便笺，上面是他遒劲有力又干净利落的字体。所有这些行动的用意都在于领导、引导和影响一个机构庞大、运行复杂的公司。韦尔奇最擅长的非正式沟通方式就是提起笔来写便笺，目的就是鼓励、激发员工和要求员工行动。韦尔奇通过便笺表达他对员工的关怀，使员工感到他们之间已从单纯的上级与下属的关系升华为人与人之间的关系。

通用的一位经理曾这样生动地描述韦尔奇："他会追着你满屋子

团团转，不断地和你争论，反对你的想法。而你必须不断地反击，直到说服他同意你的思路为止。而这时，你可以确信这件事你一定能成功。"这就是沟通的价值。

韦尔奇曾说："我们希望人们勇于表达反对的意见，并尊重不同的观点，这是我们化解矛盾的方法。……良好的沟通就是让每个人对事实都有相同的意见，进而能够为他们的组织制订计划。真实的沟通是一种态度与环境，它是所有过程中最具互动性的，其目的在于创造一致性。"沟通就是为了达成共识，使组织成员之间良好有效地进行沟通，是管理艺术的精髓。

一个组织在确定目标、制定决策、控制协调、改善人际关系、形成凝聚力、谋求变革与发展等方面都离不开沟通。沟通在组织管理中的作用具体表现在以下几个大的方面：

1. 实现科学决策和有效计划的前提条件

任何社会组织都是一个开放系统，组织外部复杂多变的因素对组织的生存和发展施加着直接或间接的影响。一个组织通过与外界进行信息沟通，可以获得外界环境变化和自身发展需要的各种相关信息，从而为决策和计划提供必要的依据和参考。

2. 实施有效组织和协调的依据和手段

现代社会组织十分显著的特点就是规模庞大、人员众多、业务繁杂以及高度专业化分工。在这种情况下，利害冲突、意见分歧、相互制约和摩擦在所难免，而意见和信息的交流与沟通可以消除这些弊病，增进组织的效能。

3. 建立和改善人际关系的必要途径

从行为科学的角度来看，组织是一群人因对工作职责的了解、团体精神的感受、情感的交流、需要的满足所形成的一个心理状态。沟通有助于组织内部联络，有助于人的思想和情感的交流和了解。

4.改变组织成员心理和行为的有效方法

人们由于接受不同的信息、不同的刺激，会形成不同的态度，产生不同的行为。因此，通过沟通传递信息，可以改变人们过激的心理结构和行为方式，以适应现代社会的要求。

5.可以提高组织的工作效率

在庞大的组织中，建立四通八达、自由交流的信息沟通网络和方式，可以改变文山会海、官僚主义等恶习，提高组织的工作效率。

CEO午餐会议：越级听取员工最直接的心声

如今，上下级之间不再是单纯的说教与服从的关系。单方面说教不是真正意义上的沟通。现代企业的管理变得更加科学化、人性化，而双向沟通显得尤为重要。善于沟通的管理者往往善于倾听不同的声音，不断地吸纳各方面（包括下属）的合理意见和想法。

在1号店，CEO午餐会议已经成为一种独特的企业文化。当然，CEO午餐会议并不是指1号店内部会议都是在午餐时进行时，而是指1号店员工不分职位等级、不分岗位都会不定期收到一封CEO邀请他共进午餐的邮件。收到邮件的员工不仅拥有一份由CEO埋单的免费午餐，还可以获得一次与1号店CEO刘峻岭面对面交流30分钟左右的机会。

自然，CEO午餐会议的主要目的，是CEO越级听取员工最真实的心声，比如：1号店与其他电商公司相比哪些做得比较好？哪些又做得不好？目前你所面临的问题是什么？你觉得1号店还有哪些是可以提高的？对你的上司你怎么看？……对于员工提出的问题，CEO最终会给出合理的意见和解决问题的方案。

现代管理学之父德鲁克认为，信息交流是双向的，管理者要向下属下达任务信息，下属要向管理者及时反馈有关任务执行情况的信息。管理者定期抽出一定的时间和下属交谈，倾听下属的意见，能够使管理卓有成效。

世界500强企业之一的百安居总公司以完善的沟通反馈制度曾在英国当选"最佳雇主"。为了提高管理效率，总公司各部门每个月都会召开一次"草根会议"。会议上任何员工都可以提出问题和建议，公司高层领导会分别参加各个会议，面对面地了解员工的想法，公开对话。在下一次的"草根会议"上，公司高层会向员工通报问题的解决进度或建议的落实情况，并继续征求员工的反馈意见。

除此之外，百安居公司还通过其他渠道让员工反映问题。百安居为此专门设立了一个对员工免费的24小时录音电话，叫作Easy Talk（简易通话）。员工可以通过录音电话向总裁或总经理反映任何问题，每天都会有人接听并整理，然后汇报给高层，员工会定期得到回复。另外，员工还可以写信到专门的电子邮箱进行反馈。

由此可见，倾听是管理者与员工有效沟通的基础，管理者要学会认真倾听下属的意见。有些企业领导者认为只有不断地发布命令才能显示出自己的权威，对于来自员工的意见，他们常常显示出不耐烦的态度，固执地认为小人物只有执行命令的资格。殊不知，倾听也是一种领导力量。若不注意了解下属的心声，很可能会失去最得力的干将。企业管理层只有注意倾听意见，才能进一步推动工作，信赖别人的同时也能够得到别人的信任。

随着企业规模的扩大，为了便于管理，需要设立彼此独立的部门。但是企业要成为一个有机的整体，部门之间的沟通就显得十分重要。而在实际的管理中，各部门之间的沟通往往会遇到很多障碍。有一家公司找到了一种极为简便的方法来增进各部门之间的沟通，这就是"餐桌沟通法"。这家公司是西诺普提克斯通讯公司，专门生产配套计算机系统。

有一次，公司组装一种新型电路耗费工时过多，生产部门的主管实在难以忍受其他部门的不配合，对此抱怨连连。这引起了公司总裁安德鲁·拉德威克的注意。

他为了平息这位主管的抱怨，专门请来这位主管和一位工程师，与他们一起用餐，让他们就加快组装的问题进行协商。最终，他们找到了一个加快组装的简单办法。受这次用餐协商成果的启发，拉德威克想出了"餐桌沟通法"，并认为这是解决实际问题、增进部门间沟通的非常简便的方法。

该公司的总部位于加利福尼亚州的蒙顿维尔。在这里，每个季度都会摆上5张餐桌，请来若干相关部门的要员共享丰盛的午餐。当然，用餐并不是目的，目的在于让他们找出解决问题的办法。实践证明，"餐桌沟通法"是富有成效的，很多复杂的问题，往往都在餐桌上得到了解决。

另外一种通行的简便沟通方法是"走动化管理"，是一些组织常采用的管理方法之一。所谓"走动化"，就是管理人员到基层去巡视，并在巡视中发现问题、解决问题。

许多企业界人士都很重视走动化管理，只是坐在办公室听汇报、打电话、发布文件的企业管理者越来越少。他们把"走出办公室"当作自己的工作信条，不仅以身作则，常年在外巡视，而且严格要求手下的各级管理者也"走出办公室"，到基层去办公。

阿尔科公司的总裁鲍勃·安德森就"走动"成瘾。他一边"走动"，一边还要检查手下人是否也在"走动"。当他"走动"到某地，向某一个部门打电话时，恰好部门主管接了电话，他马上就会生气，对这位不到基层"走动"的主管感到失望。

美国联合公司董事长埃德·卡尔赫到任时，联合公司正萎靡不振。卡尔赫上任当天就直奔公司生产一线，向现场工作人员直截了当地提出许多问题，请他们做详细回答。他没有笔记本，对于调查中发现的问题，从来都是记在废纸片上，塞进口袋里。他从不命令一线人员随意进行变革，除非事关安全问题。他也不当场纠正他不认可的事情，而是一定要按照正常的管理程序来解决问题。

从现场回到总部之后，他会立即采取行动。他有一种特长，能快速地将问题通知到应承担相应责任的相关部门，要求他们拿出方案，立即解决。然后，他会与那些在巡视中和他谈过话的一线工作人员通信联系，让他们知道公司已经在采取的措施。同时，他和负责监管的员工也保持着联系，让他们认真监督，以保证新措施的执行。

"走动式管理"，使得高层管理人员切实了解实情，发现各种问题、听取各种意见，采取有效措施，并密切上下级关系，因而能够保证管理不偏离"航线"，保证管理目标的实现。

可见，有效的组织沟通制度，能够规范组织沟通规则，增强全方位（纵横及内外交错）的组织沟通频次与途径。同时，通过对沟通中不良行为的约束，促进员工行为的一致性，提高组织沟通效率与效果。一个组织的沟通效果决定了组织的管理效率，在企业的经营管理过程中，如果能做好组织沟通，对促进企业绩效目标的实现将起到事半功倍的效果。而1号店的CEO午餐会议，将在1号店内部实现良好的沟通效果。

第三章　打造高效执行力，成就"1号店速度"

决策的速度，往往比决策的质量更重要

在计算机和互联网时代，世界变得扁平化，速度成为影响企业发展最为重要的因素。随着产品更新换代越来越快，竞争加剧、信息爆炸以及传播速度加快，需要企业快速做出决策。否则，机会失去了，就没有再做决策的机会了。

于刚很清楚这一点，他甚至认为决策的速度比决策的质量更重要。"创业不同于学术，创业过程中很难一次把所有东西都考虑周全，所以，有时候把一件事情先推出来很重要，因为在电商行业抓住时机很重要。有时候太追求一次就把决策做对，往往就会失去先机。"

为了保证决策的速度，于刚和刘峻岭这两位事业合作伙伴一直坚持在一个办公室里工作，即使两个人意见完全不一致，也能迅速同决策团队一起解决问题。

在于刚看来，"我们有很多的想法，有很多人提出了他们的见解和想法，但是我们必须把主要精力放在最重要的和最有前途的上面。你必须有能力说不，把所有的想法收集起来之后必须有所取舍。也许有一个想法你认为是值得关注的，而有一些想法可能不是目前最好的点子，但那些你不想付出努力的点子说不定也是非常重要的"。

1号店的做法是：每天早上对想法进行讨论，到晚上就形成决议。做正确的决策并且快速地做决策是非常重要的。因为在需要把好的想法真正执行下去时，如果缺乏果断的决策，那么这些想法最终是

没有办法落实的。企业管理者需要去评估自己手中的这些想法，最后得到一个正确的决策，达成设定的目标。

决策的速度很重要，这一点不可否认，但优化决策也非常重要。于刚认为，在互联网行业，谁也没有办法在第一时间让自己的决策达到完美。决策的速度是很重要的一个因素，但更重要的是认清自己的方向，并朝着这个方向前进。也许道路很曲折，但是必须朝着这个方向前进，最后才能获得成功。所以，企业发展中不仅要做到快速决策，同时还要有一个可靠的决策流程来保证决策的正确性，1号店就有一个这样独特的纠错机制。于刚他们每个星期都会回头看看过去的决策对不对，哪些地方需要改正，从而保证1号店始终往前走。

对于企业家来说，最重要的一项品质是在关键时刻果断决策。很多时候机遇转瞬即逝，只有在机遇出现的时候果断决策，才能做强企业。缺乏果断性格的企业管理者一定不会是优秀的企业管理者。

所谓果断，是指把经过深思熟虑的选择，迅速明确地表达出来。果断，说明管理者的思想高度集中，反应敏锐，他对信息的吸收和消化、对经验的综合运用、对未来的估计和推测，都能在较短的时间内凝聚成明确的指令。

要做到这一点，管理者就必须对事件有迅速做出判断和选择的能力，有敢于对事件的过程和后果负责的魄力。顾虑重重，怕这怕那，"一看、二慢、三通过"的人，不可能成为优秀的管理者。因为在"看"和"慢"的过程中，在"等"的过程中，可能会产生更多、更大的风险。

美国著名的管理公司——麦克金赛公司，曾经对管理卓有成效的37家公司进行调查，结果表明，获得成功有8个条件，其中一条就是行动要果断，办事要有魄力。如果管理者犹豫不决、模棱两可，就无法动员下属和得到成员的全力支持。只有自己坚定，才能使别人坚定；只有自己充满必胜的信念，才能促使下属和你共同去奋斗。

面临问题，管理者必须敢于拍板、善于拍板。决策的时机稍纵即逝，最考验管理者的气魄和能力。管理者应该如何表现自己的决策艺术呢？

首先，要表现出你的果断性。果断与草率、鲁莽不同，前者是理智行为，后者则是头脑一时兴奋，在还未看清事物的本质时即采取行动，没有认真考虑其行为的后果。在现实生活中，果断型管理者常常能捕捉稍纵即逝的良机，因而可以取得突出的成绩。

其次，要表现出你的顽强性。在决策过程中，无论出现什么情况，管理者都应该保持自信和决不服输的精神。他们能正确地判断情况，善于驾驭复杂的环境；一时的干扰挫折，不会使他们退却动摇。事业的成功，往往在"坚持一下"的决心之中。

另外，管理者还应具有深思熟虑和沉着冷静的性格，要表现出"稳扎稳打，步步为营"的风格，最后形成正确的决策。

优秀的企业管理者行动要果断，办事要有魄力。只有自己充满必胜的信念，下属才可能和你共同奋斗。需要注意的是，果断绝不是草率，更不是鲁莽。草率和鲁莽是愚昧无知和粗心大意的伴生物，而果断是对信息进行充分加工，做出迅速准确的反应，是"短、平、快"式的深思熟虑。

如果不能坚决执行，再好的理念都是零

在企业管理中，执行力一直是个热门话题。执行力是指企业贯彻落实领导决策、及时有效地解决问题的能力，是企业管理决策在实施过程中原则性和灵活性相互结合的重要体现。很多企业管理者一说到公司内部管理问题，都会不约而同地提到执行力，认为执行力不强是

制约公司发展的重大瓶颈。

身为1号店的领头人,于刚就非常看重执行力。因为他发现,很多企业有非常好的理念,但是由于没有执行到位,最终失败了。他不希望因为执行力不足而导致1号店团队的战略失败,所以他强调1号店团队要有极强的执行力。为此,他要求,每一个员工做事都要有清晰的目标,有清晰的思路和时间表,而且每件事有明确的责任人。

对于1号店的执行力,于刚是非常自豪的。1号店从一家默默无闻的公司发展成中国电商的龙头企业之一,一方面是因为符合时代的发展战略,另一方面是商业模式,但于刚觉得最重要的还是执行力。1号店十分看重绩效,对每个岗位、每名员工都有很明确的职责界定。

在当前的社会经济环境中,打造一个具有高效执行力的团队至关重要。有的人认为高水平团队的成员一定是最聪明的,然而,当你把一群聪明人组成团队,要求他们去解决问题时,往往会看到他们陷入喋喋不休的争吵之中。其实,对一个团队、一家企业来说,它只需要一个思想家,其他人都应该是高效执行者。

娃哈哈集团董事长宗庆后就十分注重打造团队内的高效执行力。他认为,很多有效的战略并不是群策群力得来的,对一家讲究速度的企业来说,有一个足够聪明的思想家就够了,剩下的人去做思想的执行者,这样才能将效率发挥到极致。阿里巴巴的马云也和软银集团总裁孙正义讨论过关于执行力的问题:"一流的点子加上三流的执行水平,与三流的点子加上一流的执行水平,哪一个更重要?"最后,两位大佬给出了一样的答案:三流的点子加上一流的执行水平。

在中国,流行的企业执行力概念就是指部门或个人理解、贯彻、落实、执行企业决策的能力。提到执行能力对于企业的重要性,会有一大批企业的典型事迹加以佐证。

在西方管理学家看来,执行力这个概念相当于将战略规划后的所有管理过程全部杂糅在一起。简单来说，就是以结果为导向和标准，达到标准就是执行到位，否则就会受到相应的惩罚。

下面是一些执行力课程中所讲授的提高执行力的方法：

1. 主动工作

要提高个人的执行能力，必须解决好"想执行"和"会执行"的问题，把执行变为自动自发的行动。有了自动自发的意识，你就可以扫除工作中的一切挫折。工作中，我们在执行某项任务时，总会遇到一些问题，而对待问题有两种选择：一种就是充分发挥主观能动性想方设法地解决问题，千方百计地消灭问题，结果是圆满完成任务；一种是面对问题，一筹莫展，结果是问题依然存在，任务也就不可能完成。

2. 敢于负责，注重细节

工作中无小事，工作就意味着责任，责任是压力，也是努力完成工作的动力。完成工作的意义在于把事情做对、做好，最严格的标准应该是员工主动设定的，而不是别人要求的。因此，提高执行力就必须让员工树立起强烈的责任意识，养成认真负责、追求卓越的良好习惯。此外，还要培养员工注重细节的工作态度。

3. 永不放弃

永不放弃是指在工作中具有挫折忍耐力、压力忍受力、自我控制力。永不放弃首先表现为坚定的意志、对目标的坚持，哪怕遇到再大的困难仍要千方百计地完成工作。

给乌龟穿上滑轮鞋，赶上兔子就不难了

善于学习，是企业立于不败之地的根基。美国未来学家阿尔文·托夫斯说："未来的文盲不是不识字的人，而是没有学会怎样学习的人。"而在构成现代人才体系的三大能力——学习能力、思维能

力、创新能力之中,学习能力被置于首位,也是最基本、最重要的第一能力。没有善于学习的能力,其他能力也就不可能存在。一个团队也是如此,不懂得学习或不会学习的企业永远不可能拥有超强的竞争力。企业竞争的实质是学习力的竞争,唯有不断学习,企业才能长盛不衰。

1号店之所以能够取得飞速发展,在激烈的竞争中保持领先,就是因为1号店是一个善于学习的团队。而1号店能够做到这一点,身为1号店联合创始人的于刚可谓功不可没。

从动荡年代没接受过多少正规教育的青年,一直读到博士直至成为大学教授,于刚传奇般的学霸经历,让许多人十分好奇:他是如何做到的,靠天赋吗?

于刚的答案是:方法多于天赋。善于学习是他走向成功最重要的因素。

1977年恢复高考,在湖北宜昌的一家农机厂里当电工的于刚拿到了武汉大学的录取通知书。进入大学之前,由于一直学习的都是俄语,他连英文字母都不认识,在入学后的第一次英语摸底考试中考了0分。因此,他被分在学生的英语成绩最差的慢班。

于刚当时感觉压力特别大,他说:"学习速度快的人已经可以读英文原著。记得有同学每天早上6点起来背字典,但那不适合我。我一是起不来,二是背了记不住。我思考了很久,回到本源问题——语言是怎么学的,为什么小孩学习语言比大人容易?"

很快,于刚得出了结论:要想学好英语,第一个是需要语言环境,第二是小孩的图画书。于是,他借助最简单的英语儿童图画书来学习英语。他借了大量英语图画书,如《爱丽丝漫游奇境记》《格林童话》等,有图有画,容易识记,很多单词可猜出意思。为提高效率,他先囫囵吞枣读完,再回头挨个查生词,效率很高。这样,他的阅读范围逐步上升到《福尔摩斯》《双城记》等英语小说。结果，他只用了一年的时间，就通过了大学里英语快班的免修考试。

由此可见，学习其实是"学习怎样学"！于刚把学习的过程分为3个步骤：

第一步，将零散的、原始的材料和数据提取出来，加以过滤，使其成为有价值的信息；

第二步，通过建模、参数描述，对信息做一些推断，让信息变成决策知识；

第三步，信息变成了知识，还不是智慧，要做到举一反三，由表入里，吸取内涵，把看似不相关的东西联系起来，这才是智慧。

好的学习方法，是从一开始就去思考和领悟材料、数据背后的智慧。就像龟兔赛跑，慢吞吞的乌龟总是处于劣势，兔子不打盹，乌龟怎么跑都跑不过兔子。但是如果通过思考，掌握了方法和规律，就相当于给乌龟穿上了滑轮鞋，赶上兔子就不难了。1号店之所以能从众多电商企业中脱颖而出，跻身中国综合电商前三甲的位置，就是因为它的团队拥有强大的学习能力。

《第五项修炼》的作者彼得·圣吉在书中明确指出："当今世界复杂多变，企业不能再像过去那样只靠领导者一人来指挥全局。未来真正出色的企业将是那些能够设法使各阶层员工全心投入并有能力不断学习的组织。"现代管理之父德鲁克也认为，学习已经成为企业保持不败的动力之源。当代企业的发展更证明了，只有比你的竞争对手学得多，学得快才能保持竞争优势，保持领先地位。

古往今来，但凡有成就的伟人、伟大的企业无一不是学习型的人才或者组织。事实上，世界上著名企业的发展都离不开"学习"二字。美国排名前25位的企业中，有80%的企业是按照"学习型团队"模式进行改造的。国内很多企业也通过创办"学习型企业"而焕发了勃勃生机。给人一条鱼，只能让他吃一次；教会他钓鱼，才能使他一辈子不挨饿。作为团队领导，不但自己要会"钓鱼"，还要教会员工"钓鱼"，并在团队中创建一种轻松和谐、相互学习、团结协作、分享创新的氛围，使整个团队成为学习型团队。企业管理者只有做到这一点，才能使企业在竞争日益激烈的市场大潮中立于不败之地。

　　杰克·韦尔奇认为，一名优秀的领导者应该带领团队持续学习。企业要想在发展过程中不断超越自我，不断地提高竞争能力，不断地提升企业在发展中真正需要的能力，首先应激发企业内部员工对个人追求的渴望和树立不断学习的意识，使之成为一个学习型组织。企业一旦真正地开始学习，作为团队成员的企业员工也会快速地成长起来，企业的内功更会不断强化。

　　通用电气公司正是通过建立学习型组织保持竞争优势的典范。通用电气是美国道·琼斯工业指数自1896年创制以来唯一一家至今仍榜上有名的企业。在过去20年中，通用电气给予股东的平均回报率超过23%。通用电气在克罗顿维尔建立了领导力发展中心，每年有5000名企业管理者在这里定期研修，《财富》杂志称其为"美国企业的哈佛大学"。在那里，没有职务的限制，学员们可以不拘形式地自由讨论。每周都有100多名员工在这里集合，学习有关企业生产、经营和管理等方面的课程。在韦尔奇的领导下，通用电气的管理层变成了一个不断创新、富有成效的领导团体，能够承担最终的责任。通用电气的成功源于一个强有力的学习型组织以及由此形成的独特的学习文化。

　　想要有所作为的管理者应该向通用电气学习，将自己的企业打造成学习型组织。善于不断学习，这是学习型组织的本质特征。所谓"善于不断学习"，主要有4个方面的含义：

　　（1）强调"终身学习"。即组织成员均应养成终身学习的习惯。

（2）强调"全员学习"。即企业组织的决策层、管理层、操作层都要全心投入学习，尤其是管理、决策层，他们是团队中决定企业发展方向和命运的重要组成部分，因而更需要学习。

（3）强调"全过程学习"。即学习必须贯彻组织系统运行的整个过程。

（4）强调"团队学习"。即不但重视个人学习和个人智力的开发，更强调组织成员的合作学习和群体智力（组织智力）的开发。在学习型组织中，团队是最基本的学习单位。

总之，对于企业来说，学习就是生产力，让企业员工学起来，企业才能具有更强大的生产能力，才能获得更好的经济效益。组织员工学习，建立学习型组织，对企业而言，只是小额投入，而这种投入带来的回报将是惊人的，并且是持续的。

迎难而上，克服了困难就建立起了竞争的壁垒

于刚和刘峻岭在最初选择创业项目时，想了很多点子，但仔细一看，别人都已经做过了，如果再重复这些项目，回报率会非常低。再看那些还未被开发的项目，一般都是难啃的硬骨头，就算是非常新颖的点子，一旦巨头们发现它的价值并涉足，就会挤压实力弱小的创业者的生存空间。

于刚和刘峻岭最终选择进入电子商务领域，主要是因为于刚有在亚马逊从事电子商务的经验，而且他还参与了亚马逊收购卓越网这一交易，了解中国电子商务的巨大市场潜力。在对中国的电子商务进行分析后，于刚他们发现很多垂直领域都有企业参与了，如服装、图书、母婴等，于是就想能不能做一家综合性的电商，比如卖百货或者快消品这类大众所需的产品。于刚他们觉得网上超市这个点子很有价

值，结果一看，发现这个点子并不新鲜，有很多人尝试过，但都失败了。这么好的想法，他们为什么没有做起来呢？原因在于供应链的管理太难，因为超市的商品大、重、易漏、易损、保质期短，物流配送是个很大的问题。

然而，在于刚看来，有困难就要迎难而上，因为迎难而上克服困难之后才能够拥有别人不可复制的实力，才能拥有长远发展的蓝图。

当然，最重要的是，在遇到困难后，还要看自己在这个方面有没有核心竞争力，有没有解决这个难点的方法和工具，有没有坚韧不拔的毅力。"难不要紧，我们知道难点在哪儿，可以解决这个问题，而不像哥德巴赫猜想，那是我没有办法证明的。"

于刚他们在克服了超市的商品大、重、易漏、易损、保质期短等供应链管理上的困难后，发现从快消品切入对1号店发展的意义和贡献是巨大的：

（1）避免了1号店在创业初期与其他电商网站的直接竞争。

（2）大众所需，获取顾客快，截至2014年年底，1号店已经拥有了近9000万的注册用户。

（3）快速消费品顾客购买频次非常高，所以能快速建立起黏度较强的活跃客户群，为1号店的后续发展打下基础。

日本著名实业家稻盛和夫曾经说过，在遇到难题的时候，不要逃避，要勇敢面对。不论付出什么样的代价，一定要下定决心完成任务，要睁大眼睛从各个角度看待形势。

企业从创业草成，到成长壮大，肯定会碰到各种困难，甚至陷入绝望的境地，而这个时候其实就是考验信念和毅力的时候。创业之路实际上很残酷，就像一只无形的手，总是攫住你，让你无处可逃。但有压力、有困难对人来说并非坏事，很多时候，人需要有一种力量来推动。适当的压力能激发你的潜力，竞争可以检验你的能力。遇到困难时，最简单的解决办法就是：勇敢迎接它，告诉自己——我顶得住！试问哪一个创业者不是承受了各方的压力，最终超越压力，甚至将压力巧妙地转换为动力而获得成功？成功的面前总会有一些障碍，只有能够克服困难走过去的人，才有资格品尝胜利的果实。

中国著名企业家马云说："对所有创业者来说，永远告诉自己一句话，从创业的第一天起，你每天要面对的是困难和失败，而不是成功。困难不能躲避，不能让别人替你去扛，任何困难都必须自己去面对。创业者任何时候都要勇往直前，而且要不断创新和突破，直到找到一个方向为止。跌倒了爬起来，再跌倒再爬起来。"

附录　1号店高管精彩演讲

电商决胜供应链

——1号店联合创始人于刚在2011中国电子商务大会暨电子商务博览会上的演讲

朋友们,嘉宾们,大家早上好!最早组委会邀请我做《电商决胜供应链》的演讲,可能是看我以前做过很多供应链方面的工作,希望我讲讲供应链。其实我最近这几年将更多的时间都放在了顾客体验上,我认为得民心者得天下,得顾客体验者得市场。

宋先生认为中国电子商务只是遇到了一个小的波折,并不是寒冬,其实我比宋先生更乐观,我认为现在是电子商务发展的极好机会。我们非常有幸生长在电子商务蓬勃发展的年代,让我们迎来一个大有可为的发展环境顺水行舟。

我先讲讲为什么我这么乐观。首先,中国的网民已经远超美国的人口(约3亿,2011年数据),在10年中发展了15倍,已达到5亿,网络渗透率达到40%,这让我们有一个很大的发展基础。互联网经济规模也超过千亿,是2003年的30倍,而且马上要达到7000多亿。而且整个网购增速是GDP增速的5倍以上。从这几个方面来讲,中国电子商务正处在兴起的阶段,而且现在基数很小,有巨大的潜力。所以我们在这个时候做电子商务是一个非常好的时机。整个电子商务又发展为B2C、C2C、B2B等子行业,而B2C又是发展最快的,因为网络经济发展了,以前的一些障碍被消除,其中就包括网上支付和物流。我们在这个成绩之上还要发展得更健康、更快,首要的一点就是做好顾客体验。

电子商务有它自己的特征,首先它是虚拟购物,商品是看不见摸不着的,跟实体店不一样,所以很多时候需要靠图片、文字的引导，靠流程的简单性、便捷性，让客户很轻松地购物，而不是像客户在实体商店里由于产生冲动而购物，客户网上购物行为显得更理性。整个购物流程中，因为要注册，填写收货地址，做很多的选择，还有付款等，肯定比实体店更复杂。其次，它与即时性的实体购物不同，顾客从下单到收到货物有时间差。经过这个时间差，顾客的很多想法可能就已经发生了改变，比如他下单时可能觉得需要，但过了几天他可能改变想法。再者，实体购物不需要太多的系统去支持。实体商店有店面、有货架，顾客在商店中看得到商品，就可以做决策。可是电子商务领域需要大量的技术作为支撑，属于高科技行业，这也是传统购物与电子商务存在很大差别的原因。人才方面的差别显得尤为突出，因为电子商务需要大量的IT人才和其他技术人才，需要通过相关技术把众多顾客的行为模拟出来，用模型去预测、引导，依靠技术去完成很多事情，把整个过程自动化。最后，在顾客下单之后收货之前，这个过程之中电商的责任是很大的，要为顾客的选择负责，包括保障商品的正确性、质量、保质期等，这点跟传统零售很不一样。有了上述这些差别（即电子商务区别于传统零售的独有特征）我们发现顾客的体验是不一样的。因为在实体店中顾客体验是他当时环境下的体验，你可以用当时的场景，用声音、用光、用各种各样货架的摆放等去引导，而电子商务要靠网站，靠网站的流程和图片、文字描述、推荐等去影响。

　　什么是电子商务中的顾客体验？它不是一件事，很多人以为顾客体验是最后送货送到顾客手上那一刻的体验，或者打电话给客服，客服回答问题时的体验，这些只是很多体验中的一部分。实际上，顾客体验是一个综合的考量。首先，你有没有顾客想要的商品，没有顾客想要的商品，再便宜也没用，还有质量能不能保障，价格是不是实惠，送货是不是及时，付款有没有想要的方式，是不是感到足够放心、安全，售后服务好不好，等等。其次就是系统，我举个例子，我在西雅图工作的时候，有一部电梯没有朝上朝下的箭头。它只有两个灯，左边灯亮电梯朝上，右边灯亮朝下。可是作为顾客，我怎么知道是左边朝上，右边朝下呢？这是工程师凭自己的习惯设计，就不是为顾客着想。假如为顾客想，是不需要顾客思考，不可能让顾客犯错误。所以顾客体验牵扯到很多方面，是一个综合的考量。同时它很实在，可以细化，一会儿我讲为什么它可以细化，我们是怎么细化的，因为不细化就不知道怎么改进。而且你可以把它细分到每一个岗位、每一个功能，思考它们顾客体验的影响。你可以用数据化的指标KPI衡量、考核，最后你可以看到各个方面的改进，以及这些产生对顾客体验改进的影响。

另外，对顾客体验的追求是无止境的，但对顾客体验的追求是有成本控制的。举个例子，我在戴尔负责全球采购的时候，商品进行5次更新就停止了，因为再继续成本太高了。我们宁愿因商品质量问题给顾客换货，而不是无限追求商品完美的质量，因为所有改善都是有成本的。

什么叫作好的体验？我从这5个方面来讲：第一，基石，就是商品一定要丰富，一定要有顾客想要的商品，不然顾客就对你没兴趣，但是你一定要有目标人群，不能追求你的网站令所有的群体满意，价格、安全、便捷、及时，这是基石。第二是流程和系统，一定要简单，不需要顾客思考，而且符合顾客的习惯。举个例子，加勒比岛环境保护得很好，它为了协调，本来红色的交通牌就变成了绿色的，所以那个地方经常出事。这种行为初衷是很好的，但它不符合顾客的习惯，容易让顾客出事故。所以设计整个流程，我们要求工程师不能只是冰冷地设计系统，而是要充分地进行顾客调查。我们在设计过程中把顾客请过来一块儿讨论，包括设计方案要和我们公司里的目标顾客一起讨论，看看是不是符合人性化的要求，是不是符合顾客购买的习惯。第三是个性化，在整个购物过程中个性化是非常重要的。比如我经常住香格里拉，如果服务员能够叫出我的名字就会感觉很亲切，感觉是专门为我提供服务。在电子商务网站上，假如根据你过去的购买行为、搜索行为、商品关联行为，给你提供很多个性化的服务，假如说"王先生，你的刮胡液大概每个月用一瓶，现在到了一个月，你又该买刮胡液了"，就会让人感到很温馨。第四是问题处理，顾客想知道这个包是不是能够及时到、为什么没有到，光态度好不能解决问题，能够快速、完整、一次性地解决问题很重要。我们在考核KPI（Key Performance Indicators，关键绩效指标）时，一次解决问题是考核的重要指标。第五是服务，服务水平要高一些，而不是低一些。

再看看顾客体验是怎样跟每一个岗位关联起来的，首先是配送员的态度要好，配送及时，没有破损、遗失、遗漏。当然你可以做很多附加，比如配送员在顾客家门口不能抽烟、不能穿着脏的鞋到顾客家里面去等，这是原则性要求，而你家里面有垃圾我顺便帮你拿出去就是额外附加的，这是配送员对顾客体验的贡献。从客服部门来讲，它的贡献就是能够合理地、一次性地解决问题。对IT部门来讲，就是搜索便捷，让顾客不需要任何猜测就能迅速上手。从产品部门来讲，就是采购顾客所需要的商品，并且保证这些商品不缺货，因为很多热销的商品顾客很喜欢，一旦频繁发生断货，顾客体验就非常差。现在我们采用了个性化的EDM（电子邮件营销），要给每一位顾客一个特有的EDM，根据他的行为，将合适的商品推荐给他。比如你购买这个商品，当时缺货没买，这个商品到货了我就提醒一下，降价了也提醒一下，让客户感受到这种特有的个性化。从仓库来讲，里面的拣货、包装必须非常小心，让商品包装良好，不要破损，也是为客户做贡献。质检是要保证商品质量。文描要切合商品的特点。

下面讲一下我们是怎么做的。

1号店于3年前7月份上线，上线时有3000多种商品，时至今日已有14万种商品，11条产品线，注册用户达到1200万。为了实现管理的规范和细化，我们把所有的商品、库存、配送和顾客进行分类，在商品种类上，除了实物商品，我们还有很多服务，比如手机充值、水电煤缴费、机票、火车票购买，等等。从库存上我们有自由库存、寄售库存还有转单库存、聚单库存，通过多样化库存方式，让顾客既可以买到大闸蟹这样的时令商品，也可以买到饺子等日常必需品。从配送上来讲，我们有自己的配送团队，负担70%左右的配送量，剩余的配送量，我们和大概30多家物流公司进行合作完成，覆盖全国。另外我们还有到供应商处取货配送和供应商直接配送的方式。从顾客来讲，我们有个人、团购和企业客户，根据顾客不同的特征有不同的服务内容。

从供应链上来讲，我们分析顾客的需求，依据顾客的现实需求和潜在需求去采购商品。然后我们尽量上移，就是从以前分销商、经销商、批发商等上移到厂商、仓储中心，我们的仓储中心还有分级的仓储中心。

从库存管理上，首先我们的前端从采购上就对供应商进行非常严格的认证，认证之后从入库起就有一个质管团队，他们有一票否决权，只要他们说这个商品质量不稳定就可以拒绝供应商。对供应商有周期性的考核，考核包括供应商的及时到货率、商品质量，等等。我们还有一个自动采购系统，当库存低于安全库存的时候将自动下单，然后给供应商寄过去，并追踪整个送货的过程。在顾客这端，我们有货的时候顾客可以立刻购买，缺货的时候客户可以预售登记。在无此产品的时候，我们会把客户输入的关键词集中起来进行统计，最后把这个信息送到产品部，产品部就会根据这些信息去采购，针对我们的顾客群采购商品。

从供应链的布局来看，今年年初的时候我们在全国大概有4万平方米的仓库，是非常大的瓶颈。为了消除这个瓶颈，我们在全国（包括北京、上海、广州、武汉、成都）已经建设或租用了22万平方米的仓库，将来要新增十几万平方米，还会在济南、西安、沈阳等地建造仓库。我们的配送站点已经覆盖了30多个城市，到明年年底应该可以覆盖100多个城市。

从顾客体验来看，首先我们要把顾客体验这个概念植入到所有员工的行为中去。为此，我们找了一家第三方公司专门进行顾客调查，然后用一个综合性的顾客体验指标来考核员工，指标跟所有员工的薪资挂钩。我们可以通过指标来衡量，假如这个月达到目标的话，所有的员工都有奖金，假如没有达到目标就有惩罚，等等。这样让我们所有的员工都知道顾客体验是什么，知道顾客体验和自己岗位的关联是什么。每一个部门都要根据工作内容设定它的KPI，这个KPI跟顾客关联起来。商品丰富度是根据市场上的商品和我们商品的重合度来确定的。我们基本把所有岗位的KPI都用科学的指标进行量化，用可以衡量的方法设立一个目标，每个员工都知道顾客体验与自身收益的关联，顾客体验一定会改进的。

顾客体验的改善我们怎么做？如果你泛泛地去做，那么，由于公司的资源是有限的，最终都做不好。所以，我们采用比较科学的方法——帕累托分析法。顾客体验跟很多因素相关，比如有配送的原因、售后服务的原因、商品文字描述的原因等。我们把所有因素列出来，然后看每人每星期被投诉的情况和这些因素的关系，把资源投入到最大的几个问题上；把大的瓶颈解决之后，再解决细节的问题，最后把这些瓶颈一一消除。

经过3年的努力，我们所做的还是远远不够，顾客体验追求确实永无止境，我们觉得只有更好，没有最好。当然，我们还是取得了一些成绩，2008年开业那年的营业额是410万元人民币，今年我们应该能做到25亿~30亿元。在网站排名上，我们在Alexa中国（Alexa为亚马逊子公司，专门发布网站世界排名信息，总部在美国加利福尼亚州）的最新排名是150名左右，是最具成长性企业。最后我强调一点：顾客体验是将来优秀电商和其他电商的分水岭，得民心者得天下，得顾客体验者得市场。谢谢大家！

互动环节

提问：非常感谢主持人能给我这个机会，我来自钱袋网，钱袋网是专注于移动支付的一家专业化公司，今年5月份拿到第三方支付牌照。我想请问一下于先生，1号店是基于移动终端的顾客体验产品，在选择基于移动通讯终端的移动电子商务产品的时候，在移动支付方面对支付企业合作方有哪些条件和要求？

于刚：我们今年年初推出了掌上1号店APP，苹果和安卓系统都可以下载。在北上广深的公交站也有我们的虚拟超市，也就是说你拿着手机可以直接扫描二维码，一站式购买商品。我们的移动支付是最近推出来的，合作方有两家，一家是支付宝，一家是招商银行。从移动支付来讲，肯定是选择成本和安全性有优势的。

提问：您好，于先生！我们是一家地方的零售企业，电子商务这块的业务我们也在考察之中，我们觉得咨询服务是很重要的环节，您刚才在演讲中也提到，在业务实际运作当中有用到咨询公司提供的服务。在这一块我们有些疑惑，我们如何选择咨询公司？它在哪些方面能够提供相应的服务？并且它实际的效益是如何的？1号店是如何实现的呢？

于刚：我们3年以前请德勤等公司做过咨询，现在也有合作的咨询机构，合作业务有的是战略咨询，有的是仓库自动化方面的咨询。这些咨询要想真正得到有用的结果，必须清晰地定义咨询目标，而且要设立一些可执行的项目，而不是给一个概念就完了。我们一般会给这些咨询公司一个交付目标，要求咨询公司必须定义几个可执行的项目，而且要跟我一起执行这些项目。

提问：谢谢主持人，我是来自艾瑞咨询集团的。我们艾瑞一直追求的目标是帮助企业的梦想落地，刚才在于总的精彩演讲中，我关注到1号店已经上架了大量的生鲜食品,我想请教一下于总,生鲜食品市场一直是电商的空白领域,中粮我买网上了一些水果,但是蔬菜和海鲜还没有完全实现供应,那在包装、库存、物流、管理上,我想听一下如何对生鲜食品进行物流配送,在这方面如何更好地完善顾客体验。

于刚:食品,尤其生鲜食品,安全和质量保障是头等重要的。我举个例子,卖大闸蟹,我们去阳澄湖包了100多平方米的水域,跟他们签合约叫"假一罚千",这样才能真正保障质量。而且我们去专门考察,和他们一起看螃蟹发货的过程,赢得考核。现在我们认为工商认证是最重要的,跟我们合作的产品涵盖了有机蔬菜,冷冻,新鲜水果,这些都要做实地考察。我们上得比较慢,跟我们申请的3家供应商还在排队,但是我们如果发现有顾客投诉的话,肯定需要及时地处理,对供应商也可以处理,包括下架。

创新是企业的生命线

——1号店联合创始人于刚在2012中国(深圳) 电子商务发展论坛上的演讲

一、创新,关系企业生死存亡

我们必须把创新提到一个重要的位置:创新是企业的生命线,直接关系到企业的生死存亡。这绝不是耸人听闻。

我曾经服务过两家非常优秀的企业:戴尔和亚马逊。我看见这两家企业因在创新方面表现的差异,而导致了当前现状的各异。戴尔虽是全球执行力最强的企业,但创新之举欠缺;而亚马逊——全球最成功的企业之一,则非常注重创新。举个例子,亚马逊每年最大的奖就是总裁创新奖,奖品是美国最著名的NBA球员的一只球鞋。这么多年来，大家明显可以看到两家企业发展速度的差距，资本市场对亚马逊追捧程度也远高于戴尔。

不仅如此，大家可以看到，很多曾经非常优秀的企业，因为缺乏创新停滞不前，甚至无法存活。比如柯达，曾经被公认为全球顶尖、一流的公司，因为缺乏创新而被淘汰。而苹果公司，因为重新定义音乐、电脑、通讯，每一代产品都以创新的形象出现，改变大众的生活方式，而不断引领着潮流。

这些年，我看到这些企业的沉浮，明白创新是企业的生命线，是企业生存的基石。我认为对电子商务企业来讲，创新尤为重要。在计算机和互联网时代，速度成为最重要的因素——随着信息量爆炸，信息传播加快，竞争变得更加激烈，这就要求产品更新换代和决策速度一定要快。在这种情况下，企业不创新肯定会被淘汰。

大概十七八年前，我在美国商学院任教时，学院杂志让教授们预测一下21世纪科技的发展趋势。我的答案是——将来电脑无处不在！也许像手表一样戴在手腕上，也许像眼镜一样戴着，也许会植入皮肤。驱动方式可以是用语音，甚至可以是用人的思维。那时看来虽然有些超前，但通过这些年的发展，大家可以看到，这些在逐步实现。

二、创新，要植入企业的基因

在创建1号店时，我和刘峻岭花了两周的时间，专门讨论企业文化的内容。最开始写了两页纸，强调执行、强调顾客体验等内容，但最后我们把它缩减至8个字：诚信、顾客、执行、创新。创新，是我们企业基因之一。下面给大家介绍一下1号店是怎么做创新的：

首先，1号店的商业模式就是一种创新。我们以大品种、快消品方式切入，这其实是非常难的——海量的商品，体积大，分量重，还有易漏、易损等特点，但我们认为，只要迎难而上，克服壁垒，这些难点就能成为我们的竞争力。另外，除了商品，我们又加入了很多的服务项目，有药网、医网、手机充值、信用卡还款、银行转账、水电煤缴费等。最终真正实现我们的使命：让顾客足不出户，享受一切商品和服务。

其次，我们认为顾客、商家的需求都是多样化的，一种商业模式没办法满足所有顾客和商家的需求。因此，我们当时有一个概念：让我们的系统非常柔性，流程非常柔性，让我们的系统能够同时容纳很多的商务模式，能让我们迅速地引进新的商务模式。我们可以同时孵化十几个项目，看哪些项目可以生存下来，不好的项目就淘汰。现在我们发展非常好的项目如掌上1号店、虚拟超市、店中店、名品特卖、1号团、企业频道等都是慢慢孵化出来的。

比如"店中店"，现在1号店不光有自己经营的产品，也可以为其他很多商家提供平台服务。这种方式既可以增加我们的产品品类，也能帮助我们扩大地域覆盖。

比如"名品特卖"，我们发现很多的优秀大品牌，需要清仓过季商品，或者做新品促销等，因此，我们专门开辟了"名品特卖"频道，满足这些商家的需要。

比如我们有专门的团购频道"1号团"，最多3个月，销售额就能翻一番，发展趋势非常好，而且是一块赢利的业务。

比如"企业频道"，现在企业都会有采购的需求，如员工福利、日常办公用品等。我们发现很多企业希望有一个能为其提供特定服务的商家。而在我们企业频道，经过认证的每个企业客户都有自己的特定入口，并能享受账款定期结、特需定制等服务。这类服务非常受企业的欢迎。

比如"EPP"，一些拥有几万至几十万员工的大企业成为我们的EPP客户后，这家企业的员工通过这个频道购买，就可以享受更优惠的价格等特定服务。而企业则通过这种形式给自己的员工创造一项福利，商家也借用这个频道推广自己的品牌和商品。

另外，我们在配送方面也有很多模式，比如说半日达、一日三送、夜间配送以及指定时间配送等。

三、创新，要营造一个开放、鼓励尝试和容错的氛围

创新，要不怕犯错误。

所有新的方法、新的模式既有成功的可能，也需要冒很大的风险。因为好的做法恐怕大多已经有人尝试过，我们去尝试的一些新的做法，可能很多都会失败，我们要有容错的心态。举个此前我们犯错的例子。在1号店上线之前，我们在没有做市场调查的情况下，筹备了3个月做了一本非常精美的300多页的目录，一次印出十多万本，100多万元人民币砸进去。但后来的结果是，这种推广效果非常差，1号店早期都是一些单价不断波动的快消品，而这种目录形式，价格不能动态改变，于是我们果断地停掉了。又比如，之前我们做了很多海报，通过地铁站、小区发放，当时每次一发海报，订单就上去，一停，订单就减少。后来，我们忍痛停止了这种推广方法。

我们发现，这些不是电子商务的做法，于是逼着自己去创新，去找适合电子商务的推广方法。接下来，介绍一下我们几个比较成功的创新案例：

1. 品类中心

大家可能觉得去实体店购物，可以看看、摸摸、走走，实实在在去体验购物过程，电子商务缺乏的正是一种"逛"的感觉。其实，电子商务也可以有逛街的感觉。我们做了很多的品类中心，不仅是购物，顾客还能从中了解到不少知识。比如在葡萄酒品类中心，我们不仅销售各类葡萄酒，也介绍酒文化。比如介绍世界十大酒庄，葡萄酒酿造过程，不同葡萄酒适合搭配的食品和酒杯等大量的信息。比如电压锅品类中心，我们介绍电压锅的优点、使用方法以及一些菜谱。所以说，顾客不光是来购买，也是来学知识，体验和享受购物的过程。

2. 社交购物

现在大家知道社交购物非常时髦,其实我们在2008年刚上线不久,就开始做社交购物。最开始我们与新浪乐居频道合作,这个频道直接链接入1号店。后来我们与天涯合作,网友可以在天涯看到"天涯1号店"。我们甚至植入到论坛里,做一些知识性帖子,我们发现,朋友的介绍和意见领袖的介绍更容易被认同。另外,我们与门户网合作,与游戏公司合作,与很多的本地社区如篱笆网等合作。这些,都是我们早期的创新之举。

3. 购物工会

早期1号店推出了一个购物工会。我们发现,在办公室这样的环境,口碑效应是非常好的,一个人买了某件商品之后会告诉他周边的朋友和同事。于是,我们推出了这个服务。顾客可以把他的朋友或兴趣相同者一起组建到购物工会,只要一起购买,达到一定量,下次购物时工会成员就可以一起享受一定的折扣。

4. 个性化服务

顾客购物行为有很多规律。如商品的关联性、频次的规律性等,我们可以通过这些数据研究出顾客的购物规律。比如,有些顾客对新品非常敏感,愿意尝试,有的顾客则不愿意尝试新品。我们基于顾客行为做很多的数据挖掘,并进行个性化推荐。比如发现有的顾客之前收藏了某款商品但没有购买,我们就可以在这款商品做促销时,推荐给他。如果发现顾客搜索时我们没货了,到货时也会提醒顾客。我们通过数据挖掘,建立顾客行为模式,从而形成系统化的个性化服务。

5. 1页购

通过分析顾客的消费行为,我们推出了这个功能。顾客一登陆,就有一个自己专属的个性化页面,顾客可以在一个页面之内完成购物。开发这个功能的初衷就是,让顾客避免每次购物时去搜索、去寻找的麻烦,我们希望让顾客的购物流程更加简单顺畅。现在,我们还有一个专门的团队在做更多的研发,以便更好地优化这个功能。

6. 早市、夜市

我们发现,有的顾客是很早开始购物,有的顾客要到下班才购物,因此我们推出这样的频道以满足这些顾客的需求。而且我们还可以提供特定的商品、特定的促销等。

创新一方面需要跟上新的潮流,另一方面应通过新的技术把一些常识性功能重新优化利用,给顾客带来便利和实惠。如我们站内的首字母搜索、语音搜索等创新搜索功能。

四、创新,要放眼未来

电子商务在中国还是一个非常新的行业,没有多少经验可供借鉴,我们在创新时,不仅要不怕失败,还要放眼未来。

说创新,很多人可能只看到眼前的事情,会更多地思考"我现在要做什么"。但我认为,我们应当花更多的时间去看未来,创新要为未来做准备。像我们同时孵化很多项目,这些项目可能只能成功几个,但是没关系,只要成功,就能奠定我们未来的基础。

如店中店是两年前就开始孵化的,去年才开始推出,现在一周要进驻100多家商铺。名品特卖,才上线3周,增长很快。掌上1号店以及虚拟超市等效果也都不错。我们在北京的地铁站投放了一面27米长的广告墙,用来展示1号店商品的丰富度和多样性;在深圳地铁站,我们则是在屏蔽门上安装虚拟售货机。这也是我们为未来投资,为手机购物打下基础。这个举措的效果很好,目前我们已经积累了200多万手机用户。我们还尝试电影植入,并结合电影做整合营销,在电影院门口发巧克力,发抵用券等,都取得了不错的推广效果。

我们也尝试情景营销、事件营销。今年3月20日,我们做了一次家电促销。我们卖什么,顾客可能没有直观的概念,于是我们布置了一个模拟场景,所有的商品都摆在厨房里,一目了然。比如我们此前做"最美前台"评选与顾客互动,收到4000多张照片,最多的一个候选人有2万多人投票。

我们的团队有一个非常开放的心态，愿意接受创新的做法。很多的想法和做法是员工自发去做。我们也很乐意听到这样的想法和做法。也许做了十几个项目，八九个是不成功的，但没关系。这是我们企业的文化——鼓励员工去尝试，去不断地创新。

五、系统和流程的创新

其实我们更多的创新是后台的创新——为全程的电子商务提供解决方案。比如：

（1）"Last mile"（最后一公里）。我们在30多个城市有140多个自配送站点，我们自己送货的及时率达到98.6%。

（2）"First mile"（第一公里）。我们自己到供应商那里取货，想去的时候就去。这样，我们可以增加取货频率，加快库存周转，提高产品充货率，降低仓储成本。

同时，我们有很多能力，如仓储能力、配送能力、采购能力、系统能力、CRM能力。我们把它打包起来提供给商家，即SBY服务。比如，有的商家本身具有电子商务能力，只需要用我们的仓库管理系统、配送团队，或者直接把商品放到我们的仓库；而有的商家不知道如何运营电子商务，希望我们完成整个订单履行过程。

我们在仓库运营、配送方面有大量的创新。比如，全流程的RF操作、自动分拣、语音分拣、波次拣货等。通过这些创新，我们大幅降低了运营成本。

六、企业文化和体制的创新

如果让我挑选一个这几年我们做得最正确的决策，我会选"把顾客体验指标与所有的员工薪资奖金提升挂钩"这一项。这个效果很好，我们的顾客体验指标从2011年年初的84.4%左右上升到该年年底的89.2%。最开始，我们遇到了不少反对的声音和阻力，有些高管也不能理解，足足推动了近3个月的时间，非常困难。我和峻岭甚至在开会时当场发火，说："你要不做，你就不属于1号店！"顺利推行后，我们的顾客体验就达到了89.2%，今年又提升到92%。

所以，1号店不仅是在文化上植入创新基因，同时在体制上也有大量的创新。

最后总结一下，创新不再是一个时髦的词，而是企业必须具有的能力。尤其是在电子商务行业，创新直接关系企业的生死存亡。今天不创新，也许明天就被淘汰，我们也一样，大家引以为鉴。

智慧的1号店
——1号店CTO韩军在第四届中国技术商业论坛 暨2013全球软件案例研究峰会上的演讲

我不知道北京有多少同学用过1号店，1号店是2008年在上海起家的，那时在电子商务领域已经没有东西可做了，因为基本都被京东、当当做完了。我们不想做垂直领域，想了很久终于决定：做最苦的活，从油盐酱醋茶开始，从超市切入电子商务。超市这一块当时没有人做，所以我们决定从这里开始。

在1号店初创时期，我们非常痛苦。只要一出问题，全都是系统的问题，这迫使我们从技术角度思考如何帮助商业运营、如何解决商业的问题，1号店由此开启了技术推动商务的过程。

1号店2008年一共成交400万元，今年应该超过100亿元；在短短的5年时间里，系统完全从零开始，我2008年2月1日开始正式到1号店上班，什么人也没有，到今天，技术部已经超过1000人；2009年1号商城正式发布，出过1000单，当时觉得很了不起了，直到2011年一地多仓项目发布。

1号店想用软件定义商务，在一开始的时候就对技术提出了很大的挑战。我们都知道，人是容易出问题的，不能保证100%的准确，我们设计系统时，把所有商业规则都尽量做到系统里，减少人的判断，这成了1号店系统最初的出发点。此后，1号店将商业规则抽象沉淀为业务流程制度，用数据验证商业规则的正确性，优化商业规则，然后进行流程制度的固化。

电子商务系统其实是非常复杂的，涉及众多领域，不管什么样的系统、模式，最后还是要根据不同的信息做出不同的决策，我们有规则库、指令库、商业决策系统矩阵，支持各部门的运营。

智能化，让系统变得柔性、防错，不需要很多人的干预，甚至没有人的干预。电子商务其实绕不开价格，即使像亚马逊这么复杂的系统，实际上也有过一个"价格门"事件。几年前，亚马逊有一套几千元钱的书只卖1元钱，后来我问了一下，它的系统需要经过层层的流程的审核，但很多审核其实是形同虚设的，几千元钱的书1元钱就卖出去了，当时成为一个很大的事故。

相对来讲，在1号店这样的事故发生得比较少。我们在设计价格的时候，很重视防呆系统的设计，而且是多层次、多维度的防呆。假设小张同学刚刚入职一个月，是采购助理，他的工作就是设置价格。设置价格界面一般会展示竞争对手的价格，也可以看到平均浮动价以及核算成本。我们有一个防呆机制，如果价格比市场平均价低62.9%，我们就会给出一个"温馨提示"。比如洗发水在做活动，有一款产品进价为40元，小张填了37.9元，采购经理要审批小张填的37.9元是对的还是错的，这是后端的动作。在前端，我们还有一个价格防呆系统，有今天和上个星期同期的价格比较，如果差异非常大，系统会提示价格是否有问题或者订单是否有问题，是不是需要人工干预或系统干预。

在1号店这样的平台，每天销售的商品数量有几百万，我们会有价格巡检，事后叫补偿系统。如果商品在没有促销时销量达到往常的几倍、几十倍、几百倍，都会视作异常来处理，这个商品就会自动下架，这是自动紧急下架策略。假如iPhone价格设置错了，5000元变成了500元，系统就会紧急下架，紧急启动止损原则，不会导致一些不可挽回的错误的发生。

我们还有低50策略（指1号店某产品价格比京东同款产品至少低50元），这也是基于1号店PIS系统开发的，既能让顾客轻松享受最大的优惠，也能降低1号店价格设置的错误率。以前当当和亚马逊玩过这个"游戏"，经常改书的价格，这本书本来应该100元，突然变成1元，亚马逊就会跟着变成1元。我们有智能系统，会跟竞价进行比较，在这种情况下，我们就不会采用跟随策略，还是卖95元。这样的策略使得人在操作过程中不需要太担心由于不小心而对公司造成很大的损失，人应该去做更幸福的事情，不需要做担惊受怕的事情。

1号店的价格防呆系统采用了多层次、立体式、智能化的设计。在防呆策略里，我们也有低50自动价格防呆策略，完全用系统保证自动设置价格、自动防止价格错误。有了这样的立体式系统，1号店的"价格门"事件相对来讲比较少。当然，也有些东西防不胜防，比如平台价格，信息量不够多的时候只能通过规则规避，可能还是会有些漏洞。1号店自营商品在差不多两年时间里没有太大的价格事件发生，就是因为有这么一个系统可以保证商业的正常运作。

1号店的理念就是软件定义商务，规则沉淀到系统中，使得1号店成为智慧的1号店，人做离线的工作，而不是做线上的工作。电子商务是实时系统，我们希望人做离线工作，将人的粗心或者人的错误动作对系统造成的影响降到最低，这是1号店设计系统的小小的心得。

在我们很多系统体系里，根据业务或者技术的阶段（创新期、高峰期、低估期、复苏上升期、应用成熟期）放在整个设计架构里，在不同位置会花不同成本，以不同时间、不同方式布局这样的系统，比如两年多前已经把一地多仓、多地多仓加入到系统里，有效地支持了1号店的区域拓展，3年前做了PIS系统，是1号店智能化调价系统，在价格战中发挥了有利的作用，我们会有效地分配资源，使技术资源对商业产生更大的价值。

谢谢大家！

1号店的供应链制胜之道

——1号店副总裁黄志雄在2014年万联网供应链沙龙第四期"电商时代的供应链制胜之道"上的演讲

非常感谢万联网的邀请！我刚好到深圳出差，趁这个机会来认识业内的同事，一起来做一个分享。我原来以为可能是大家泡杯茶在沙发上聊天，没有想到这么正式，非常高兴和大家在这里交流。

先介绍一下我自己。我差不多在2010年入职1号店，那时候1号店还很小，成立还不到两年的时间，万事开头难，所以很多的工作我都做过，基层的工作也做过，我们几个所谓的高管其实做的都是很细致的活，要付出很多的心神和精力。我刚开始负责北京和上海的仓储中心的运营，也负责上海的客服中心，后来从后端慢慢地走向前端，建立了一个大运营部，除了后方的运营部以外，把其他运营如供应商的合作、市场端推广的合作、品类方面的营销，还有跟IT合作优化互联网的产品，都集中在一起。

接着就开始负责商品组货的部分，我负责食品饮料类。作为电商零售，本质还是零售，我们欢迎好的供应商和好的物流伙伴和我们一起完成这个事业。

从之前大家对电商比较雾里看花的认知到越来越深入的了解，到现在深度介入，电商其实在我们国内有好多种模式。比如现在真正赚钱的一个是阿里巴巴,一个是唯品会。当当赚了一下子又回去了,但是它今年做的战略不错。

阿里巴巴的模式是商城模式,类似于线下的商业地产模式,可以比喻为万科的模式,它能够快速复制,赚钱很轻松,只要摆店铺收租金甚至收广告费。当然,它从零到有的阶段非常艰难,现在厚积薄发成为一个非常庞大的商业帝国,但也有人在质疑这种模式有没有可能被颠覆。我们也在怀念过去不需要想那么多的年代,现在很多时候,可能今天是一个非常庞大的企业,明天说不定哪个互联网产品出来,这个帝国就可能崩塌,整个模式被颠覆。在如今,这个可能性很大,大家生活在焦虑中,生活在不安之中,变化是这个时代的特征,每天都在做创新,都在做不一样的东西,希望颠覆别人,也担心被别人颠覆,我们有幸生活在这个时代,也不幸生活在这个时代,有更多的成功机会,也有成功之后从高往下跌落的可能性。

1号店其实主要是在上海、北京发展,在广州的发展刚刚起步,这段时间在市场推广方面工作做得多一些,电影植入、地铁和公车上的广告投入也很多,大家对1号店也有了更多的了解,我首先给大家分享一下1号店的一些成长历程。

1号店于2008年7月上线,现在运营只有5年半的时间,2008年的时候网页首屏只有一屏,因为没什么货。那个时候如果酒卖完了,我们就让采购经理去线下的超市买,赶快给顾客送去,关键是要有货,做了一年多才做到日均1000单。起步是不容易的,非常辛苦才做到日均1000单,但也有时代机遇的作用。2008年是B2C电商的兴起之年,得益于1985年出生的那一批大学生毕业了。这一批人从小就接触互联网,习惯于从互联网上获取信息、在互联网上生活,一开始是穷学生,所以在淘宝上购物,假货、真货无所谓,只要便宜就可以,所以强调的是"有"。2003—2008年,淘宝通过一些成功的策略实现了好的发展,2008年的时候,整个B2C电商兴起,大家更关注商品的质量、服务、保障，正是因为1985年出生的那一批人的消费购买力成熟了，对品质的关注也到了另外一个层次。所以，每一个消费的升级或者每一个群体自身的变化，都会带来我们行业的变化，同时影响这个行业内的企业。

1号店以网上超市的定位进入了B2C这个行业，刚好在一个合适的时间点做了一件正确的事情，这是很重要的。整个电商的发展就有这么一个阶段，2014年，我们感觉到，中国电商实现了从跑马圈地、粗放型发展、超高速发展的阶段向稳步健康、继续快速发展的阶段的转变，它可能不是超高速的火箭式速度的发展，但是它发展得很快，同时强调更好地夯实电商零售企业的管理能力。在这一阶段，管理效率、商品的获得、供应链的效率，这些最本质的东西逐渐显现。很多企业以前是以宝马的速度开着QQ车在高速公路上发展，现在想的是这辆QQ车还得继续高速行驶，但必须换更好的发动机，换更好的内在。在这个行业中，无论是1号店还是京东都有内在管理效率提升的需求。这是我们跟竞争对手或者其他电商公司的同行交流得到的共识。

现在1号店属于全品类电商，13个一级类目都有，包含消费电子、服装等，但是在对外宣传时，我们还是将1号店差异化地定义为网上超市，属于卖场形态而不是纯粹的地产形态。

电商如果立志于做综合品类，最首要的永远是顾客体验——必须有商品。淘宝和天猫做得最好的是顾客体验：只有你想不到的，没有在淘宝上找不到的。为什么有那么多人在淘宝上购物？因为它是做得最大最全的，五花八门的东西在上面都找得到，它以极致的理念来打造这个平台。

我们于总在很多场合都强调顾客体验是电商的核心竞争力，顾客体验相对来说是比较虚的东西，但不管怎么做都是围绕着顾客的需求，围绕着最基础的东西，没有太花哨的地方。一个是品类要多、要全,最关键的是供应链管理。缺货率是供应链管理中的一个重要指标,控制缺货率是电商想要抓住顾客必备的能力。所谓的优化顾客体验不仅是在配送方面要做好,更重要的是"有"。

再看配送问题,1号店现在有一日三送,估计今年还会实现一日六送,顾客可以指定收货的时间点。就整个行业来讲,我觉得第三方的能力和服务质量提升很快,这次"双十一"的物流配送速度远远超出顾客的期望,大家原来觉得会很乱、很慢,有很多问题,经过这两年的发展,现在第三方物流的配送能力已经大幅度提升。

现在1号店在全国有7个运营中心,包括上海、北京、广州、成都、济南、武汉、泉州,大概占地30万平方米,这是我们供应链的布局。

目前来讲,上海占据了较大的销售量,北京、广州成长比上海快,这是比较好的布局。我们的难点在西部,因为开拓整个市场的成本是很高的,我们也在思考这方面的创新做法。

供应链上如何做到不断创新?一方面是以传统的供应链为基础继续拓展,另一方面是尝试更好的想法,更大胆地进行探索。快消品的供应链建设其实在世界上并没有太多的先例可以参考,数码产品类、图书类的供应链有一些先例,但快消品供应链确实很少,这会是一条很漫长的路。很多线下的超市也跟我们探讨,想试试看线上线下结合起来,现在大润发已经上线了。但是1号店只有线上,对1号店而言,快消品供应链建设是一条必须走的路,也是必须专注去走的路。

我们讲到所谓的供应链,很难将其限定在仓库和配送两个方面,还要从供应链端来看。在最简单的供应链环节——商品描述中,能不能让供应商按照我们的规范来进行描述,也是我们需要考虑的内容之一。另外,顾客在网站上对商品做出的评论也影响着供应链管理,比如顾客说海飞丝的一瓶洗发水去屑效果不好,这时该怎么让网站数据发挥作用?作为一个平台,作为一个零售商,我们会真实地

附 录
1号店高管精彩演讲

让顾客知道这个商品的好评率80%，有20%的顾客不满意，表示不满意的那些评论也在商品页面中，顾客可以自己看。但是从品牌商方面来讲，以前在线下，商品卖出去就卖出去了，没人告诉品牌商说顾客觉得商品不好；如今在线上，顾客会留下评论，一方面影响其他顾客的选择，另一方面也给了品牌商反馈，品牌商可以据此改进商品。比如，某品牌电脑在某电商平台上销售，顾客说该品牌电脑太差，电池只能续航5个小时，这条评论就会被1号店线上运营团队抓取，并反馈给品牌商。接下来还有两个工作，如果是产品设计上的瑕疵，则反馈到产品设计部门改进；如果是电池续航能力的问题，则得给出更有技术性的回复，如"确实不好，只有5个小时，但是这台电脑解析度不错"。这样一来，品牌商就实现了与顾客的互动。上面涉及的这些信息都是整个供应链端能够应用的。电商作为一种零售业态，可以给供应商提供很多传统零售不能实现的价值，也就是说，1号店的工作包含这样一个方面：把品牌商、商品跟顾客更好地、更紧密地联系起来。

现在，我们每天都在衡量顾客对我们的满意程度，顾客满意度大概是93%。我刚到1号店的时候，顾客满意度只有80%，大量的问题存在于仓库管理、货物配送方面，比如库存不准、包装破损、漏发或错发。那个时候整个仓库管理的精细度还不够，配送就更不用说了。等到我们把后端运营改进完以后，才开始集中精力在商品的选择、质量、价格这些更细致的事情上。总的来说，一开始的管理主要是抓大放小，把后端运营的问题解决完以后就需要转向最本质的商品端的问题，不断地做出优化，使顾客满意度得到提升。

但是满意度还不等于忠诚度，因为中国的顾客成熟度还不够，促使他做出购买决策的因素很多，比如价格就是一把双刃剑。保持线上顾客的忠诚度比线下顾客的忠诚度更难，投入不一定有产出，因为顾客的转换成本太低了。在这种情况下，更重要的还是做好本质、内在的东西。

下面具体分享一些供应链创新的项目。我原来是在供应链端工作的，所以有一些了解和心得。我现在的主要工作是负责供应商的管理和采购商品的管理，这其实也能够很好地串起来，当然我对后端运营的细节工作渐渐地远离了，怎么样把供应商的力量和我们自己的特点整合得更好，从而提升整个供应链的效率，是我现在会更多关注和学习的方面。

我们作为自营这一端，更关注的是整个库存状况，比如，沃尔玛的食品和日用百货这类商品的库存周转天数大部分还是30多天，1号店现在大概库存周转天数是25天。我们提出一个更激进的目标，即把库存周转天数降到个位数，这不是一个流程优化的事情，而是模式的改变。做这件事风险很大，不是说做不到，是说风险很大。电商就是这样提出一个目标，然后很多人疯狂地想，一开始想这么做，慢慢地发现跟原来想的不一样，但方向在那儿。库存对我们来讲最关键的就是缺货率情况、库存周转天数、滞销库存、动销率，我们不仅关注自营的商品，也关注由供应商负责库存的商品，包括商城的商家摆在上面卖的东西，如果动销率过低，证明整个商品结构是有问题的，会损害我们的流量效率，这时候就需要督促商家做出调整，或者淘汰一些商家。

系统连接整个供应链，并解决这些问题：采购要下多少库存？什么时间下？到最后仓库收货的环节，收货效率如何？上架、拣货、分拣、包装，这一系列动作能不能完全匹配？这些不是人工可以做的，特别是在十几万的SKU基础上，没有系统不可能达成。一开始全部用SKU表格都没关系，只要是人都可以做，系统无非是让人做得不那么累而已。但是，到了一定量级的时候，系统的基础能力扎实不扎实就决定了这家企业是不是能够往前更迈进一步，所以，电商的最后端的供应链效率其实拼的就是系统。

运营就是基于业务流程，以一定的管理模式而把人、系统、业务很好地结合起来。

分享1号店在这方面的创新，点子每次都很多，先讲讲几个概念：

1. VMI（Vendor Managed Inventory，供应商管理库存）

简单来讲，某品牌的尿布被拉到5号仓存放，把仓库全占满了，尿布本身利润很少，占满了仓库后其他能够赢利的商品反而进不了仓，这该怎么办？它在太仓有仓库，那么我会说："你别这么干，尿布别再往我这儿送，我派几个人，你的库房划一个区域给我用，不用多大，反正一天也就差不多五六千单，我们把系统对接一下，我把订单信息传给你，你就把相应的库存放在那个区域，想象那里有一道门，过了那个门就是我1号店的库存，我贴一个顾客的发货标签把货送出去，你的库房还是一样的容量。"在这之后有两种处理方式：一种要是时间来得及就在我们的配送上合单，合单的目的一个是提供给顾客好的体验，因为可以将两个包裹一次性送到，降低单次的配送成本。如果实在不行，也可以直接配送。

2. SLC（Supplier Logistic Center，供应商物流中心）

SLC是刚刚启动的项目。粮油米面、水、啤酒这一类快消品的库存变化非常快，每天的消耗量都很大，但是在仓储中占的位置也很大。1号店不能像线下超市那样囤大量商品再分到各个门店，我只有一个仓。所以我们要求供应商拥有相对1号店来讲比较独立的物流仓，我们之间的库存可以共享、对接。比如供应商一天两送——当然我提供的订单会符合你的MOQ（Minimum Order Quantity，最小订单量）——要离我的RDC（Regional Distribution Center，区域分发中心）近一点，这样送得快。供应商方面，需要预期到1号店大概的销售量、需求，在1号店附近利用现有的仓储物流设施，更独立地管理给1号店的供货。1号店会及时地把订单数据给供应商，供应商则加大送货次数。否则，如果供应商一周送一次，就意味着1号店得囤一周的库存，那个仓储效率以我们现在的体量已经承受不起了。

3. 自动PO（Purchase Order，采购订单）

在线下，自动生成PO并不是什么稀罕事，沃尔玛一直采用自动PO。自动PO有很多模型，比如安全库存模型、快速反应模型等，但简单来说就是电商平台提供销售预测，供应商备好相应数量的货品，根据现有库存、安全库存（针对不确定性因素带来的预期外销量变化而预备的缓冲库存）来决定PO什么时候下，下多少，送哪个仓。但是，电商的销售不像线下零售商的那么稳定，销售波动很大，做个促销，销售增长可能就翻倍了。另外，电商的竞争环境是动态的，比如1号店得盯着京东、天猫，对方也在盯着我们的价格，要不断适时调整，而价格一调整，销售可能又会产生一定波动。面对上述两种情况，就需要电商、供应商对销量变化进行快速反应。我们对这一块还在研究，在设计相应的模型，如果这个体系建立起来，就能够提升整个系统的采购效率。如果供应商对电商的补货需求有更好的预判性，就可以更好地保障整个供应链效率。否则，电商在缺货量大的时候（销售出现大的波动时）给供应商大量PO，供应商却因为没有提前备货而无法及时供应，需要临时组货再出货，结果就可能错过促销期，销售已经不像促销期那么乐观了，原本可以有较大销量的货物就变成滞销库存了。所以，不管是在安全库存模型中，还是快速反应模型或者其他模型中，库存管理都需要合理设计，而自动PO系统对库存管理来讲非常重要。

4. DMS（Database Management System，数据库管理系统）

坦白说，这个系统多加几个人或少加几个人都能够撑得下去，但库存管理是真金白银的事情，如果库存多了还得降价卖出，就会消耗很大一块经营利润。电商想要赚钱，以前只要考虑有货就行，现在就还要考虑怎么减少囤货、降低仓租，供应商也要帮电商做很多事，我们共同提升供应链效率。现在真的已经到了这个阶段，我3年前管仓库的时候是不考虑这些的，现在我管采购了，仓库也逼着我考虑这些事。

在系统方面有几个例子：

1. TSP（Traveling Saleman Problem，旅行商问题）

TSP也叫出差中销售人员的烦恼，其实和优化拣货路径的算法是一样的。电商有那么多商品都在货架上，顾客的订单可能有季节性或其他规律，要引导仓库工作人员从哪个库位开始拣货，才能保证整个拣货路径最短、效率最高？要不断优化，不断进行计算，建设模型的内在体系。

2. 语音分拣系统

拣货人员拣完以后，可以统一做分拣，将货物分拣成各个订单。我们最早是用眼睛看，找出货物扔到分拣柜里就行了。后来，资金充足了，就建立了电子标签系统。现在，我们用的就是语音分拣，只要扫一下条码，系统就会自动分配几号分拣柜，拣货人员把商品放进去，这样效率更高。现在各家电商中，电子射频枪、电子标签、语音分拣等技术都有应用，但是我们是以实用为原则的，电子标签那些都太贵了。

3. 自动调拨系统

电商在全国的商品资源都要统筹管理，如果能够提前对上海、北京、广东的库存进行有效配给，就可以提升供应链管理效率。这是区域之间的调拨，还可能涉及其他方面。电商要通过对销售的预测、对未来需求的预测设计系统，让系统根据不同销售情况自动进行调拨。

所有的电商都遇到过的难题就是订单量越来越大，但仓库有限，形成了互联网的无限性跟仓库的有限性之间的矛盾。举个例子，国家对每个仓体面积都有要求，单量越来越大的时候，就需要再建一个仓，可能也是全品类仓。如果这个仓没库存，系统就把订单自动分到另外一个仓库去处理,这可能导致拆单的问题,一个订单拆成两个包裹。第二个是分品类仓,百货商品在一个仓发货,食品商品在另一个仓发货,数码产品固定在一个仓发货,这也可能需要拆单,但好处是送货效率很高,因为拣货效率非常高。现在业内都会受这些困扰,京东的拆单率超过20%,我们也有拆单的问题,亚马逊也有。电商都会遇到这种线上量越来越大、越来越集聚、无限扩展,但是线下采用统仓方式导致的有限性的问题。

天猫不会遇到这个问题,因为它是以店铺为单位的,但是这也意味着它的供应链效率是最低的,因为一个订单就只能做一个商铺,只做一个商家。菜鸟物流的价值就在这儿——提供一个共享的供应链,大数据物流。信息流现在很碎片化,如果真的把整个信息流打通,对整个供应链是很有价值的。

在运营上面也有一些创新,比如配送合单,我们会有几种拆单的方式,一种是拆成不同品类仓,顾客订单会拆成两个包裹,这种方式的顾客体验很差,配送成本也高。如果几个仓的操作能够实现实时性和同步性,而且我们有自建物流,可以在自建物流的地方进行合单,那么就可以在降低成本同时提升顾客体验。

如果我用SLC,供应商有一些库存可以直接发,也可以发送到配送站,再进行合单。这说起来很容易,但去分拣中心一看就知道,根本没法从一堆的箱子中找到两个箱子来配对,必须依靠系统的力量。这个事情不做不行,太重要了,未来体量越来越大,仓库有局限在那里,必须在配送端寻找一些突破,寻找一些创新。

拼箱运输,我们跟沃尔玛的一些干线有合作,当然不止沃尔玛,还有很多干线都有合作,打通信息流,实现我们区域之间的调拨,更好地利用这些干线里面富余的或者是闲置的运营能力来满足我们自己的运营需求。这需要信息流是透明的,事先要有计划性。

托盘共用体系,这是一个供应链,不是在1号店自己的控制体系里面瞎折腾，这是可以打通供应商端，甚至是品牌商、经销商、工厂，品牌商仓库跟零售仓库之间的案例，所以我愿意分享一下。

我们是大波次拣货的，顾客的订单，比如A的、B的或C的订单并不是一个一个地拣货，是按波次来拣货，现在是30个订单一个大波次去拣，拣货人员去货架上拣货不是按订单，而是按SKU去拣，即每件商品要拣的数量这样来做的，最后再通过系统分拣，分拣成订单。这样来讲，因为我们每件订单里包含的商品和件数相对比较多，平均有16.7件，这是1号店的一个特色，也是我们的一个难点，现在已经快速很多，在4万平方米的仓库里拣16件商品大概需要1分20秒的时间（不包含分拣和包装，就是拣货而已）。实现这个速度的关键因素就是拣货路径的设计还有波次设计的科学性，以及能做的最大波次。

托盘共用体系的思路是这样的，像招商路凯是一家托盘租赁服务公司，它给原材料供应商或者生产型供应厂商提供一些托盘，原来生产厂商、品牌商或者经销商给我们供货都是散装的，堆得满车都是，我们收货的时候要一箱一箱地搬，这样效率很低，破损率也很高。如果说到最后我们采用托盘共用体系就能够大幅地提高效率，到最后终端是作为零售商的1号店，关键就是托盘体系能够流转起来，相当于一件商品从生产商到品牌商到零售商的过程能够串起来，这个库存体系是打通的。我们现在跟联合利华考虑做周转箱，连箱子的成本都省了，这也是一种互联网思维，协作真的能产生效益。

托盘共用体系的模式也就是这样，非常简单的一个案例，最关键还是托盘租赁企业提供的这些，到最后由零售商来进行运营信息的汇总。

这是我们真实做出来的一个案例，你可以看到，原来是散货运输，现在是带板运输、托盘共用。带板运输跟托盘共用之后整个运作效率大幅提升，原来的订单是以箱规来下，现在是以托盘来下。当然我们限定了SKU，比如联合利华或者宝洁，我们选定了这几个SKU来做带板运输，每个托盘大概有多少箱对这个SKU而言，就相当于箱规拓展到整个托盘了，所以我下的订单可以以托盘计算，收货的时候也是以托盘来收货的，到了仓库那边，托盘进来可以直接上架，他们那边省心，我们这边交接清楚，收货效率很高，原来交接货物需要1.5小时的，现在只要20分钟就搞定了。还有就是破损率，原来要搬，所以破损率很高，大于2%，现在破损率比较少了。

从物流成本来讲是有提升的，带板运输会降低整箱的装载率，散装运输则装载率很高，所以运输距离大于150千米时，装载率浪费的成本可能要大于带板运输带来的其他效率的提升。每种方法都有它的局限性。

预约其实对电商、对供应商来讲都蛮痛苦的，每天这么多的供应商，这么多的订单，仓库就那么几个，预约很久都进不了，收货时间有长有短，需要精细化的调度工作，我们现在也做了一个线上的预约系统，让信息更透明一些。

对带板运输来讲，我们有一些绿色通道，为搬运工运货节省了大量的时间。

这种模式概念简单但是推行起来很有效率，降低了整个供应链成本，大量的供应商、品牌商一起加入了我们的项目。我们期待继续以实用、创新、协作的概念去跟我们的供应商以及物流商来共同思考，降低整个供应链成本，提升供应链效率的更好方法。

互动环节

提问：我有一个问题，作为电商，库存的控制是一个绕不开的问题，做鞋的、做衣服的、做食品的都出现了不同的库存问题。1号店属于平台系统，它如何依据前台的供应商和总部大数据掌握的情况，对整个库存管理起到积极的作用？1号店对于库存管理有没有一些较大的动作？

黄志雄：现在我们利用数据来帮助供应商，这些数据是实时的，而且涉及面广，非常丰富，不是简单的交易数据，也就是说，我们提供给供应商的是实时交易数据和库存数据，能够帮助我们比较好地预测销售趋势。比如有去年同期的数据，一个品牌、一件商品甚至某个规格的销售数据现在都是可以做到的。在顾客那一端，你可以看到，什么类型的顾客买你的商品，或者你有什么样的计划想要跟顾客去互动。1号店现在做的是搭建的工作，比如说我们跟联合利华做一个项目，他们看到我们有一些库存，愿意提供资源做一些促销项目，他们可以主动地发起送抵用券活动，只要在后台操作，对联合利华下面的这几个品牌，就可以把满50元减10元的抵用券，根据已设定的条件从数据库里面找到相对应的顾客送到顾客的1号店账户里，也可以考虑用微信去通知顾客，然后由顾客做出消费的动作。

我们现在跟供应商讨论这样的合作形式：我开放库存给你，你也要把你的库存开放给我；要货也不是什么时候都可以要得到的，我希望掌握联合利华或者宝洁现货情况，为我们自己制订促销计划带来便利，最终实现双方共同促进销售。

要让整个供应链有价值，首先要把信息打通，营销计划共同来做。线下可能一年只做一次计划，在线上则每个月都要和供应商碰头，说明下个月的计划，再做一些修正，把市场运营推广计划跟供应商一起确立清楚，把库存的信息双方都搞清楚。然后才是运营层面的，比如我什么时候给你下订单？你什么时候给我供货？你要不要建SLC？要不要一天两送？要把前端和后端都串联起来，而不是零售商把球踢给品牌商，压力跟成本都在他那里。

提问：线下实体店对供应商的管理一般都有比较严格的限制，首先是因为门店的面积受影响，所以必须确保产品销量比较好，设定一些规则，达不到销量可能封条码，赶出商场，甚至有的地方已经不接纳新的供应商。如果供应商与1号店并不是战略性合作伙伴，1号店有什么方法来管理供应商，让他更贴合你们给顾客的体验感，更好地提供服务。

黄志雄：线上也存在局限性的问题，不能无限制地扩张SKU。因为我是一个大仓，所以我在面积各方面比传统零售商的门店要大很多，沃尔玛做大型仓做4万个，我可以做十几万个SKU。

对于供应商的管理，线上企业其实还要向线下的企业学习，可能在管理的成熟度上还不够，还没有那么严格的处分措施。预约不到就是处分，通过率低了，明年的合同提物流补贴提2%，损耗也得提一点，毛利还是得保证，所以我们也要精选SKU。

要解决商品选择的矛盾，1号店的模式就是SBY，比如我有相对一块比较富余的库容可以拿出来给供应商自己管，你想进入1号店，但我不确定你的商品好不好卖，也不想用经销的方式买断。这时，如果你愿意的话，你可以来尝试自己来定价，并且投入一些资源做促销，我只收取一定的服务费用，我帮你做配送要付钱，相对而言，你自己做配送可能付的钱更多，因为你卖的东西可能会跟其他的商品或者是我卖的自营商品合在一起配送出去，所以分担了你的运营成本。至于到最后能不能做下去，尽管我们也会帮助把关，但是更多的是供应商自己做选择，我的商品是不是足够好，好到我可以在1号店这个大的平台上生存？另外，他自己要设计一些促销项目来刺激商品的销售，这种模式可以自动地淘汰掉一批动销慢、库存成本和配送成本高的产品。采购是人，他的精力有限，即使有系统的帮助，管理幅度也不可能无限制地扩展，所以要引入社会供应商的力量来共同管理商品，挑选商品。线上的库容可能更大，线上的操作空间、工具更丰富，供应商的自主权可能更大一些，差别也就是这些方面。

提问：我们主要是做冷鲜食品的，1号店现在对生鲜食品有没有规划？对于生鲜食品的配送，你们是如何做规划的？

黄志雄：我们在上海和北京试水冷链，包含冷藏和冷冻，在上海也有1000个SKU，都是以入仓模式做的，北京9月份刚开始做，只有300个SKU。

  对于冷生鲜食品，你可以发现这是另外一个垂直品类，在去年和今年有特别多话题，感觉好像是正兴起的领域。生鲜之于1号店而言是一个战略性的东西，因为1号店的食品饮料是核心品类，食品饮料少了生鲜就缺了一半，生鲜对于1号店而言是很重要的。1号店从2013年刚开始做，大家也都知道生鲜的后端投入是相当巨大的，所以我们不会去投入后端的基础设施，像做普通的商品一样，更多的是寻求合作。比如说在上海，我们联合一个仓储的服务商、三个冷链的配送服务商、几十家供货商在搭建的平台上以SBY（Service By Yihaodian，高必赢）的方式来做，我们在一线城市会以这种方式去做，同时发挥我们在进口方面的能力，进口生鲜其实蛮热门的，在这一块，我们看的是销售规模到底能够达到多大。

  互联网相对来讲是一个屌丝经济，而不是一个高富帅经济。高富帅经济就是一小撮人在那儿，你为这一小撮人服务，互联网效应的加分作用不是那么大；如果你是为屌丝服务，那互联网能帮你大忙。余额宝玩的就是屌丝金融，100元不到也可以买基金。以前你从来没想过100元买基金，但是汇小流而成江河，电商也是这样。所以做电商还是要以屌丝为目标人群。对于生鲜，我们想定位为轻奢品类，不那么高富帅，但屌丝的特点就是说我是有追求的，我只是没什么钱而已。所以我们的定位是稍微优质的，更好的产品。在商品的选择跟定价上面就会比高端的网站更往下一点，但是比普通的那些更往上一些，这样成本才能受得了。北上广我们会以这种模式来做，在其他区域也不排斥找一些区域的合作伙伴。他们有自己的商品，有一定运营能力，1号店有前端的流量和运营体系，可以尝试一起来做。当然，在选择战略合作商的时候，我们对合作商完善的商品管理体系，以质量优先、安全优先的理念，相对稳定的后端服务能力，需要做考察。

因为你打的还是1号店这个品牌。我们自己坦率来说没有能力快速做，所以最好还是结合大家的力量一起来做。这一方面我们很关注，在生鲜这一块还是太慢了，大家有好的合作机会可以找我，我刚好负责生鲜这一块。

提问：刚才您说到供应链上游企业之间要提高合作效率，信息共享很重要，从您的角度来说，您觉得目前阻碍信息共享的因素有哪些？线上线下供应链实际情况不是我们理论画的一条线，而是一个网链，您会不会担心，我的信息共享给他，但是供应商又共享到竞争对手那儿？

黄志雄：有担心，基本上我们不会把我们的顾客信息交给第三方的，共享的是我们在运营中最后总结出来的一些规律。为什么现在行业没有做到打通？是因为前端滞后于后端。做仓库运营的人员想的是我要是能够跟他对接库存，不用下订单商品就送过来那多好。但是市场端、销售端的人还没有真正往这一方面去想，他们整天想的是我怎么跟你博弈，进价压低，给我多一些促销资源。所以，要打通信息共享环节，后端想干的事前端必须同心同德。1号店希望能够跟一些关键的大型战略性供应商共同来制订市场的推广计划，商品包含新品的计划，后面就能够把整个库存的节奏理顺。其实我们公司内部也有这样的矛盾，采购永远在抱怨库存管理的人，库存管理的人跟仓库又有要求，你少弄一点儿，仓库库容才不用扩仓，周转也更快一点儿。库存管理夹在中间，一方面他背着缺货率，所以希望能够赶快囤一些货，另外一方面，采购肯定先把货抢到，价格拉低，这样毛利最好。所以，公司内部要先从销售预测到采购的流程和库存的工作方式，以及仓库合理的周转目标、缺货率目标。内部先打通，供应商再从市场端到销售端打通，这时候供应链就水到渠成了。但是现在整个行业我们知道大部分都是后端的供应链想推动前端去做这事，而前端觉得不着急。所以，改变要从公司层面做起，CEO都知道这个东西这样做有战略意义，要从公司层面去规划和设计，去推动和建立这个体系。

我现在管采购，也经常听到老板抱怨，卖5升装的金龙鱼油和4升装的农夫山泉成本很高，并要求销售端不仅要卖而且还要考虑整体运营成本。我现在就开始想怎么去优化整个供应链。

现在还是比较碎片式的，如果能够体系化地建立起来，这才是供应链的胜利，而不是某一家零售商的胜利或某家供应商的胜利。

做以顾客为导向的电商系统

——1号店高级项目经理韩路在2014联商网大会
暨中国零售业发展高峰论坛上的演讲

前面诸位讲了很多关于线下零售业好的经验，1号店作为零售业非常重要的组成部分，和各位线下同行有非常多交流和合作的地方。作为电商公司，核心是技术，1号店首先是电商公司，也需要进行科学技术的竞争和系统竞争。我们想从系统的角度切入，和大家分享一下1号店成立5年多以来取得的成绩和未来发展的方向。

下面的分享分为4个部分。第一，介绍1号店系统发展历程和业务发展历程。第二，介绍系统设计理念，如何把顾客这一个重要元素和我们的核心价值观融入到系统建设当中去。重视顾客一直是1号店企业文化当中最重要的组成部分之一，顾客是1号店人心目当中最重要的，因为只有先有顾客，才能有流量，才能产生销售，才能有1号店的生存和发展。第三，我还会介绍一下如何基于这样一个设计理念，形成我们生态体系。第四，我会与大家分享两个通过技术驱动业务和通过系统引领业务发展的实例。系统和业务的关系，是技术团队辅助业务的发展。在初创阶段，技术是落后于业务的；等到企业慢慢发展起来，技术会辅助业务；再到现在的信息化阶段，我们要通过技术来推动企业发展，并且引领新的业务模式和商业形式的发展。

大家先看1号店系统和业绩的增长。2008年7月11日系统上线，当时只有5款应用，现在1号店的技术团队超过千人，在武汉有自己的研发中心。2008年年底，我们已经有10万注册用户，线上通过一年的发展，到2009年订单突破1000单，9月，我们的注册用户突破100万。2008—2009年，用户有10倍的增长，2010年我们的销售额达到8亿元，当年4月，商城正式发布，商家可以入驻，丰富了商品种类，也满足了顾客需求。线上产品达到15万种，同时我们上线了一个重要项目，叫一地多仓。最初上海只有一个仓库，到2010年的时候，我们发现一个仓库无法满足业务增长的需求。于是，我们租用了多个仓库，以便进行优化调配，在不同的仓库分别管理不一样的商品，这个时候需要进行库存分配以及后端的执行。如何存放商品效益最高，并能给顾客最佳体验的课题，在这个项目当中，我们已经得到了解决。

2012年，1号店高速发展，在线商品接近90万种。6月份我们有一个项目，它由4个重要组成部分，为供应商和商家提供多种选择，如果您是供应商想要跟我们合作但没有配送人员，通过FBY（金融服务）这个项目，可以一站式解决这些困扰。第二个是MBY（营销服务），解决了商家在1号店平台上的流量问题，1号店对站内和站外流量进行统一建设和分配，商家商品如果很好，就可以通过这个项目进行销售和推广。第三个是DBY（数据服务），我们提供了1号店的销售数据、用户数据、订单数据，这些都有免费版和收费版两个版本。第四个是PBY（平台服务），通过平台可以根据需求采购一些增值服务，比如说商家想卖商品，做一些搭配销售，通过PBY售卖一些小的工具给商家使用。

这是6月份上线的SBY项目的几个方面，为电子商务提供一体化解决方案。9月份，我们做了一个大的系统，对1号店的系统底层做了

附 录
1号店高管精彩演讲

一些梳理，使其更加具备服务化效果。在第二层结构有数据库或者是网络设备。第三层针对多平台，包括移动端、PC端等。完成改造之后，我们系统变成三层结构。

通过这样一番改造，系统能力得到极大的提升，我们在2012年成功地支持了"双十一""双十二"活动，让顾客轻松地在高峰时段流畅访问、下单和完成支付，并快速拿到商品。还有一套装天线的系统和相应的监控体系也上线了，这是1号店自主研发的系统，通过这套系统能快速看到目前的订单状况、用户注册数据、访问情况、用户是否拒绝、注册是否出现失败，等等。

大家都知道2013年1号店的销售突破100亿元，线上的注册用户突破5000万。6月份，我们的监控平台上线了，实现多维度、立体式的全面监控，人员通过短信、微信、邮箱，发现报警会推送消息到各种设备，以便及时做出反馈。一旦出现了预设的情况，系统会自动修复。现在2014年，我们的独立注册用户数突破6000万，每天的独立访问数突破2000万。3月18日的牛奶抢购活动中，一个小时不到我们的用户就抢光了60个集装箱的进口牛奶，这一段时间又有面膜抢购活动。3月20日，我们还做了数码冲锋活动。这些活动之所以能够成功开展，都是因为有系统的支持。

5年多以来，1号店的系统飞速发展，并支持了业务的飞速发展。系统还能自创性地通过技术的发展，开拓出新的业务模式。我们的系统设计理念是以顾客为导向的电商系统。这是什么意思？我们举一个简单的例子，如果在PC端打开网上1号店，只要你曾经访问过，我们就知道你是谁，从哪里来，还能预测你将会买什么，这是优于线下的。我们把这些信息进行分类，从而可以描绘出来，你是一个高富帅，还是屌丝，以及你的诉求是什么。如果你用手机更好，它能够绑定你的手机号码，而且可以定位。

还有一种没有来过、没有看过的情况（即第一次打开1号店网页或手机客户端），怎么办？我们也有一个预判，就是根据某个地理位置的消费情况预测你是什么样的人。比如说我所在的上海张江研发中心，那里IT企业很多，以男士为主，这就是对张江地区用户的基本判断。如果你在其他地方打开1号店，比如高档社区，也许看到的页面跟身在张江的用户看到的页面完全不一样，这就是所谓的预判。第二步，你在1号店的搜索、访问、浏览行为，都会帮助我们适时修正预判和类目搜索选项，并精准化推荐给你最佳的选择。我们主动推送给用户的优惠活动，比如说哪些手机配件一起买更便宜，都是通过精准化推荐来达成的。同时，你在搜索牛奶的时候，会询问你是不是还要买一些饼干，产生了关联销售，这也是通过系统实现的。用户结算，我们会有一个仓库分配，如果不在同一个地点，我们会进行调拨，接下来我会仔细跟大家介绍多地多仓系统。

最后我们会有一个多渠道的客户促达体系。大家都知道手机短信、微信可以告诉你订单状态，会提示你"很长时间没来了，来看看新出的某某商品"。微信、微博、1号店APP也会推送消息，告诉你相关的优惠活动，等等。这就是系统基于顾客导向的设计理念。有了这样的理念，我们的系统设计就像一棵大树，一个生态体系，树枝就是我们的应用，应用排列方式恰好和零售行业或者电商行业技术发展的趋势和分布相吻合。可以将这种趋势分为5个分期——创新出发期、高峰期、低谷期、复苏上升期、应用成熟期。这个趋势划分方法现在很多零售企业都在用。低谷期以后，再过三五年，它又会进入新的复苏上升期。1号店开放自己各种系统的能力，并提供资源给供应商和商家，帮助合作伙伴一起成长。

还有多地多仓平台，1号店在国内一共有7个仓库，并不是每一个仓库都存放一样的商品。比如，上海、北京的仓库，因为我们的顾客和订单集中在这两个地方，订单量多一些，就不采用多地多仓模式。而武汉的订单量相对来说少一些，那里的仓库就是采用多地多仓模式建设的，即通过系统进行优化、选择而形成卫星仓。打开1号店武汉地区页面，显示的商品数量并不比上海少，就是因为我们实现了仓库的库存共享。如果在武汉买了武汉仓库的商品，那么很快可以收到货；如果选择了多件商品，其中一些商品在武汉本地仓库没有备货，要从上海调拨，那么这时我们会套用一个算法，规划送货方式：是直接发到顾客手中，还是先批次调拨到武汉，再进行分装；是被动地调拨，还是主动地调拨？或者结合进一步的情况，这些商品在武汉地区好卖，武汉是不是也要备些库存？通过算法得到成本最低、顾客体验最好的送货方式，按这个方式送货。像上面这种情况，在武汉备货对顾客来说是效率最高的。

武汉、成都的仓库都采用多元化的模式，以后1号店的仓库发展也会沿用这样的模式，并且会进一步优化算法。现在，1号店订单平均成本在降低，顾客收货时间也在改善。

接下来讲1号店的消息管理平台。顾客下单的方式很多，通过PC端、移动端或者其他网站入口都可以下单。我们的消息管理平台有自己的标准，对不同顾客应该推送哪些消息、什么时候推送、推送多少条顾客可以接受等都有区分。

打开1号店PC版有一个用户中心，整合了用户在1号店所有关心的内容，比如购买记录、账户余额等，用户还可以在用户中心与1号店的客服、供应商进行交流。另外，传统的零售业不知道顾客是谁，而线上商家可以精确地知道。如果顾客在一定阶段内重复购买同一类商品，就可以推荐他进行定期采购，我们按照顾客约定的时间定期发货，并给予顾客一些优惠，比如洗发水、牙膏这类商品就很适合定期购。通过定期购把商品购买周期固定下来，1号店就抓住了顾客，能够产生二次销售。在售后服务方面，现在客服大部分是通过电话、邮件的方式与顾客沟通，我们在微信端有微客服，能够更方便地进行沟通。如果用户的微信绑定了1号店账户，就可以通过微信看到订单情况，售后服务也可以在微信上实现。

我再说一下应用发展前布局。一个平台的成长不是一蹴而就的，它需要一定的培育期，我举两个例子来说。第一个例子，多商家平台。1号店在成立之初只有一个商家，其他都是供应商的商品，2008年年末决定做多商家平台。不到两年，1号商城上线了，这就是我们的多商家平台。又过了两年，多商家平台在业界产生了一定影响力，形成了一定规模，平台上拥有超过一万的商家。

第二个例子，个性精准化，用户画像，包括你刚刚来1号店，没有任何购买记录，我们怎么给你定位，或者称为预判，怎么进行规则优化，适时调整；拿到用户的这些信息以后，怎么进行大数据处理，最后给你推荐。这个是系统的一个发展阶段，提前布局，我想说作为一家电商系统的科技公司，很多今天看到的技术，其实两三年前已经在做了。

树干，主要是跟技术相关的，我们有一个自己的架构平台，它能够进行应用和服务的管理，基本上可以无限扩展，目前技术能力能够支撑一万个节点，处理效率也是每秒万次，还有一些监控。

说到树的根茎，不是一个系统的活产品，而是一个完整的生态体系，左边有规则引擎，这些是我们约定，或者我们在商业操作当中形成的规范，我们把它作为规则保存下来，放到系统里去。右边是指令解码和指令集，"低50"是有策略的，需要考虑哪些需要降低，当然也要考虑毛利。优惠促销的投放额度，跟市场费用有关，包括节日情况、突发事件、季节性促销都有关系。这两方面作为我们系统输入，然后在这些系统的生态链当中进行决策，这些系统包括前面说的商家平台、自动化营销、商务智能体系，这些作为整个的生态链，支持我们商业决策，并且在我们顾客感知上、网站页面上、应用上能够表现出来。

接下来再说两个新的话题，一个是云电商，很多电商都有自己的云，1号店也在建设自己的云，我们分三步走：第一，先建自己的快速交付，这个已经做好了。第二步，搭建自己的私有云，这一步在建设当中，融合了我们自己的资源和社会的资源，建立一种混合云。建成以后，我们把这些资源对外开放，提供给合作伙伴、网站上的商家和供应商，让1号店5年来的研究成果和技术成果能够与陪我们一起成长的伙伴一起分享。比如，我们现在就和宝洁进行分享利用。

上面是电商架构，下面是电商应用，你有这些之后，能做什么？我们把1号店整体系统的能力也给供应商和合作伙伴分享，包括前台、后台、配送等，既可以单独使用，也可以组合使用。因为我们自己花了5年多时间，把1号店建设成现在的样子，也走了很多弯路，我们希望这样的经验能够总结下来，能够给想做电子商务的同仁尽量多的帮助，能够有更多的合作方式。在时间和成本上，如果采用这样的模式，对目前线下的企业来说是更优的选择，在座的各位没有5年或者3年时间再等一个平台建设完成。招IT团队建设搭建这样的一套系统，1号店在时间和成本，包括性能上对各位也是最优的选择。

举两个例子，一个是PIS。大数据很火，其实在目前的IT系统里面，所有的系统应用跟大数据都是密不可分的，大数据已经融入到体系当中，不再是单独的模块。我们所有的系统输入都需要依据海量数据和总结商业规律来进行。我们产出也是海量数据，PIS也是基于这样海量输入和输出。它的输入和输出由两步实现：第一，从互联网上拿到所有的竞争对手和合作伙伴的商品信息，包括价格、库存、销售情况。同时，跟自己的规则进行融合，我是想要说跟它的价，比它更低的价，还是追求毛利，这样输出到用户，给用户和1号店都是最优的。

"低50"项目，也有非常大的使用率，凡是打上这个标签的商品，全网最低价，这个是分钟级的调价，而且是自动地调价。如果看到价格在更新，PIS以分钟预算能力抓取最新的价格进行价格的输出。同时我们也给顾客最好的体验。

第二个例子,老鹰系统,对订单进行甄别和管理。某电商平台上的一部分商家存在虚假发货现象,还有一些B2C批发订单,订单量特别多,有很多不是真正顾客的购物订单。通过老鹰系统,我们能够自动甄别这个订单是真实的还是虚假的,3月18日我们就使用了这套体系,区别出哪些是批发用户,把实惠带给真正的批发用户、个人用户。

这些就是1号店想和大家分享的。

关于创新的一些想法

——1号店联合创始人于刚在2014年第五届
全球商学院院长论坛上的演讲

谢谢,非常荣幸能够和大家分享我关于创新的一些想法以及创办我们公司的情况。

先介绍一下我的职业生涯:我在美国进修了25年,有在美国创业的经验,之后在中国也创建了公司。我在得克萨斯大学奥斯汀分校担任过教师,所以也做了很多研究的工作。

实际上,我也是通过我的研究成果来做一些咨询的服务,同时也为美国航空公司的一些子公司提供一部分计费的系统。我在创新型企业也工作过,在这个过程当中,看到一些公司失败了,今天也分析一下那些失败的公司到底发生了什么问题。

首先,我想大家都知道创新是至关重要的,我一直告诉我的公司,创新是我们的生命线。毫无疑问,网络在改变我们与世界、人和人之间的联系,同时,人和物体、物体和物体之间也通过网络联系起来。在整个流程中另外一端我们也不知道到底是人还是机器人,还是一条狗。

与此同时,我们可以看到,竞争越来越激烈了。大家可以想象一下,过去零售业的竞争是实体之间的竞争,顾客是从一家店转到另外一家店去消费,而现在可能就是一个点击的距离,客户会更快地切换到另一个网站,离开的速度更快了。现在的产品生命周期也缩短了,而且是大幅缩短。我加入戴尔电脑的时候,产品(电脑)生命周期基本上是一年半的时间,而在移动互联网时代,只要6个月,手机就有了新的型号。另外,各大商家也把客户宠坏了,客户的权利现在越来越大了,也获得了更多的资讯和信息。网购刚开始的时候,客户可以很快地在线下单,希望3~5天到货,但是现在,客户在网上下单希望第二天或者当天就收到货物。客户的要求越来越严格,不仅要自己选择产品,还要自己选择地点、时间。

所以,在这个时代,创新变成了不可或缺的东西,创新是我们的生存之道。说到创新,很多人会说产品的创新,比如苹果的产品创新,其实创新无处不在,在各个层面都能够发生。我和大家分享一下10年前我在亚马逊的经历。我当时非常惊讶,因为亚马逊禁止使用PPT,主持任何会议,必须进行语言描述。所以我们在开会的时候,可能要先读3~5分钟的稿件,然后再进行讨论。当时在亚马逊,平均每天都有10次会议,每次会议就半个小时。

你可以看到,现在的企业文化其实也发生了改变。你做事的速度越来越快,很多的企业文化、运营模式也变得不一样,整个运营过程、运作渠道也发生了很大的变化。

我和大家分享一下我们公司是怎样创新的。我们公司在6年前——2008年7月11日正式成立。当时1号店是非常简单的一个网站,与亚马逊很相似,所展示的产品很少,首页的东西也不多,整个公司只有非常简单的产品目录、60名员工和一个5000平方米的仓库。

这个仓库只用了半年的时间,因为半年之后就不够用了。现在，我们在全国总共有19个仓库，每个仓库至少3万平方米。与此同时，我们在上海、广东各有一个大型的仓库聚集区。我们公司的愿景是为用户提供一站式的购物。我们做了市场分析，当时很多网站是垂直的，比如说电子产品、书籍、母婴用品等，我们则是从快速消费品做起，因为它是满足人们日常需求的产品，也是流动很快的标准化产品。

我们希望给人们提供一站式的购物，希望用户到我们这儿，可以在网站上选择他们所要的东西，能够在网站上直接通过信用卡支付手机话费或其他公共事业的费用。我们分析了一下成本，通过电子商务，可以节省3%~5%的成本。也就是说，和实体店相比，电商能够降低3%~5%的费用。

说到交付，我们希望可以实现当天或者第二天的产品交付，或者是夜间交付。我们不仅为客户提供各种各样的即时交货服务，还有不同的渠道，如网站、移动应用等。移动是我们之后才实现的渠道。

另外，我们有不同的商业模型同时运作。在这里我们也分析一下其中的主要模式，一个是B2C，我们提供库存、定价、网站的运作，还有我们的市场。另外一个是SBY，依靠1号店这个平台，由1号店提供市场营销和物流服务、数据服务、财务服务和市场服务等帮助，卖方可以在我们的平台上进行销售，我们也帮助卖家来设定价格，帮助他们进行运作、管理等。

与此同时，我们也可以实现直接发货，比如尿布。销售尿布的商家不需要把商品送到我们仓库再送给消费者，我们的团队可以从供应商——卖家直接发货给消费者。另外我们和很多品牌进行合作，比如海尔，消费者购买的电冰箱也不需要先发货到我们的仓库再送。而且不需要远距离发货，可以就近选择发货地。

我们也可以充分利用库存，我们的仓库当中包括合作伙伴的库存，与成百上千个仓库进行发货合作，这是我们的创新。2011年，我们的客户满意度大概是84.4%，对于我们来说，我们希望能够在电商行业当中实现最高的客户满意度。这说起来容易，但具体怎么做呢？1号店的办法是让每一个员工的奖金和客户满意度挂钩。如果我们实现了某个目标，比如，这个季度实现了客户满意度的指标，那么每个人都有奖金，否则就没有奖金。有了这样的规定，大家都会关注客户满意度。

我们推行这个规定的时候，一开始基本上每个部门都有阻力。因为发货人员才会和客户直接打交道，而对于市场营销、采购、市场管理人员来说，他们和客户没有直接的联系，所以他们有抱怨。但是我们认为所有的部门都应该参与到提升客户满意度的任务中。比如采购人员，你必须采购客户所需要的产品，并且必须以一个好的价格进行采购，然后才卖得出去。对于IT人员也是这样，你必须建立一个非常稳定的网站。而且要像数码相机一样，用户按一下就可以很方便地购买商品，IT人员要把网站变得便于使用，让用户可以很快完成这个流程，而不需要读很多的文字说明。我们花了3个月来推行这个规定，让大家适应这样的机制，这也是企业文化方面的一个改变。最后的结果非常令人惊喜，在一年内我们的客户满意度从原来的84.4%上升到92%，应该说，我们现在的客户满意度在中国电商领域是最高的。

大家可以看到我们的成绩：在6年中，第一年销售额是400多万元，后来达到4600多万元，进而8亿多元，2012年达到了64亿元以上，2013年达到115亿元，今年估计可以达到200亿元。我们的SKU也是从400个零售单元达到今年年末的三四百万。就员工而言，一开始我们就一张桌子，我和我的合伙人两个人面对面工作，现在我们已经拥有1万多名员工了。我们的网站则有7900万的注册用户量。

我们是如何实现的呢？我们通过很多方式实现这个目标，最重要的是创新。我们在创新方面做了哪些工作，创新又是如何使得我们的流程变得更好的呢？在招第一个员工之前，我和我的合伙人两个人，花了两个星期的时间在办公室里思考：我们希望建立一家什么样的公司？我写了两页纸，合伙人说太长记不住；后来弄成了半页，但是我的合伙人还是说太多了；最后，向员工传递的内容变成了4个词——诚信、顾客、执行、创新。你可以看到在我们公司的文化当中，创新就是一个重要的支柱。我们如何来做创新呢？

有些公司只是将创新当成一个口号，并没有实施，而我们恰恰做到了。我们建立了一个创新中心，但我们并不仅仅依靠这个中心做所有的创新工作。1号店会广泛地寻求一些好点子，包括我们的员工、顾客，所有人都可以把想法发布上去。我们有一个创新项目筛选流程，建立了两个团队：一个是导师团队，这里面都是营销、财务、技术还有零售方面的专家；另一个团队就是决策团队。我们每天都会收到几百个创新的点子，不是每一个都接受。我们会由这两个团队来判断哪些可以做，或者这些想法如果值得进一步改进，那么要怎样改进。我们建立了这样一个流程：导师团队帮助我们选择有价值的想法，让我们进一步实施，同时我们也有一个专门的孵化器，每年孵化30~50个好点子，把它们变成真正的项目。我们通常让提出点子的人将他的想法的进一步落实，这样的话他们会更有动力，更加有热情。我们在做创新的时候会遇到很多的困难，这一点我们要做好准备。

我们的团队、员工也会有一个指导手册。每个人都会犯错误，我们在公司的起步阶段也犯过很多错误。决定做电商时，我们打算通过导购手册做推广。因为我们发现一家公司在中国非常成功，他们就是通过导购手册打开了市场。当时我们认为，电商的未来就是导购手册与网站的结合，因此，我们花了3个月的时间，耗资100多万元，做了一本300多页的包含30万个产品的导购手册。

我之前在一家规模很大的公司做采购，每年经手的资金达几十亿,觉得花这100多万元不算什么。但是,我们后来发现,还没有把网站建起来就先印了10万本手册,对于一家刚起步的公司来说是很危险的。我们在还是一家小公司的时候,就把启动资金里很大一部分用来印这个手册,这是一个非常不明智的决策。公司正式运营那天,我们发了5万本这种导购手册,希望能够吸引订单,但是等了一整天,总共只有20个订单,而且其中10个还是我们自己做的测试。

所以你看,我们花了100多万元只得到这样一个结果,但也算是买来了一个教训。我们会犯错误,所以也允许我们的员工犯错误。

接下来讲讲我们的愿景。愿景非常重要,企业一定要有愿景。在2011年早些时候,移动电商仍然处在婴儿期,当时没有人知道,以手机作为客户端的零售会发展成什么样。在这么小的屏幕上发展,当时我们觉得大家都不会接受,不过我们还是决定尝试,也许将来会成为我们的业务支柱。所以我们建立了一个小团队,给予他们授权,让他们完全独立地去做移动平台。

这不是直接把电脑上的电商平台装到手机上,不是这种临时的转换,而是重新定义电商。我们做出这个投资决策是基于公司当时的愿景。现在,几年过去了,我们非常高兴地看到,我们从移动平台上所得的零售额就占到了总零售额的20%,我相信未来会达到50%,也许更远的未来会成为主导。所以这是我们非常成功的一个案例。

我们也成功地推出了扫二维码和扫条形码的功能,这样的话就可以非常迅速地在社交媒体和网络上进行信息分享。我们希望客户在选择产品的过程中花的时间、遇到的麻烦越少越好,通过扫码功能我们就给了他们一个很好的体验。现在,他们甚至可以通过说话去搜索商品,比如说"我要酸奶""我要洗发香波",声音经过语音识别之后,页面就会直接进入搜索,给他们提供所需的商品。这个当然也是基于技术和大数据,我们给予用户更加符合他们需要的选择。

1号店还有一个创新是虚拟市场。2013年,我在微博上看到了一个视频，一家韩国公司做了一个虚拟的平台。我觉得这是一个很好的想法，1号店也可以有虚拟的货架，放在地铁站、火车站，在上海、北京、广州都可以。人们只要带着他们的手持设备——手机，直接扫描，就可以挑选商品并购买。在3周之内，这个想法就迅速地变成了一个项目，带来了非常大的成功，也带来了更多的移动订单。在这之后，我又问我们的团队，为什么我们需要一个实体店？只要有像这样的虚拟货架就可以了，顾客有手机、有GPS，所以我们根本就不需要实体店。

我的团队在听了我的建议之后，就开发了"无限1号店"——一家在任何时间、任何场所，我们都可以非常快地建立的虚拟店。在手机上，我们跟着地图来到一个地方，然后可以看到一间透明的房屋。在这里，我们可以看到一些虚拟的导购，可以进入到房间里面，走到虚拟的货架前查看商品并且进行购买。这个想法也得到了落实，我们获得了戛纳广告节的最佳互动体验奖。这个创新项目从韩国所做的项目里进行了借鉴，只是我们做了一些改进，这也是一种创新。

我们也发现，人们经常换手机，跟着潮流换。我刚刚换了新的iPhone，但原来的手机也还在用。为此，我们开创了一项新的业务，就是以旧换新，以旧手机换新手机，这样旧手机仍然可以实现一些价值。但是这背后有一些困难，比如：手机要怎样估值？值多少钱？双方怎样达成协议？需要一个标准化的流程让我们比较规范地实现这个想法。以旧换新流程有了标准化的流程才能取得成功。

还有一个想法，这个想法目前也证明了是非常成功的，叫作体验中心、尝试中心。在四五年之前，我们和宝洁建立了合作关系，并设立了一个品牌公司，专门用来投放宝洁和联合利华的新产品，然后得到顾客的反馈：喜不喜欢这个新产品？如果喜欢，那么喜欢哪一种颜色或者哪一种味道？通常，品牌商会利用实体店或者超市来进行这种测试，但是进行这种测试真的非常难。有些地方品牌商把控不了，比如怎么样对待这些客户，招待这些客户呢？怎么样计算人们再次购买的比例？又怎样进行统计和分析？比如说有一个顾客，他每次来购买时是不是买了同一个品牌、同一个种类的东西？如果是实体店或超市去做测试，就很难了解，而作为电商很容易跟踪一个顾客的进入渠道、导航搜索方式、购买率、购买同一个产品的回购率以及他们对于某一个品牌的青睐度、忠诚度。即便是一些很贵的东西，比如化妆品可能价值1000元，我们也会把这个产品寄送给顾客，要求是他使用之后需要给我们一份正式的报告。

电商能以最快的速度得到客户最真实的反馈。我们把这个想法告诉了宝洁，现在我们就有了这样一个体验中心。现在，体验中心里面有1000万个单品，每年都有1000万个来自不同品类的单品参与这个测试。其中既包括很简单的商品，也包括技术上很先进的产品，我们有黄飞红牌的花生，也有一些电子消费品。我们把这些单品放上去，顾客的反馈率达到30%以上，很容易就可以知道顾客喜欢什么样的产品。

社交广告，现在是一个非常热的新词，就是在社交媒体上做广告。我们建立了微信公众号，在微博、微信上都做了团购，也有专门的客服微博号或者微信号，顾客把订单号直接输进去，就能查到这个订单的具体内容：订单到哪里了？在送途中、正在确认还是其他情况？而且我们还会把快递员的电话号码放上去，让顾客可以直接联系这些快递员。

我们在社交媒体上的电商网站，是一个非常好的工具，可以帮助我们更加有效地为顾客提供服务。我们建立了一个"宝宝中心"，是专门为我们的消费者中的妈妈建立的。她们在这里注册，把宝宝的信息包括生日等输进来，然后我们给她们发放优惠券，并且在宝宝的特定成长阶段提供一些相应的建议。比如宝宝1岁的时候，给妈妈们提供适合1岁宝宝的奶粉，根据宝宝的性别推荐衣服给妈妈们。在这个过程中,我们使用顾客行为模型来进行分析、选择,把顾客导入到正确的购买渠道。

我们如何在线管理我们的价值?1号店总共有4000多万种不同的品类,从人工的角度来说肯定没办法手动进行管理,再加上还有季节、竞争情况、利润等考量因素,所以非常复杂。我们现在要做的就是建立一个体系,叫作PIS,这是我们的价格智能管理体系,或者叫价格情报体系。这是一个实时系统,可以搜寻72个竞争网站,采集1700多万种不同产品的价格信息以及点击量,还可以看到价格的弹性指数。在后台,我们会通过一个价格模型来进行分析。这个模型是我们和沃顿商学院的教授共同建立起来的,所有的价格都由系统进行掌控,而且会有实时的变更。这个系统也可以帮助我们改善利润:如果能够合理地做出实时调整,动态调整价格,我们的总体营收可以再提高20%;如果只是维持一定的价格,总体营收可能只会增加10%。这也是一种业务模式的创新。

在1号店有不同业务模式共存的情况。大家可以看到,团购是一个值得尝试的模式。中国原来有几千家团购网站,现在剩下的不多了,我们是中国第四大的团购网站。我们既有团购网站,也有试用中心,其实这就是不同的业务模式、不同的渠道,也就是说,我们可以为客户提供不同的购物体验。

另外,客户也可能带他们的家人一起使用这个平台,包括一些年纪比较大的长辈。而按照他们的购买习惯,可能希望购买之前有试用一下、摸一下的机会,我们电商目前做不到,只能用不同的方式,比如通过试用中心来实现,还有就是通过其他手段来弥补。我可以给大家讲一个这样的例子——我们的红酒、葡萄酒品类中心。

如果要买葡萄酒,看起来很简单,但是也很复杂。我们通过品类中心提供的葡萄酒渠道,同时也是展示酒文化的渠道,这里有世界上十大葡萄酒庄园的一些信息、食物和酒的搭配、品酒中酒和酒杯的选择以及品酒的完整过程等。通过品类中心，我们为消费者提供一种教育的渠道，一种知识分享的渠道，让他们能够更好地享受。我们的消费者可以通过这个渠道看到我们的商品，并且享受购物浏览的过程，这样一来，购买转换率就高了很多，我们可以卖掉更多的产品。

还有一些创新是在市场营销手段方面，我们让公关部门还有市场营销部门做了一些活动，比如通过"舌尖上的联合国"活动推销各个国家的美食。我们让西班牙、美国、意大利等总共6个国家的大使或者总领事来推广他们自己国家的美食，告诉我们的消费者，哪些美食是最著名的，哪些是当地的美味，还介绍了一些狂欢节的信息。这些国家的大使馆会和我们一起推广。

1号店一开始并没有很多品牌，所以要和大的品牌进行合作。我们和新浪门户网站就有一个合作，在新浪房地产频道，点击链接就可以直接进入我们的网站。我们和天涯社区也有合作。天涯社区是一个非常著名的社交网站，在上面讨论的话题五花八门，在一个讨论当中可能有几十万用户同时在线，所以我们选择与天涯社区合作，在天涯社区嵌入了我们的网站，完全嵌入到天涯网友的社交活动当中。一开始目标用户并不知道我们1号店，但是都知道天涯社区。所以我们每次做活动就在有30万用户的天涯社区发布信息，将用户引流到我们的网站上。这同时也可以展示1号店的形象，比如说母婴专题，妈妈把宝宝的照片贴出来，这样的话就可以吸引用户到1号店，实现更多的交易。

再看看我们在供应链方面所做的创新，电商的精髓就在于把正确的产品交付给需要这些商品的正确的人，而且要适时地发给他们。所以，供应链也是一个非常重要的流程。我们对客户的产品、库存以及交付进行了明确的划分，然后重新组合，从而更高效地管理我们的供应链。

因为时间有限，我就举一个例子。说到库存，大家可能也都知道，周转率其实是零售业最重要的指标之一。假设一个周转率拿到2%的利润，如果周转率加倍，就是4倍的利润，如果利润率高的话，现金流就会更好。所以库存的周转率也是最重要的零售指标之一。库存周转率平均来说是40～50天，我们一开始也是50天的周转率，通过创新，我们把周转率从50天缩短到40天、30天，今年我们要实现15天周转率，已经非常快了。我们是怎样做到的呢？我们的管理方式就是，首先对库存进行分类，我们有自己的库存，也有合作商家的库存，有直接发货的库存，也有分转分拨的库存。

VMI（Vendor Managed Inventory，供应商管理的库存）模式，供应商管理库存，意味着如果我们需要库存，可以使用供应商的库存，不需要动用我们自己的资金，这样使得我们的资金周转率得到大幅度提高。一旦我们的库存低于安全库存，系统马上就会提示进行补货。如果有库存，客户就可以马上购买；如果没有的话，我们可以进行预售。如果某一个产品不在库存中，我们就会收集信息，让采购人员根据用户的信息采购这些品类。

我们如何解决物流网络的问题？这也是一个非常有意思的话题。我们总共有4000多种不同的品类，如果每个仓库都把所有商品保存起来，就需要更大体量的库存，完全不现实。我们现在拥有的上海、北京、广州三大库存区域，主要是覆盖其城市及周边区域。如果只是依靠这三大库存中心，有时候发货时间就太长了，比如在华北，可能要3～4天才能进行发货，在四川成都的话，也要3～5天才能发货。在这种情况下，我们还需要建立一些自己的库存。

把一些最紧缺、最热门的产品保存在武汉和成都的库房，大概是10%的产品，但是这10%的产品品类可以覆盖80%的订单。除了上海、北京、广州库房，我们还有4个自己的库房。因此，1号店已经转变成一个服务供应商，我们也可以提供物流服务。

我们服务于40多个城市，与此同时也和另外40多个不同的物流服务供应商进行合作，反过来，他们也可以使用我们的平台。我们的合作伙伴会为我们提供物流服务，也可以为我们的商家或供应商提供服务，相当于为1号店提供一整套的服务。如果我们自己提供（包括我们的合作伙伴直接提供）全部服务，就会使得整个平台的能级还有体量都提高了。就算是苹果公司，也不可能将所有应用程序都交由自己设计，肯定要靠第三方。对于我们也一样，肯定会有第三方加入我们这个平台。还有"最后一公里"的发货，在我们的库房当中也是一个很有意思的情形。

通常来说，我们客户的订单平均是16.7个产品，即每个订单平均有16.7个不同的产品。这16个产品要挑出来放到一个订单中要花多长时间呢？就像你去逛一个大超市，选择你要的产品要花多长时间？半个小时？20分钟？我们拣一个订单不到50秒就可以完成，这也是一个很大的创新。我们不是根据一个订单来拣货，而是采用了不同的方法——自动分拣。

我举了很多例子分析如何创新，如何在企业内部实现创新。在这里，我做一个总结，希望这些经验对大家有所帮助。

首先，说到创新，应该是每个人都进行创新，整个机构、整个组织都应该意识到创新，每个人都应该进行创新。最近我们获得了亚洲客户高效反应的一个奖项，获奖的项目也是我们的仓库人员想出来的。供应商每次发货到我们仓库之后，可能要花二三十分钟来卸货，这个仓库人员就想到，不如直接把一个托盘（物流术语，又叫栈板、夹板，是承载单位货物的平台装置）的货物送过来，然后我们返回给供应商一个托盘。所以我们现在有一个托盘池，是与合作伙伴共同拥有的，所有的托盘都可以互换使用，都是标准的托盘。就是因为这个想法，我们每一次卸货都加快了20~30分钟，包括发货的时间也大幅度地缩短了。所以说，创新是每个人都可以做得到的。

其次，我们认为，学术理论和实际操作其实有一个很大的差距。在美国创办公司时我就有这个想法，如果我要建立一家软件公司，一定在一个月内做出软件原型，但是现在要花4年才能做出这个原型。在这种情况下，我们可能一开始就要做好准备，更多的后续工序之前就应该想到，而过去的成功可能会成为现在的一个负担。

而且，如果你拒绝和惧怕进行尝试的话，其他人会去进行这个尝试，可能他们就抢占了先机。比如亚马逊，在数字化时代，去做Kindle（一款电子阅读器）的话，很可能会失败，但亚马逊还是做了。因为如果你不去做，别人会去做。

再比如苹果，我经常会研究苹果怎样进行决策的优化。决策优化非常重要，但是我们认为在互联网行业，你没有办法在第一时间让自己的决策达到完美。决策的速度是很重要的一个因素，但更重要的是我们要认清自己的方向，要朝着这个方向前进，也许道路很曲折，但是必须朝着这个方向前进，才能最后获得成功。所以，我们不仅要有果断的决策，同时还要有一个决策流程来保证决策的正确性。也许，在这个过程中会有反复，但还是要朝着最终的方向前进，我们的团队中有很多人提出了他们的见解和想法，作为管理者必须关注最重要的和最有前途的，必须有能力说"不"，把所有的想法收集起来之后必须有所取舍。

接下来，我想讲的一点是我们公司如何管理和留存人才。1号店，还有亚马逊、戴尔，很多年来一直从商学院招收很多的人才，我去麻省理工、哥伦比亚大学，还有密歇根大学招了很多的人。我想大家可能会感兴趣，我们需要什么样的人才？实际上这其中是没有规律的，没有绝对正确的法则，根据实际情况还有其他的因素来选择才是相对合理的方法。而且，还需要有创新的思维方式，人们必须对环境和变化有足够的适应性，甚至要适应意外的存在，并且能快速做出反应。

1号店自建立以来搬了5次家,但是,我和我的合伙人始终坐在同一个办公室里,这样可以方便我们快速做出决策,避免浪费时间。早上,我们对一个想法进行讨论,到晚上就可以形成一个决议。做正确的决策并且快速地做决策是非常重要的。我们要想真正执行一些好的想法,如果之前缺乏果断的决策,那么这些想法最终可能就没有办法成为现实。而且我们需要创新,需要去评估我们手中的这些想法,得到一个正确的决策,最后达成我们的目标。

我在美国创业,建立第一个软件系统的时候,预算是120万美元,但最终花了300万美元,依靠风投才把它做成。如果当时不够果断,没有去做这个工作的话,今天我们就不会成功。谢谢大家!

颠覆自己,迎接移动

——1号店联合创始人于刚在2014年派代电商年会上的演讲

在过去的三四年里,移动商务出现了井喷式的发展,这其中有几个助推力:一是移动设备快速增长,移动智能手机的渗透推动了移动商务的发展。第二,垂直化的电子商务,这两年都是以30%左右的增速在发展。当然,一部分还是PC商务,但也有很大一部分转到移动商务。早期,互联网很大的问题就是移动支付的问题,比如支付是否安全等,但是近年来这些问题被慢慢解决,加上无处不在的Wi-Fi、3G、4G的普及让移动商务在这3年多的时间里产生了井喷式的发展。1号店于2011年2月开始投入移动商务,经过3年多的发展,销售额占比已经达到27%、28%,我们感觉很欣慰。其实早期还没有看懂移动商务怎么走就开始投入,但值得庆幸的是,并没有走太多弯路。

1. 国内外移动商务的区别

实际上我觉得中国是最适合做电子商务的。第一,人口密度高使得整个物流配送的成本非常低，而且高效。第二，中国的零售业，尤其在边远的三、四线城市或者乡村等地区没有那么便利。美国很多小城市里就有各种各样的大超市，而中国很多地方没有大型购物中心，购物比较困难——这也是中国电子商务的发展超过欧美的原因之一。在此基础上，移动互联网又帮助中国移动商务更快地渗透到底层地区。在过去几年里，中国移动商务的增速几乎是美国的一倍。

十几年时间里，中国的零售格局发生了很大的变动。四五年以前，我们还在谈我们的使命，电子商务的使命就是让顾客足不出户地享受一切购物和服务。现在这个使命需要改变了，我们不仅是让顾客足不出户，更要让顾客随时、随地、随身享受购物和服务的便捷。

2. 移动和PC的区别

移动购物和PC购物有很大的区别，所以我们要用移动购物的方法做移动商务。我们要敢于革自己的命，因为我们不革自己的命，别人就要革我们的命。我们知道，PC的特征就是屏幕大，信息展示全面，图像很清晰，搜索能力很强，用户可以在网上搜索，综合比较商品之后购买。另外，PC购物的时间段是有规律的，比如1号店PC端顾客的主要购物高峰，第一个在上午10点左右，第二个在下午3点左右。移动商务的特征则主要包括如下几点：

第一，移动设备成了人的一个部分，可以随时带在身上，人们更多地利用碎片化的时间去购物。并且，移动设备有定位功能，用户所在位置可以被锁定，这个定位功能让很多O2O的概念可以实现。

第二，移动购物人群的喜好不一样，购物的高峰大都在晚上9点甚至9点以后，还有周末等闲暇时间。总的购买时间比较平均，用户在任何空闲的时候都可以拿出手机购物，碎片化的时间被充分利用。我们还发现，移动购物的顾客购买频次高一些，而且更忠诚。

第三，移动设备有扫描和拍摄功能。我见过几家高科技公司，其中一家非常有意思，不管在什么场景拍摄的照片，这家公司都可以把照片里的所有商品，包括人们的穿戴，链接到相关商品网站。通过这些新技术，如果用户看到喜欢的商品，随时随地都可以通过网站搜索并购买到。

第四，传感功能。我们可以想象，一瓶牛奶放进冰箱里，马上可以扫描感应出这瓶牛奶保质期到什么时候，喝了多少，过多长时间需要再下单购买。这种场景在以前很难想象，但是移动设备和可穿戴设备的发展让物联网的概念变成可能。例如云识别和指纹识别可以帮助我们安全和快速地传递信息，语音搜索也变为可能。

3. 移动购物的3个特征

第一个特征是简单。移动购物路径非常短，不需要更多的搜索和比较。而且，用户希望界面非常简单，是真正适合自己的。个性化和精准化，是移动设备很重要的特征，我们要充分利用这些特征。

第二个特征是移动购物的决策非常快。快速决策的购物模式，比如团购、散购，非常适合移动购物。

第三个特征是随身性。移动设备的随身携带使得很多本地化服务和LBS模式变得很容易实现。还有粘连和人力的问题，使得社交购物变得可能。人与物的连接、物与物的连接，让信息的传递更及时，而且这些信息的传递为客户的决策提供了重要的依据。

我讲几个简单的例子，一个是2011年做的虚拟超市，主要是模仿韩国的模式——在地铁设置虚拟货架墙，顾客等车的时候随时可以扫描下单。当时，我决定挑战这个项目，就思考能不能做一个不需要购买展示空间的项目，因为地铁站广告墙的成本是很高的。后来我们做了这种模式：货架墙可以展示在任何地方，可以在九寨沟也可以在长城，在任何地方都可以根据坐标建立这种虚拟商店，其中的货架都是虚拟的，用户随时可以点击购买，这样就使得电子商务和传统逛超市的形式结合起来，顾客在里面既可以逛，又可以购买，而且可以展示无限的商品。

另外一个例子，是顾客使用的"摇一摇"功能，摇动手机，可以拿到很多的奖品，两种奖项任选其一：一种是"阳光普照"，可以拿到一些小的奖品，而且累计到某一个数的时候，很多顾客都可以分享比较大的一些奖品。另外一种是我们给VIP客户发一些券，既可以自己用，也可以分享给好友，既可以给朋友送券，反过来也可以找朋友要券。通过这种具有娱乐性的病毒式营销方法，我们把产品通过口碑传播推广出去。再比如"1号厨房"，就是把厨房里的常用菜谱放到产品描述中，顾客可以按照菜谱做菜，同时购买与菜谱相关的商品。我们还发现，如果顾客重复购买某商品，他们很可能会在手机上找出以前购买的东西，再加一些新的需求变成一个新的订单。后来我们发现还可以给顾客做很多个性化的推荐，比如用户今天要买牛奶、饼干、洗发水，可以把这几个关键词输进去，我们会根据顾客的喜好，推荐他想要的产品，这样就让顾客下单变得非常简单。我们还有一个功能叫"每日惠"，每日推荐一款产品，给予比较大的优惠，顾客可以每天都来，看一看今天推荐的商品。

4. 移动商务的发展趋势

我下面讲的是移动商务的发展趋势：

一是深资本的渗透，分为产业渗透、电商渗透和地域渗透。产业渗透表现为将来是无商不移动，也就是说，不管你是哪个产业、哪个行业、哪个企业，都会考虑在移动端开发适合企业的应用。不同产业都会充分利用移动设备和移动技术。

二是移动电商，也就是说将来移动端会成为电商的主战场，这个趋势很明显，在新的主战场上怎样充分利用移动的特质是电商亟待解决的问题。比如移动电商可以做O2O，但是O2O没有成功的模式，最成功的O2O模式是要把线上优势和线下优势结合起来。线上的优势是不受时间、地域、货架的限制，线下的优势就是店员近距离服务，顾客可以触摸商品，看商品做决策，最后成功的O2O模式一定是把线上和线下的优势充分结合起来，现在我认为大家都还处在摸索阶段。

三是地域的渗透。移动网络把电商带到了三、四、五线城市乃至乡村。这些地方电脑用户较少，甚至没有电脑，但只要有Wi-Fi或者移动网络，就可以把所有的商品服务带给大众，使得电商渗透到每一个角落。O2O要做的就是找这个契合点，充分发挥其优势。移动网络使得购物变得很简单，可以让用户随时搜索、随时购物、随时寻求帮助、随时推荐。

全渠道零售的关键点和成功要素

——1号店联合创始人于刚在2014年中国零售领袖峰会上的演讲

非常感谢连锁协会给我这次分享的机会。大概两三天以前，郭会长到1号店，不是参观，而是布置作业，让我讲全渠道零售的关键点，以大局观来讲，以协会、行业的角度来讲，以前瞻角度来讲。这是很沉重的一个任务，但我这几年还是积攒了一些经验，做了一些比较全的思考，跟大家分享一下。我在2011年长沙的零售峰会上讲将来是无商不电商，当时做了个小调查，发现到场所有零售企业中只有不到30%在做电商，结果现在已经超过70%了。去年在成都开会的时候，"无商不移动"也成为了另一个趋势。首先，我们从零售的实质来看，零售是要给顾客提供商品和服务，而顾客的地位发生了变化，我们希望满足顾客任何时间、任何地点的要求，给他提供保质保量的服务。以前的方法是我开一个店你来吧，而现在我们需要把这些店（不管是商场还是超市）送到顾客身边。

渠道变得更加丰富，这要感谢互联网，感谢所有的移动设备，智能移动设备使得以前简单的实体渠道发展成了现在线上多种渠道，给了顾客更多的选择，有了电子商务，有了移动，当然可以多种方式进入这些渠道。

咱们先看看零售渠道的演变历程。早些时候是单渠道式的，叫"砖头加水泥"，其特征就是渠道比较单一，而且因为地产成本不断升高，所以零售店租金会升高，人力成本也在升高。到了多渠道时代，有了互联网，有了电子商务，这时候就是"鼠标加水泥"，但也有一些问题，比如线上价格很低，因为线上价格是动态，多渠道之间有资源的整合。独立团队间有内部的竞争，统一的团队不知道重点放在哪里。到了全渠道时代，除了水泥、鼠标还加了移动，有了有形的、无形的和新兴媒体等各种各样的渠道。比如给顾客打电话，通过社交平台联系顾客等。

我记得1号店最初的使命是，让顾客足不出户享受一站式的购物。短短几年，我们对顾客的承诺不再局限于足不出户，而是可以在任何时间和地点——跟家人一起旅行的时候，在海边的时候，在九寨沟、长城等地方的时候去购物，我们围绕顾客去开展服务，而不是固守一个店面把顾客吸引过来。但是还有很多的问题，比如这些渠道的关联性和独立性的规范化、商品的价格设定，甚至文化上的风险系数，传统零售和互联网的思维方法确实有很大的差别。

但是，每一个渠道都有其优劣性，比如传统渠道顾客可以直接体验这些商品，看到喜欢的马上可以拿走，逛的过程当中可以用声、光、味等方式刺激顾客购买。店员可以近距离提供服务，给客户推荐、解释，使顾客买到符合心意的商品。

电子商务有自己的优势，比如它不受时间、空间限制，可以覆盖全国乃至全球，不受货架限制，商品可以无限地上架，如果自己的仓储商品不够的话，还可以采用商城平台模式。电子商务也有它的弊端，第一是需要很大的早期投入，包括技术上的投入、物流上的投入。第二是虚拟购物令顾客无法实际体验，顾客早期信任的建立需要时间。而且，顾客看到商品和得到商品有一个时间差，可能当时属于冲动性购买，拿到商品后就会出现换货、退货等情况，这些也是电子商务的问题。

咱们再看看移动商务，它又有了很多PC电子商务所不具有的一些优势。

第一，不管是平板电脑还是手机，都可以随身携带，是人们日常所需的一部分。

第二，它有了扫描和图像识别功能，这个功能可以帮助顾客很快地找到商品。比如我想买这瓶水，扫描影像就可以，通过图像识别可以马上找到相关的产品，然后购买。这个时候，搜索和比较变得非常方便，在任何地方看到商品，只要扫描一下，就可以看到线上销售价格怎么样，比价容易。

第三，定位的功能，这个非常重要。我们讲了很多O2O和LBS，如果没有智能手机，没有可定位的手机，都是很难实现的。有了定位，我可以把顾客所在位置附近所有可以提供商品和服务的商家都放进去。

第四，设备之间的感应功能变得非常重要。在物联网中，需要把物与商品、人与人、人与物、物与物关联起来。大家可以想象一下，将来你买一瓶牛奶，放进冰箱的时候就可以感应这瓶牛奶的保质期、生产日期，每次喝多少也可以知道，一旦喝完了马上提醒你再次购买。在这种情况下，整个购物体验就完全不一样了，非常个性化、智能化。

还有可穿戴设备，你随时可以把你的产品、你的朋友和你购物连接起来，可以给你提供很好建议和推荐，让购物更能满足你个人的需求。但是手机屏幕太小，搜索和商品展示是有限的，不像电脑可以多窗浏览，或随时在窗口之间切换。

如果我们从全渠道零售角度来思考零售的话，最重要的一点就是，它把我们以前关于渠道的观点变成顾客的观点。渠道不是最重要的，所有的工作都围绕顾客开展，所有的渠道都来抓顾客，都来抢这个顾客。因为你如果不抢，别的渠道就把顾客抢走了。所以，顾客的权利在提升。另外一点，在以前传统的线下零售环境中，我们的竞争局限于每个店物理覆盖的半径，现在变成越来越激烈的整体竞争。

在这种竞争环境下的思维方法就是把顾客体验放在首位。我认为，将来大众营销的策略会消亡，因为它的效率实在太低了。大众营销会逐渐变成"窄众"营销，主要特点是要知道我的目标客户群的喜好，并有目的性地向他推荐商品。

比如我们做手机，希望将来能够做到"千人千变"，针对每一个顾客的设计都不一样，精确知道这个顾客有什么特征，从而给这个顾客提供他想要的商品服务。现在还做不到这么精确，但是可以做到私人化，比如目标顾客是成功男士或者宅男，可以针对这两类人群的特征做产品。我们先为一群顾客提供窄众营销，推广我们的广告和促销商品，针对不同类型的人群做量身定制营销，进一步再对每一个人做个性化的营销。

最后我们希望不再做B2C而是实现C2B，顾客有什么需求，所有的渠道都是为这个顾客量身定做的。我先讲大的方面，然后介绍一下比较细节的问题。

第一，从大的方面来讲，不同的渠道有不同的优势和劣势，将来这些渠道一定是共存的，每个渠道都有生存的道理和空间，都有一批希望得到相应服务的顾客。要充分发挥各个渠道的优势，比如说传统渠道有近距离服务的优势，是可体验的，有的顾客倾向于选择这类渠道。针对劣势我们怎么样弥补短板，一会儿再给大家讲。

第二，对于这些渠道，我们应充分利用现有的资源，假如企业拥有几种不同的渠道，但是每一个渠道完全独立，独立资源、独立运作，这就没有充分利用资源整合。资源整合非常重要，有一些需要完全整合，有一些需要部分整合。采购可以完全整合，但是物流不可能完全整合。再比如说物流还要细化，超物流的流动，第一公里—中间仓储—最后一公里的资源整合。

第三，我个人认为非常重要，刚才大润发的黄总也讲了，苏宁、国美都做得非常好，就是线上线下移动流量共享互引。比如，可以将线上做的团购活动引流到线下，线下各个地方可以为商品添加二维码，顾客通过移动设备扫描二维码看到更多的商品；线下的商品是有限的，线上的商品可以补充，线下可以提供30种颜色，线上可以增加到50种颜色，等等。

还有，我们可以充分了解顾客的信息，线下可以知道顾客购买的信息，线上比较容易获取顾客购买的渠道商品、购买的周期长、购买的商品的关联性、对某些品牌的忠诚度等信息。我认为我们应该根据顾客在不同渠道的不同行为，对他进行不同的营销。

再如，顾客用手机购物会更多地利用碎片化的时间，他喜欢短、平、快，这个时候进行很复杂的购物，做很多比价是不现实的。购买日常生活用品，很多顾客是先把商品放进购物车，随时想起随时放进购物车，最后下单时再做决定。

顾客在不同的渠道会有不同的行为，比如移动端顾客购物高峰是早晨上班的路上，中午有一个小高峰，晚上9～12点又有一个高峰。PC端顾客的购物高峰在白天，上午8～10点。顾客在同一个时间段也会有不同的行为，通过数据分析，可以针对他在这个渠道里所感兴趣的商品给他做进一步的推荐。

我再举一些更具体的例子，第一个例子是我（2014年）8月在美国硅谷看到的一家公司，可以将手机在任何地方拍摄的照片中出现的所有物品通过这家公司的软件进行识别，识别之后它会和数据部门连接起来，从而在商店或者电子商务网站里找到相应的商品。

比如顾客偶然看到一件衣服很漂亮，拍照后识别比对，可能网上不一定刚好有这个品牌这个款式的衣服，但是它可以找到颜色、款式非常相像的衣服，并且链接到相应的店铺或者电商网站。

第二个例子，我们做了电子购物清单，发现移动购物中非常重要的一点就是要为购买零碎物品较多的顾客提供非常简单易用的购物清单，可以用语音或者很简单的几个字输入进去，然后还可以提供一些根据对顾客的个性化了解的推荐。

第三个例子，我认为很重要的就是传统便利店商品有限，如何用电子商务的海量商品来增加便利店提供给顾客的商品。一方面顾客需要可以马上提供的商品，甚至要求半小时、1小时送到，或者是顾客到店购买，没有的商品可以马上通过电商网站给顾客提供。另一方面就是电商网站用现有的实体店来满足顾客的需求，实现一定地理区域的覆盖，通过社区店、便利店就近满足一定地理范围内的需求。

上海的社区体验店效果就挺好，3个月的时间就让相关社区的商品销售量翻了一倍多。我们赋予社区体验店3个功能：一是功能集散点，二是顾客取货点，三是营销点。我们经常在社区体验店做社区团购，每次做活动都有好几百位顾客过来，迅速提升品牌知名度。我们通过微信群与顾客联系，现在微信群有3000多个顾客，也就是说一个小区就有3000多户来关注我们。我们会在微信群里发布这周的服务内容。

最后一点我想讲的就是，我们不应把多渠道局限在实体方面。就是说一切可以触达顾客的新媒体也好，移动方式也好，都能让顾客实现一键式的购买，让顾客随时随地通过想要的方式得到他需要的商品和服务。

谢谢大家！

供应链系统的搭建

——1号店运营副总裁王海晖

我讲讲供应链系统的搭建。

电子商务供应链系统搭建的主要宗旨是符合电子商务的原则。电子商务给物流行业带来了很多机遇，也带来了很多挑战。简单来说，大家都很熟悉的"双十二""双十一"活动，一天的订单量就是平时的四五倍，对一些小一点儿的企业来讲可能是几十倍，但高峰、波谷是供应链最忌讳的模式。另外，最后一公里始终是个大问题，尤其是咱们国家快递制度和法律还很不完善。举个例子，交通工具就是一个问题。很多快递员要备3辆车，没有人抓的时候就用三轮车，有人抓的时候就用电瓶车，电瓶车也抓的时候就用自行车。这给我们带来的压力非常大。

电子商务领域的机遇很多，比如电子商务去货架化。大家经常去超市买东西，你要买苹果，如果摊位上只有一颗苹果，你会买吗？你肯定认为这是被几百个人、几千个人挑完，剩下一颗最烂的。你要买矿泉水，整个货架上就只有一瓶水，你会买吗？你肯定会拿起来看看保质期。标准应该是，不管商品能不能一天卖完，都必须把3排货架摆得满满的。而电子商务领域就没有这种烦恼，消费者需要的不是货架，而是商品。

1号店的规划团队一直建议我建一个自动化仓库。因为大家去国外参观了自动化的仓库——非常大的立体仓库，也非常高效，大家感觉非常振奋。但是，我认为消费者需要的不是大型立体仓库里存放的30天、60天的库存，而是最新鲜、保质期最近的商品。电子商务的去货架化给库存管理带来了创新的机会。

1号店的供应链系统包括需求预测体系、库存管理体系、前端的物流整合、仓储订单的处理和运输的最后一公里,我讲一下这几个方面:

1. 需求预测体系

大家在做供应链和物流规划的时候,很容易犯的错误就是喜欢把注意力放在优化、提升仓库的效率上。我的老师创造了"鞭子理论":虽然手腕上只是几厘米的动作,但到鞭子的末梢就是几米的动作。在供应链上,你在前端做一点点动作,到后面可能就是超音速的效果。

大家都是供应链物流的同行,我非常诚恳地建议大家把更多的工作放在前端,比如需求预测体系。如果你的需求预测不正确,库存肯定管理不好。库存管理不好的话,库存周转可能就是两个月。你按照这样的标准设计仓库,设计得越好,带来的灾难越大。至于怎么把注意力集中到前端去,我分享一下1号店的做法。

需求预测体系的销量预测对电商而言其实是很难进行的。因为促销活动、价格变动、竞争对手的原因,都会造成销量的巨大波动。建立起销量预测模型,这是电子商务供应链最重要的第一步。

我的团队里有一些海归的博士,大家都在集中精力做预测模型的开发。销售预测的周良好率已经达到88%,是比较有效的一个模型。在前端投入资源进行销售预测模型的开发,结合销售预测模型的应用,对于后端的库存管理有非常大的帮助。

2. 库存管理体系

库存管理是非常大的学问。任何一家有商品的企业,库存管理都是最头疼的事情,一旦处理不好,很容易造成灾难性的后果。很多公司因为库存管理不好造成大量滞销的库存。1号店一直把库存管理作为重中之重,库存周转率达到接近10天的水平。我们的库存管理比很多线上、线下的同行好得多,但还有可以优化的空间。

库存管理牵涉很多细节，不能一味压缩库存周转，否则结果就是缺货。怎么在压缩库存周转的同时保证顾客体验，1号店在这方面进行了很多尝试。

第一，基于销售预测系统建立的自动补货系统。它使得1号店的充货率有了很好的提升，缺货率也保持在较低水平。

第二，下单辅助决策。不能所有商品都采用自动补货模式，有些需要人工判断。对于电子商务这种强促销的业态模式，人工判断是少不了的。但是，在做人工判断的时候需要辅助决策工具来提高人工判断的质量。下单辅助决策可以直接告诉下单辅助人员如何进行决策。

第三，不良库存的管理。大家进货的时候都很积极，但是商品卖不动的时候就没有人管了。我们通过不良库存的自动管理系统，自动地触发配送、调拨、配货等手段，尽可能保证库存不会积压在仓库里。针对不良库存，必须有一个系统来管理它们。

通过补货系统、辅助决策系统和后端的不良库存管理系统，1号店才能实现10天的库存周转效率。

在仓库管理上，我们的系统会自动根据热销商品排名对货品进行移位。在拣货的设计上，设计人员提出了七"不"的设计理念，即拣货人员不等待、不搬动、不走动、不思考、不寻找、不书写、不检查。对一个高效的流程管理来讲，最好的方法就是系统后置，不要检查。这也是80后、90后的员工提出的理念。

3. 运输的最后一公里

再讲讲最后一公里的尝试。因为国内的交通情况不太好，市中心的租金又非常贵，针对运输工具的法规也不明确，所以我们用了一些"土办法"。比如在上海浦东，配送站不可能建在陆家嘴这些租金很贵的地方。如果建在城市边缘，每单的配送又要跑几公里。所以，我们创造了移动配送站模式，利用运输工具进行移动配送，把厢式货车开到一些小区，包括大楼的停车场，由此进行移动运输。

我们自己开发了一些工具，借助这些工具可以在停车场或者是小区门口实现货物、单证的交接转移，甚至包括钱款。

还有一个需要注意的问题是对配送路径的优化。中国电子商务的配送服务绝对是世界第一的，而且领先其他国家很多。这是怎么做到的呢？想实现快递当天送达、上门退货等服务，配送员要去很多地方，但通过自己的大脑，他很难分清先后顺序。但是，通过我们系统的路径优化，是可以做到的。在11月12日，有一位配送员创造了一个纪录，他在一天之内配送了4275件商品。这在一年前是不可想象的。

1号店如何实现精准营销

——1号店IT资深经理王答明2014年接受CIO发展中心采访

大家好，非常高兴能和大家一起讨论关于大数据和精准营销的一些话题。1号店在精准营销方面目前主要有个性化推荐、广告定向、EDM等几个方向。但这些方向之间有很多重叠的部分，也就是说很多底层的东西是相通的。

"个性化推荐"这个大的方向就会牵扯到很多基础性的工作。比如，首先我们需要搭建必要的算法集合，而且算法要能适应处理较大的数据量级（网站的数据量相对比较大）。其次，需要对商品属性和用户行为建模，就是大家经常提到的用户画像。再者，需要考虑精准化的目标，对于一个网站来说，不同的购物渠道都不太相同。再其次，还需要面向这些不同的目标来做优化。最后还要搭建比较成熟的技术架构。

1. 关于用户数据

谈大数据首先要讲的就是数据，这点对于传统零售企业肯定是最头疼的部分,很多线下企业在尝试各种渠道、方式或者引导手段来获取用户数据。当然对于电商,做精准营销的一大便利就是可以拥有用户数据的闭环,天然在用户数据上有优势。但是不是说电商拥有的数据就足够了呢?当然也不完全是。

国内电商中阿里巴巴可能拥有最大量的用户数据,其他电商可能都会认为自己的消费者数据不够完善。在这一点上,我们目前也尝试从数据层面跟第三方,比如做DMP(Data Management Platform,数据管理平台)的公司进行一些画像补充合作,但效果目前还在测试中。

除了数据,目前技术上也不能说每个方面都做得很成熟了。很多层面还都处在探索尝试阶段,比如说对用户画像的一些建模和算法,效果仍在测试。

2. 关于用户画像

关于消费者画像,我们目前主要通过用户在1号店的所有行为数据进行建模,比如收集用户的浏览、搜索、加入购物车等行为,然后运用一些建模的算法计算出用户对某些特征的偏好值。从输入的数据源来说,我们利用的不仅仅是购物车、收藏等,更大的数据量来自用户的浏览、每个页面逗留时间、搜索等所谓的"隐式行为"。

在维度上,除了传统使用的基本属性(性别、年龄、地点等),还有大量基于用户的兴趣图谱(比如1号店类目树、品牌和商品属性等)而设置的维度。此外,还会针对行为相对丰富的用户进行购买类型分析,比如某些类目下的消费档次、购物决策类型等。

传统的用户分群目前应该还在大量使用,比如对某个用户,我们只能了解他的基本属性,根据基本属性进行分群,然后根据不同的群做推送。如果以大数据分析为基础做用户画像建模的话,一个人的标签会非常多,以我们的数据来看,人均的标签量可以达到上千。

很多朋友可能会觉得奇怪，为什么用户会被打上这么多的标签？我们粗略算一下就可以理解。比如，1号店的类目树要分级，每个类目下还有不同的品牌和属性，而我们的基本结构就是不同的兴趣标签挂靠在不同的树节点下，这样相乘起来，维度就会非常大。这也简单说明了用户画像大概会是什么样子。

如果还从分群的角度来理解，也是可以的，但量变会引起质变，把一个人当成上千的群来看，传统的推送方法是不是就不好做了？所以这里就面临着很大的技术架构和算法的挑战。

我们的做法并不完全是传统意义上的分群处理，主要是计算出每个人到底对什么感兴趣，基于此再做推荐。或者说，我们是借助技术手段做一对一的服务。

3. 关于销量预测

在销量预测方面，我们其实只能算是刚刚开始探索，目前主要聚焦在日常预测。我们尝试的方法是基于大量的多维度数据建立模型，研究各个因素对销量的影响。对于电商来讲，不定期促销、价格战等对销量预测都会有影响，但日常预测是可以尝试探索的。

4. 关于增加用户黏性

推荐系统所肩负的一个任务就是要增加用户黏性。在这一点上，我个人并不觉得没有线下就一定是很大的弱势。比如推荐系统如果能够在合适的场景下，在对的时间把用户可能需要或者感兴趣的东西推荐给用户，这就是很好的顾客体验，那么也一定会增加用户黏性。

这有点像通过技术手段在网站上为用户安排的一个导购。虽然目前来看，"他"还没有真人导购那么成熟，还没有做到非常智能，但"他"可以记住用户、认识用户，并且了解用户的需要。随着今后数据越来越全面，算法越来越成熟，顾客体验一定会有提升。

5. 关于算法

我们基本上是利用了目前很多相对成熟的机器学习算法，主要集中在推荐层、用户建模层、场景层等。不同的地方用的算法也会有不同，比如推荐常用到协同过滤、关联规则、图挖掘等，用户建模利用贝叶斯、最大熵等。

6. 关于O2O

我个人觉得，如果要发展O2O，数据也会是一个方向。比如我们目前在做一些品类管理的尝试，比如解决一个商家品类扩展、SKU需要提前进货等问题。如果只看线下的数据，肯定没办法提出前瞻性建议，但如果结合互联网上的数据，就可以给出很多建议。

我们目前在O2O这块，主要是做SBY，也就是利用1号店积累的优势来跟线下的商超合作。我们会对商家提供很多服务，最开始是针对入驻1号店网站的商家，今年开始也包括跟线下商超的合作，大致有库存合作、物流合作、数据合作、技术服务等。

7. 关于大数据BI和传统BI

现在到处都在说互联网思维，按我个人的理解，大数据就是互联网思维的产物。我们可以来比较一下传统BI和大数据下的BI。

传统的BI，大部分分析对象都是结构化数据，也就是说，放到数据库里的格式都是很明确的数据。随着各种网络的发展，产生了越来越多的非结构化和半结构化数据。这部分数据里也有很多有价值的信息，需要分析。正因为如此，我们需要新的大数据建模手段。

另外，现在我们采用的技术手段开始受到互联网思维的冲击。现在的互联网工具，大部分都是基于开源或者开源基础上的改造开发。各大传统厂商的昂贵工具慢慢地在互联网公司里消失。因为互联网上产生的数据量更大，所以反过来把技术锤炼得更好，在性能等各个指标上一点都不比传统厂商的差，而且成本更低廉灵活。

既然大数据BI对大数据的处理都可以很好，那么"小数据"更没问题。所以，从BI的角度来看，传统工具变得越来越不适合。

因为时间关系，今天就跟大家讨论这么多，以后有机会再做交流！

1号店如何玩转混合云

——1号店项目管理办公室总监黄哲铿
在2015年企业电商云应用案例分享思路汇上的演讲

很高兴有这个机会能够跟大家分享1号店是如何在混合云领域实践的。

先做一下个人介绍。我是基础平台部的总监,主要负责安全、云平台以及我们的运营维护工作。

接下来,我首先介绍一下1号店的业务特点、混合云应用的背景以及整体的技术架构;接着,是我们从去年开始做混合云以来遇到的问题以及我们解决的办法;最后,我会介绍一下1号店在混合云这块的规划。

首先我们讲一讲业务。因为技术其实解决的就是业务上的问题。对于电商来说,我们行业里面的业务特点是什么呢?

第一,从全行业来看是"价格战"横行,比较知名的一些电商网站相信都打过价格战了。价格战其实从根本上来说,是一个更侧重提升关注度的行为,不是真的降价。1号店有一个PIS系统,能够监控全网所有电商网站价格变动的情况。国内打价格战非常有名的两家电商公司,我记得他们最凶的一场价格战是在去年,但我们监控的结果是没有人在真的降价,反而是1号店在相关的单品中有将近20%是价格最低的,那两家只是在吆喝。

第二,野蛮式的促销和拉动。你便宜我比你更便宜,你比我更便宜我就免费,这是非常野蛮的促销。在电商行业里有马太效应的说法,就是说这个行业现状是:做得越大越好的,得到的顾客资源就会越多,反之就会被淘汰。

附 录
1号店高管精彩演讲

去年整体电商消费增长大概是50%，相对前几年来说是比较平稳的增长，但在移动端是一个爆发的年份，很多电商网站在移动端的销售站点都能够达到50%~60%，一般来说应该是30%~40%。

刚刚介绍的是行业现状。1号店在这个行业里面也不能特立独行，所以我们也做了一些比较有代表性的促销。比如刚结束的进口牛奶节，当天的订单量每分钟的订单峰值是平时的十几倍，这个量级非常大，平时没有这么多的服务器储备。还有去年"双十一"的时候，1号店在纽约时代广场有一张广告图片，放了一整天。在这两场促销里面，当天的交易量都增长到了平时的十几倍甚至数十倍，这样爆发式的增长其实特别适合混合云的场景。

下面我会介绍，怎么样支撑电商行业爆发式的增长。第一个方案就是私有云，就是我们自己买很多的服务器。方案二就是使用混合云，涉及日常核心业务，像购买流程、用户数据、下单流程，这些比较核心的业务我们会用私有云来做；而像春节的时候大家通过"摇一摇"抢红包，这种场景更适合公有云，它可能不是核心的业务，但是量非常大。这是1号店云平台规划的一个方案。

1号店在成立了三四年之后才开始做一些自动化管理工具，这些工具包括我们发布的程序、管理虚拟机的系统、配置化管理的系统等。有了这些自动化管理工具之后，我们下一步就是做私有云。私有云就是把我们刚刚说的这些系统整合起来，形成一套私有云管理平台。我们现在内部的测试服务器、线上服务器，都会用这个私有云平台进行管理。

有了私有云平台之后再往下就用到混合云了。我们通过私有云的一些接口，完善包括安全性在内的一些功能，然后就能够协同外部像首都在线这一类云服务提供商，跟我们一起做一个整合。

1号店的混合云平台是一个比较综合的架构，最底层是信息层，往上走，中间这层就是PaaS（Plateform as a Service，平台即服务），再上面就是应用层，包括订单服务、支付服务以及我们的开放平台等。

顾客访问进来的话，首先会访问我们的GSLB（Global Server Load Balance，全局负载均衡），这是1号店自主研发的流量调度层，通过这个我们调度后面我们自己的私有云和外部公有云，就构成了我们1号店整个的混合云架构。

接下来，怎么启动一个混合云呢？刚刚我们介绍过，1号店去年、前年实现了私有云，在私有云基础上我们首先对公有云做一个对接，通过私有云的管理平台（或混合云的管理平台）连接之后，获得公有云的资源，比如服务器资源。然后，我们的私有云管理平台会对公有云服务商提供的服务器列表、配置、IP等进行校验。校验之后我们再把一些配置信息以及镜像，传给公有云服务商，他们会在他们的服务器配置里做部署。比如我们在私有云平台给公有云一个授权，来解决安全问题。然后我们在防火墙下面开了一个口，就能够在我们需要的一些应用环境，安装JDK（Java Development Kit，Java语言的软件开发工具包）等放到公有云的服务器上，这样整个环路就建立起来了。它是一个集校验、授权、初始化等多任务系列的过程。通过混合云管理平台，我们能有效地管理外部的一个或者两个公有云的提供商。这就构成了1号店混合云的主要架构。

在混合云实践过程中，当然不可避免地会遇到带宽、延迟、IO性能（IO即Input/Output，指输入/输出，IO性能一般指磁盘读写性能）、API（Application Programming Interface，应用程序编程接口）等方面的问题，还有云服务的稳定性以及大家都很关注的安全性等。我们一起来看一下这些问题我们是怎么解决的。

第一，带宽的问题。我们在做混合云的过程中，也是逐步地对应用进行一些修改，使其更适合混合云环境，当然主要是做轻量级的修改，不会碰到底层。

第二，延迟的问题。我们的代码里面有大量循环调用的业务场景，你不能说它不合理，但混合云在这个场景里开销就很大，所以我们要把循环调动应用解决掉，要把它改成批处理方式去提交作业。

还有就是计算能力的问题。很多云服务商所能够提供的CPU处理能力其实还是比较强的，比我们自己购买的这些服务器强。在一些场景里面，CPU比较强的虚拟机器更占优势，这类业务你可以把它放过去，对云来说，它对时效性要求不高，但是对计算量要求高，比如说实时推荐或者检测。

第三，IO性能的问题。每秒的读写是我们非常关注的问题，尤其是在数据库的主从应用场景，备库如果延迟太多，我们主要的应用都会去连备库，不适合我们使用。所以，解决办法就是SSD（Solid State Drive，固态硬盘）。

第四，对于混合云平台来说，我们的私有云一定要提供一套比较完整的API，使得我们对公有云提供商的资源能够进行更有效的管理。我们应该将理论上来说能够做到的转变为实际的管理结果，用了多少，自己要知道这个量，这对我们的结算来说是比较好的。

第五，稳定性的问题。其实不管用公有云还是私有云，都会遇到稳定性的问题。我们的解决办法是什么呢？一方面是对公有云服务提供商有一些要求，另一方面是我们自己有一定的故障恢复能力，就是具备切换的能力。根据不同业务场景，要使得你的业务能够在分钟级别或者在秒级别从公有云切回到私有云。另外，对公有云要进行比较完备的监控、心跳检测等，一旦有问题，一旦发现它不稳定了，就立刻通过GLSB对公有云去做一些切换。或者如果私有云有问题了，我们就要能够把它切换到公有云上，这是混合云本身要具备的能力。

第六，安全的问题。事实上，安全问题我个人认为可能有两个挑战。一个是在技术层面，但我认为再过一段时间应该能够得到比较有效的解决。另一个更重要的问题，其实是在我们企业内部，管理层们对云的安全性有顾虑。如果说我们的用户数据都在公有云上，可能管理层一下子就给否决了，不管你说技术是多么的安全，都没有用。在国内，管理层对云安全性缺乏相应的认识。

我们的云平台可以很快地申请建立混合云服务。一旦建立这个申请，跟我们合作的公有云服务提供商就能够在系统里看到。比如说我们申请4月19日在移动端进行一场规模很大的促销活动，这个申请会提交给像首都在线这样的公有云服务商，他们很快会进行测试部署，一两周内就可以完成部署工作，上线当天我们就有数百台服务器能够使用。活动之后我们再统一下架，这个时候结算周期就结束了。从我们传递给公有云服务提供商的这些数据就能够很清楚地看到我用了多少台服务器，使用了多少天，这些都是通过系统完成的。这是1号店在混合云应用方面的一些情况。

下面说说我们要在混合云领域进行的更多的探索。一个是云提供商的规模。我们目前使用了其中一家，以后可能会提升数量，在使用的规模上可能会再增加。当然也要根据应用的情况去安排更多的非核心应用，这种创新型的应用能够更多地部署到云服务平台上。另外，考虑到成本以及效率，服务器稳定这些方面希望都能够得到提升。应用的去雏形化、接口的标准化，这个都是我们接下来混合云平台需要继续去完善和提升的。这就是我们想要在未来一两年内让我们的混合云应用得更成熟的一个大致方向。

上面就是我今天跟大家分享的内容，欢迎大家来跟我们交流。谢谢！

移动互联和大数据时代的电子商务

——1号店联合创始人于刚在2015年第二届中国（义乌）世界电子商务大会上的演讲

我们大家都非常幸运，生活在一个伟大的时代，一个互联网时代，尤其是移动互联网时代、大数据时代。在这个时代里，人们的生活方式正在改变，创新的商务模式不断涌现。而作为电商，我们更应该感到幸运，我们是这个时代的弄潮儿，是历史的推动者，我们不仅仅是一个过客，还是一个见证者。

中国的电子商务已经全面超过美国，不管是线上的总销售额，还是线上销售在全社会零售的占比，或者增速。更可怕的是什么？中国的网购人群已经超过美国人口，但是发展的空间仍然巨大。美国的网购渗透率超过75%，而中国的网购渗透率才刚过50%，潜力巨大。

在这个过程中，移动商务的发展是井喷式的，尤其是从2011年开始。而未来的几年还会持续地高速发展。这几年里，每一年移动销售占比的实际发展往往都超过了预期。1号店是2011年开始推动移动购物业务，那一年移动销售占比是1%，第二年达到6%，第三年到了15%，第四年接近40%。今年我们的目标是什么？超过60%。也就是说，移动商务很快就成了所有电商的主战场。不是未来，就是今天，2015年就是分水岭。

电子商务有这样一些优势：第一，它不受地域限制，一网覆盖全国乃至全球。第二，它不受时间限制，可以提供7×24小时的服务。第三，它可以有无数的货架，增加商品只是增加服务器。第四就是大数据，大数据允许我们更深入地了解顾客，进行精准营销、个性化服务。

移动商务在这几个优势的基础上又增加了新的优势：

第一，可穿戴设备的发展，让购物变得更加个性化、智能化。我记得我们刚创建1号店的时候定义我们的使命是，用创新的商务模式和先进的技术平台，让广大的顾客可以足不出户享受购物和服务。过了7年，我们就要改变我们的使命，不再是让顾客足不出户享受购物和服务，而是让他们可以随时、随身、随地享受购物和服务，以他们需要的方式来进行。

第二，移动客户端，尤其是智能手机的发展，其扫描和图像识别功能可以方便顾客的搜索。我去年8月参观了硅谷的一个公司，它的产品可以将智能手机拍摄的一张照片中现出的所有商品识别出来，再把和这些商品最契合的款式、颜色、品牌分门别类找出来并迅速地连接到相关的店里去，方便顾客立即购买。

以前大家谈O2O、LBS，也就是基于地理的服务，如果没有智能手机就只是个概念。有了智能手机，可以随时知道你在什么地方，及时告诉你周边适合的商品和服务。有了大数据可以分析这个顾客的喜好，可以分析跟这个顾客同类画像的顾客群的喜好，给你推送适合你的商品。十多年前，大家谈物联网，可是如果没有智能手机，没有可穿戴设备，没有各种感应设备的话，也只是个概念。现在这些概念都变成了现实。

社交购物，以前也是概念，你很难想象你到一个店里去，还要找一个PC，上去问问你的家人要买什么商品，问问意见领袖买哪个商品好。有了智能手机，你随时可以帮人代购，随时可以在买东西的时候问你家人和朋友需要什么，随时可以在朋友圈里征求大家的意见。所以说在移动商务领域，我们现在挖掘的能力仅仅是冰山一角，还是非常小的部分，将来还有巨大的潜力、巨大的优势等待着我们去发现。

移动购物有新的特征，因为大家把零散的碎片化时间利用起来了，可以在上班的路上，在地铁里，在公交车上，在旅途中——在任何场景下随时购物。所以购物的特征是更频繁、更零碎，客单价降低，但是购买的频次增高。晚上回到家，躺在床上也可以购物，节假日不需要打开电脑，随时都可以购物。这是新的特征。

大数据对我们也产生了巨大的影响。我记得30多年前在康奈尔大学读书的时候，买的电脑还是以KB为单位，20年前已经到MB，大家看到GB就觉得巨大了，而现在已经到了TB，估计未来马上会进入PB、EB的时代。刚才车总（指阿里巴巴集团副总裁车品觉）介绍数据规模指数是上升的，怎么发挥它的价值？发现数据到转换成人的智慧，也是一个演化的过程。最早数据是零散的、原始的，看不出它的意义，经过收集和储存，我们拥有了这些数据。然后我们把这些数据中的杂质去掉，进行合理组织和有效展示，变成大家可以理解、接受的信息。这些信息整合起来经过分析，可以指导我们的商务决策，这就成了我们的知识。而我们在这基础之上建模，比如说顾客行为模型，比如说价格智能模型，不仅仅是对现在的决策做指导，而且也对未来的决策做预测，这就成了我们的智慧。所以说，数据的量在进化，数据的价值也在不断地被挖掘出来，被提升。

电商的盈利模式也在不断地升级。大家知道，早期电商只能靠卖和买的商品差价赢利，逐渐地顾客来了，流量有了，于是可以做大量的商品营销，通过营销的返点来赢利。有了更多的顾客群，商家就越来越感兴趣，品牌商也越来越感兴趣，电商开始建设平台。现在大型的电商都有自己的平台，这个平台因为拥有顾客，可以把商家引上来，为顾客提供更多的商品、更多的服务和更广的地域覆盖。

这个平台促进了电商的发展，带来了良性的螺旋式的上升，因为商家带来更多的商品、更多的服务，也就吸引了更多的顾客流，而更多的顾客流引来更多的销售，吸引了更多的商家，这是电商走向良性循环的过程。有了更多的商家之后，下一步就是为这些商家提供各种服务，比如金融服务，1号店就提供保理、保险、小额贷款、基金等金融服务。1号店3年前推出了SBY模式，其服务包括物流服务、金融服务、数据服务、平台服务和营销服务。我认为电商的终极价值在于它的数据，这个数据过去是工具，未来会是产品。

移动互联和大数据的时代，我认为有下面几个特征：

第一个特征就是连接一切，包括人与人的连接、人与物的连接、物与物的连接、人和服务的连接。连接之前都是无序的，各自做各自的决策；连接起来之后，把智能融合在里面，实时调配社会资源，会节约大量的社会成本，产生更大的效益。

第二个特征是顾客为王。我记得在商学院时，大家都在谈渠道为王。那时候每一个传统零售店都占据一定的地理半径，也就是告诉这个半径之内的顾客，我的店开在这儿，你来吧。比如加油站，路左边有一个，路右边还可以开一个，因为开车在路这边，不方便到对面，加油站就占了一定的地理范围。有了电脑之后，竞争变得更加激烈。现在有了移动设备，顾客的地位被大幅度提升，不再是渠道为王，而是顾客为王。所有的渠道，不管是PC渠道、移动终端，还是传统的各种终端渠道，都要抢顾客，顾客是所有渠道的核心。从早期水泥加砖头的单渠道销售，到有了PC变成多渠道销售，再到现在有了移动设备变成全渠道销售，可以看出，只要能够触达顾客的地方，不管是社交网站、游戏网站还是门户网站，所有可以触达的地方都可以抢顾客。

第三个特征，大众营销即将消失，至少这个时代取代它的是"窄众"营销。现在，我们将顾客分为宅男、丽人、辣妈、新客4个角色，这样至少可以部分精准地为顾客服务。手机客户端现在能做到"千人四面"，我们更希望做到"千人千面"。但终极目标是精准营销，每个顾客都有适合自己的最精准的信息，比如，我上新浪体育只看NBA或高尔夫，不喜欢看足球和体操，给我看NBA就行了；我是高血压患者，不需要看糖尿病的内容，你给我推糖尿病的药是没有任何意义的。这样既节约了营销成本，最后也让顾客受益。生产也从早期的批量生产变成批量定制，终极目标是C2B，针对每个人的喜好和需求来制造。

最后一个特征，电商更智能化、本地化、社交化和个性化。大家设想一下，如果登录任何一家网站或者APP，你一登录就知道你是谁，知道你的画像，知道你在什么地方，知道现在是什么季节，知道在这个季节里面适合你的是什么样的服务和商品，最后给你提供最适合的服务，你会感觉这家网站就是为你服务的——这就是未来的电商，这就是基于移动和大数据的电商。

2011年，我在长沙参加中国零售领袖峰会，提出一个观点：将来是无商不电商。当时大家做了一个调查，问在场的数百家中国零售企业中，有多少正在做电商或者准备做电商，最后的结果是不超过30%。2014年在福州又做了同样的调查，发现正在做电商或者准备做电商的接近80%。5年以前大家说狼来了，现在，大家不再谈狼来了，而是说"引狼入室""与狼共舞"。

互联网是不可阻挡、不可逆的洪流，它会冲洗一切，冲洗所有的行业。这股洪流来的时候，一开始冲掉的是那些坑坑洼洼的地方，逐渐地这股洪流会越来越大，掀起的波浪越来越高，把那些具有壁垒性质的障碍，如政策壁垒、地域壁垒、行业壁垒等，都冲洗掉。没有行业可以幸免。

谢谢大家！